Interdisziplinäre Verortungen
der Angewandten Linguistik

Band 7.1

Herausgegeben von
Sylwia Adamczak-Krysztofowicz, Silvia Bonacchi,
Przemysław Gębal, Jarosław Krajka, Łukasz Kumięga
und Hadrian Lankiewicz

Die Bände dieser Reihe sind peer-reviewed.

Sylwia Adamczak-Krysztofowicz /
Luiza Ciepielewska-Kaczmarek /
Sabine Jentges / Eva Knopp /
Milica Lazovic / Kathrin Siebold (Hg.)

Empirische Unterrichtsforschung in DaFZ

Gegenstände und methodische Zugänge

Mit 12 Abbildungen

V&R unipress

Bibliografische Information der Deutschen Nationalbibliothek
Die Deutsche Nationalbibliothek verzeichnet diese Publikation in der Deutschen
Nationalbibliografie; detaillierte bibliografische Daten sind im Internet über
https://dnb.de abrufbar.

Diese Publikation wurde vom DAAD finanziell unterstützt.

Diese Publikation ist double blind peer-reviewed. Gutachterinnen: Camilla Badstübner-Kizik, Sandra Ballweg, Małgorzata Bielicka, Susanne Guckelsberger, Sabine Hoffmann, Marta Janachowska-Budych, Zeynep Kalkavan-Aydın, Karin Kleppin, Krystyna Mihułka, Magdalena Olpińska-Szkiełko, Marina Petkova, Heike Roll, Simone Schiedermair, Karen Schramm, Aldona Sopata, Franziska Wallner, Nicole Wilk, Joanna Woźniak

© 2023 Brill | V&R unipress, Robert-Bosch-Breite 10, D-37079 Göttingen, ein Imprint der Brill-Gruppe
(Koninklijke Brill NV, Leiden, Niederlande; Brill USA Inc., Boston MA, USA; Brill Asia Pte Ltd, Singapore; Brill Deutschland GmbH, Paderborn, Deutschland; Brill Österreich GmbH, Wien, Österreich)
Koninklijke Brill NV umfasst die Imprints Brill, Brill Nijhoff, Brill Schöningh, Brill Fink, Brill mentis, Brill Wageningen Academic, Vandenhoeck & Ruprecht, Böhlau und V&R unipress.
Wo nicht anders angegeben, ist diese Publikation unter der Creative-Commons-Lizenz Namensnennung-Nicht kommerziell-Keine Bearbeitungen 4.0 lizenziert (siehe https://creativecommons.org/licenses/by-nc-nd/4.0/) und unter dem DOI 10.14220/9783737015578 abzurufen.
Jede Verwertung in anderen als den durch diese Lizenz zugelassenen Fällen bedarf der vorherigen schriftlichen Einwilligung des Verlages.

Umschlagabbildung: © Milica Lazovic
Redaktionelle Bearbeitung: Jennifer Müller, Neo Lautenschläger (Philipps-Universität Marburg)
Druck und Bindung: CPI books GmbH, Birkstraße 10, D-25917 Leck
Printed in the EU.

Vandenhoeck & Ruprecht Verlage | www.vandenhoeck-ruprecht-verlage.com

ISSN 2749-0211
ISBN 978-3-8471-1557-1

Inhalt

Vorwort 7

Sylwia Adamczak-Krysztofowicz / Luiza Ciepielewska-Kaczmarek /
Sabine Jentges / Eva Knopp / Milica Lazovic / Kathrin Siebold
Faktorenkomplexion und Methodenvielfalt in der empirischen
Unterrichtsforschung in Deutsch als Fremd- und Zweitsprache –
Einleitung in den Band 9

Stefanie Bredthauer / Stefanie Helbert / Anastasia Knaus /
Michael Becker-Mrotzek / Hans-Joachim Roth
SysDaZ – ein Ratingverfahren zur systematischen
Unterrichtsbeobachtung von Deutsch als Zweitsprache-Unterricht 21

Luc Fivaz
Angehende DaF-Lehrpersonen und ihre Kompetenzen im
Literaturunterricht: Ein Mentoringprogramm im Fokus 41

Martina Franz dos Santos
Messung schriftsprachlicher Kompetenzen bei gering literalisierten
Lernenden von Deutsch als Zweitsprache – Ein Testentwicklungsprojekt
anhand der LASLLIAM-Skalen 61

Silvia Introna
Educational Design Research: Ein neuer Schlüssel zur Erforschung des
DaF/DaZ-Unterrichts 77

Magdalena Jaszczyk-Grzyb
Zu den Potenzialen der Korpuslinguistik für die empirische
Fremdsprachenunterrichtsforschung 93

Laura Levstock
Ethnografie und Interaktionale Diskursanalyse: Ein Vorschlag für einen
holistischen Zugang zu Feld und Analyse 119

Jennifer Müller
Theoretische Sensibilität, Kodieren und *all is data*: Das Potenzial der
Grounded Theory Methodology für die empirische
Unterrichtsforschung 137

Désirée Präg
Zur Berücksichtigung des Kontextes bei der Analyse ko-konstruierter
Erklärprozesse in Sprachfördermaßnahmen. Überlegungen zur
Kombination der Systemisch Funktionalen Grammatik und der
Konversationsanalyse 155

Lesya Skintey / Katharina Hirt / Eva L. Wyss
Implementierung der Dilemma-Situationsanalyse in das Zertifikat
Sprachbildung und Deutsch als Fremd- und Zweitsprache –
Erste Erkenntnisse aus einer ethnografischen Wirksamkeitsstudie 175

Autor:innen-Verzeichnis 203

Vorwort

Die seit 2021 offiziell und mit Förderung des Deutschen Akademischen Austauschdienstes (DAAD) bestehende Germanistische Institutspartnerschaft (GIP) zwischen der Adam-Mickiewicz-Universität Poznań in Polen, der Radboud Universität Nijmegen in den Niederlanden und der Philipps-Universität Marburg in Deutschland baut auf eine seit vielen Jahren bereits etablierte trilaterale Kooperation in Forschung und Lehre im Bereich Deutsch als Fremd- und Zweitsprache der germanistischen Institute dieser drei Universitäten auf. Die GIP »Kultur- und Sprachreflexivität in der internationalen Lehrer:innenbildung im Fach Deutsch als Fremdsprache« verfolgt das Ziel, die jahrelange fruchtbare Zusammenarbeit zu stärken und insbesondere in der internationalen Lehrer:innenbildung und damit zusammenhängend in der Nachwuchsförderung strukturell nachhaltig auszubauen. Hierzu zählt das an den drei Standorten bereits etablierte gemeinsame internationale Netzwerk junger Forscher:innen für einen breiteren Kreis von Nachwuchswissenschaftler:innen europa- und weltweit zugänglich zu machen. Eine zentrale Funktion hierbei hat die abwechselnd an einem der drei Standorte jährlich organisierte internationale Konferenz »Junge Forschung im Bereich Deutsch als Fremdsprache«, die im März 2023 in Nijmegen ihr 10. Jubiläum feierte. Ziel dieser Konferenzen ist es, jungen Forscher:innen im Bereich DaF/DaZ aus aller Welt niedrigschwellig einen Rahmen zu bieten, in dem sie ihre Projekte und alle damit verbundenen Fragestellungen in einem kollegialen, kleinen Rahmen zur Diskussion stellen können und sich weltweit mit DaF-/DaZ-Forscher:innen vernetzen können. Der bei den ersten dieser trinationalen Konferenzen noch kleine, v.a. interne Kreis an Nachwuchswissenschaftler:innen hat sich im Laufe der Jahre zu einer internationalen Community mit jungen Forscher:innen aus allen Kontinenten entwickelt.

Im Rahmen dieser Nachwuchstagungen werden insbesondere die auch in der GIP zentral behandelten Themen- bzw. Forschungsbereiche fokussiert: kulturreflexives Lernen, Kooperationsforschung, Lehr- und Lernmedien sowie Unterrichtsforschung, und dies v.a. in den Bereichen Mehrsprachigkeitsforschung und -didaktik, Interaktionsforschung und fach- und sprachenintegriertes Lernen. Durch die im Rahmen der GIP bearbeiteten Themenschwerpunkte und insbesondere durch die gelebte plurikulturelle Kooperation wird der internationale Praxisbezug in der akademischen Lehre und der praktischen Ausbildung von Lehrpersonen verwirklicht. Alle diese gemeinsam bearbeiteten Forschungsthemen beziehen sich auf reale Unterrichts- und Begegnungssituationen. Deshalb fokussieren wir in diesen ersten beiden, im Rahmen der GIP entstandenen Bänden insbesondere auf Projekte zur empirischen Unterrichtsforschung im Fachgebiet DaF/DaZ. Während im hier vorliegenden ersten Band auf Gegenstände und forschungsmethodologische Zugänge der empirischen DaF-/DaZ-Unterrichtsforschung eingegangen wird, fokussiert der zweite Band auf unterrichtspraktische Implikationen, u. a. im Sinne von Wirksamkeitsstudien hinsichtlich Planung, Durchführung und Evaluation von Unterricht und didaktischmethodischen Ansätzen.

Hiermit möchten wir unseren Leser:innen Einblicke in das mannigfaltige Spektrum empirischer DaF-/DaZ-Unterrichtsforschung ermöglichen sowie Inspiration für eventuelle eigene Forschungsprojekte in diesem Bereich bieten.

Es bleibt uns noch, Dank an all diejenigen auszusprechen, die die Publikation dieser beiden Bände unterstützt haben und an deren Fertigstellung beteiligt waren. Unser Dank gilt in diesem Sinne allen Autor:innen des vorliegenden Bandes, die bereit waren, ihre Erfahrungen aus und Einblicke in ihre Forschungsprozesse mit uns und der Leserschaft zu teilen.

Dem DAAD sei für die finanzielle Unterstützung herzlich gedankt. Darüber hinaus gebühren unsere Dankesworte der Adam-Mickiewicz-Universität Poznań, der Radboud Universität Nijmegen und der Philipps-Universität Marburg für die Hilfe bei der der Antragstellung, Durchführung und Administration unserer GIP sowie bei der Drucklegung.

Aufrichtiger Dank für das kritische Lesen und hilfreiche Feedback gebührt all denen, die sich als externe Expertinnen bereit erklärt haben, Blind-Reviews zu übernehmen und kritisches, konstruktives Feedback gegeben haben.

Dieser Band hätte nicht fertig gestellt werden können, ohne große und kompetente Unterstützung bei der redaktionellen Arbeit. Die Endredaktion dieses Bands wurde von Neo Lautenschläger und Jennifer Müller betreut: Euch beiden gilt unser ganz besonderer Dank!

Marburg, im Juli 2023

Sylwia Adamczak-Krysztofowicz & Luiza Ciepielewska-Kaczmarek,
Adam Mickiewicz-Universität Poznań
Sabine Jentges & Eva Knopp, Radboud-Universität Nijmegen
Kathrin Siebold & Milica Lazovic, Philipps-Universität Marburg

Sylwia Adamczak-Krysztofowicz / Luiza Ciepielewska-Kaczmarek / Sabine Jentges / Eva Knopp / Milica Lazovic / Kathrin Siebold

Faktorenkomplexion und Methodenvielfalt in der empirischen Unterrichtsforschung in Deutsch als Fremd- und Zweitsprache – Einleitung in den Band

Im Fach Deutsch als Fremd- und Zweitsprache (im Folgenden DaFZ) stellt die empirische Unterrichtsforschung ein noch junges, aber schnell wachsendes Forschungsfeld dar, dessen Komplexität hinsichtlich der erforschten Gegenstandsbereiche, Einflussvariablen, zugrunde liegenden Theorien und methodischen Herangehensweisen vielfach beschrieben wurde (vgl. z.B. Riemer 2014, S. 25).

Dieser erste von zwei Sammelbänden veranschaulicht das breite Spektrum an Zugängen zur empirischen Unterrichtsforschung in DaFZ anhand ausgewählter Beiträge mit unterschiedlichen Erkenntnisinteressen und methodischen Fokussierungen, ohne jedoch den Anspruch einer umfassenden forschungsmethodologischen Bestandsaufnahme erheben zu wollen.

Der vorliegende Beitrag leitet zunächst in das Forschungsfeld ein und skizziert aktuelle Fragestellungen, theoretische Grundlagen und methodische Ansätze empirischer Unterrichtsforschung; anschließend bietet er einen Überblick über die im Band enthaltenen Beiträge und führt inhaltlich zu ihnen hin.

1 Empirische Unterrichtsforschung als erfahrungswissenschaftliches Komplement der DaFZ-Didaktik

Zunächst ist festzuhalten, dass beide Komponenten des Begriffs *empirische Unterrichtsforschung* Herzstücke des Fachs DaFZ bilden. *Empirisch* bedeutet erfahrungsbezogen – und Erfahrungen spielen in anwendungsorientierten Fächern per se eine bedeutende Rolle. Sei es, dass bestimmte Praxiserfahrungen den Ausgangspunkt für weiterführende Studien bilden; sei es, dass theoretische Erwägungen in der Praxis erprobt werden (Legutke 2022, S. 47). In DaFZ als wissenschaftlicher Disziplin mit starkem Anwendungsbezug werden Forschungsfragen häufig aus der Praxis heraus entwickelt und Forschungsergebnisse in die Praxis zurückgeführt (vgl. auch Czyzak/Siebold 2022, S. 5). Und wenn der Schwerpunkt fremdsprachendidaktischer Forschung, wie auch Caspari (2022, S. 10) darlegt, »auf der Erzeugung von praxisrelevantem Wissen sowie der theoriegeleiteten, systematischen Entwicklung und empirischen Überprüfung von für die Praxis ›nützlichen‹ Konzepten und Materialien« liegt, ist mit Praxis in erster Linie der fremd- bzw. zweitsprachliche *Unterricht* gemeint. Das gilt auch für das Fach DaFZ, dessen zentraler Gegenstand wissenschaftlicher Betrachtung die »soziale Praxis des Lernens und Lehrens der Fremd- und Zweitsprache Deutsch« (Altmayer et al. 2021, S. 4) ist, die sich größtenteils auf gesteuerte Spracherwerbssituationen bezieht und in institutionell organisierten, unterrichtlichen Kontexten stattfindet.

Viele Erkenntnisse können aber nicht ohne Weiteres für die Unterrichtspraxis geltend gemacht werden, wenn ihr Zusammenwirken mit anderen für den Lehrund Lernprozess relevanten Faktoren nicht berücksichtigt wird. So können kognitionslinguistische Studien zwar belegen, dass die Behaltensfähigkeit bestimmter Vokabeln durch ihre Darbietung in Form eines *skewed input* unter Laborbedingungen steigt (vgl. Bryant/Zepter 2022, S. 88), der erfolgreiche Praxistransfer solcher Forschungsergebnisse bleibt aber hypothetisch, wenn ihre Umsetzbarkeit und ihre Wirkkraft nicht im komplexen Bedingungsgefüge eines authentischen Unterrichtssettings überprüft wird (vgl. Siebold 2023, S. 196).

Die empirische Unterrichtsforschung adressiert also zentrale Fragestellungen und Anwendungsperspektiven des Fachs und bildet ein bedeutendes empirisches Komplement zu theoretischen methodisch-didaktischen Überlegungen, wie auch Klieme (2006, S. 765) in Bezug auf das Verhältnis zwischen Didaktik und Empirie konstatiert, ebenso wie zu anderen empirischen Studien, die in außerunterrichtlichen Forschungssettings durchgeführt werden und daher nur begrenzte ökologische Validität aufweisen.

Es verwundert daher, dass sich im Fach DaFZ bislang keine ausgeprägte Tradition empirischer Unterrichtsforschung etabliert hat und nach wie vor häufig der Mangel an empirischer Evidenz in Bezug auf didaktisch-methodische Prozesse und Modelle beklagt wird. Dies könnte darin begründet liegen, dass neue Wissenschaftsdisziplinen sich methodologisch gewöhnlich zunächst an ihren bestehenden Nachbardisziplinen orientieren und erst mit zunehmender Etablierung eigene Forschungsansätze herausbilden (vgl. Caspari et al. 2016, S. 1).

Umso mehr ist es zu begrüßen, dass die Potenziale einer empirischen Unterrichtsforschung auch im Fach DaFZ immer mehr wahrgenommen werden und das unterrichtliche Praxisfeld als direktes empirisches Feld immer stärker erschlossen wird.

Einleitung in den Band

2 Begriffsbestimmungen empirischer Unterrichtsforschung

Die steigende Präsenz der empirischen Unterrichtsforschung in DaFZ ist insbesondere den forschungsmethodologischen Arbeiten von Karen Schramm zu verdanken, die die vielfältigen Potenziale dieses Ansatzes – unter spezieller Berücksichtigung der videobasierten Unterrichtsforschung – in mehreren Einführungen und Handbüchern systematisch beschrieben hat (vgl. z. B. Schramm 2014; 2022).

Angelehnt an Schramms Darlegungen zur empirischen Forschung in der Fremdsprachendidaktik (Schramm 2016) und Kliemes bildungswissenschaftliche Begriffsbestimmungen (Klieme 2006) verstehen wir empirische Unterrichtsforschung als die Erforschung von gesteuerten Lehr- und Lernprozessen im Kontext unterrichtlicher Praxis, die das übergeordnete Ziel verfolgt, die Unterrichtsqualität zu steigern und auf Daten aus authentischen Unterrichtssettings basiert. Je nach Art der Datengrundlage unterscheidet Schramm (2016, S. 50) zwischen unterschiedlichen Empiriestufen, die sich auf einem Kontinuum anordnen lassen. Sie reichen von systematisch reflektierten Erfahrungsberichten über explorative Studien als oftmals hypothesengenerierende Erkundungen wenig erforschter Untersuchungsgegenstände sowie deskriptive Studien als detaillierte Phänomenbeschreibungen bis hin zu explanativen Studien, die bereits explorierte und deskriptiv erforschte Untersuchungsobjekte behandeln und häufig das Ziel verfolgen, hypothesenüberprüfend kausale Zusammenhänge zwischen unterschiedlichen Variablen herzustellen. In einem weiter gefassten Verständnis könnten zudem Studien zu empirischer Unterrichtsforschung gezählt werden, die zwar in unterrichtlichen Kontexten erhobene Daten analysieren, aber kein primär unterrichtsbezogenes Erkenntnisinteresse verfolgen, ebenso wie Studien, die außerhalb des Unterrichts durchgeführt werden, aber direkte Rückschlüsse über oder für die unterrichtliche Praxis ermöglichen. Gerade im Randbereich solcher Studien mit nur indirektem Unterrichtsbezug sind klare Zuordnungen schwierig. Das war auch der Fall bei einigen Beitragsvorschlägen, die uns für den vorliegenden Sammelband erreicht haben. Insgesamt hat hier ein eher weites Verständnis unsere Auswahl bestimmt.

Gerade im Bereich der explanativen Studien, die Korrelationen zwischen diversen Einflussfaktoren untersuchen, kann nicht oft genug auf die Faktorenkomplexion im fremd- und zweitsprachlichen Erwerbsprozess hingewiesen werden. Es ist zwar ein nachvollziehbares Anliegen, den Effektivitätsgrad konkreter unterrichtlicher Praktiken zu bestimmen und diese basierend auf erzielten Forschungsergebnissen weiterzuentwickeln. Aber bekanntlich beeinflussen vielfältige Faktoren wechselseitig die Unterrichtsqualität – sowie den Spracherwerb – und in ihrem Zusammenwirken stellt es ein quasi utopisches Unterfangen dar, spezifische Variablen umfassend zu kontrollieren, streng voneinander abzugrenzen und exakt zu operationalisieren (vgl. Riemer 2014, S. 25).

In Übereinstimmung mit Klieme (2006) erscheint es uns daher sehr wichtig hervorzuheben, dass eine systematische Analyse von Korrelationen zwischen erforschten Variablen, wie beispielsweise bestimmte Merkmale der Lernenden (angewandte Strategien, mitgebrachte Voraussetzungen, erzielte Ergebnisse) oder der Lehrenden (angewandte Methoden, pädagogisches Wissen, persönliche Interaktionsstile), nicht Gefahr läuft, Unterrichtsforschung

> »auf eine enge Wirkungsforschung zu reduzieren, die die Kenntnisse, Fertigkeiten oder auch Interessen von Schülern als Produkte auffasst, die unmittelbar durch Prozessvariablen wie z. B. das Feedback-Verhalten der Lehrperson, Umfang und Länge ihrer Äußerungen oder den Einsatz bestimmter Medien ›verursacht‹ wird« (Klieme 2006, S. 765).

In diesem Sinne sei auch erwähnt, dass »Sichtstrukturen«, z. B. der beobachtbare und quantifizierbare Einsatz einer bestimmten Methode und deren konkreter technischer Durchführung nicht notwendigerweise mit nicht unmittelbar beobachtbaren »Tiefenstrukturen« wie der Beziehungsqualität zwischen den Unterrichtsbeteiligten, der kognitiven Aktivierung oder der Motivationsstärke einhergehen (Klieme 2006, S. 767; vgl. auch Kalkavan-Aydın 2023). Unterrichtsqualität und -effektivität entsteht also durch ein Zusammenwirken unzähliger Faktoren, die sich nicht ohne Weiteres voneinander absondern oder in Einzelkomponenten zerlegen lassen.

3 Zentrale Gegenstandsbereiche empirischer Unterrichtsforschung

Diese Faktorenkomplexion zeigt sich auch in der Vielzahl analysierter Gegenstände in der empirischen Unterrichtsforschung. Zentrale Objektbereiche sind didaktische Analysen und Spracherwerbsstudien, in denen die Entwicklung lernersprachlicher Kommunikations- und Handlungskompetenzen im Zusammenhang mit spezifischen Lehr- und Lernarrangements, Methoden und Strategien untersucht werden.

Auch linguistische und multimodale Interaktionsanalysen im unterrichtlichen Handlungskontext stellen einen ergiebigen Untersuchungsgegenstand dar. Fremdsprachenunterricht ist bekannt als Diskurstyp sui generis (Edmonson/ House 2011, S. 247), der phasen-, lernziel- und rollenspezifische Sprachhandlungen und Interaktionsstile hervorruft, die vielschichtig beschrieben und mit unterrichtlicher Qualität in Verbindung gebracht werden können. Dabei spielen variable Kontexte des gesteuerten DaFZ-Erwerbs, wie schulische und außerschulische Lernorte, offene, projektbasierte oder virtuelle Settings und ihre spezifischen Merkmale und lernförderlichen Kommunikationsbedingungen eine bedeutende Rolle. Auch der Einsatz spezieller Unterrichtsmaterialien und Medien sowie unterschiedlicher Evaluationstechniken und deren Auswirkungen auf den Lehr- und Lernprozess sind beliebte Untersuchungsgegenstände.

Neben der Kompetenzentwicklung der DaFZ-Lernenden stellt die Professionalität und die Professionalisierung von DaFZ-Lehrpersonen einen zentralen Betrachtungsgegenstand empirischer Unterrichtsforschung dar. Dazu gehören die Anbahnung und Aneignung unterrichtsbezogener Kompetenzen in lehrer:innenbildenden Studiengängen ebenso wie deren Erprobung und Reflexion in praxisorientierten Lehrveranstaltungen und Praktika im Kontext spezifischer bildungspolitischer Rahmenbedingungen und institutioneller Kulturen.

4 Datenerhebungs-, -aufbereitungs- und -auswertungsverfahren in der empirischen Unterrichtsforschung

Ebenso vielfältig wie die fokussierten Gegenstandsbereiche gestalten sich mögliche Erhebungs- und Analyseverfahren, die im funktionalen Zusammenspiel von Forschungsfrage und Forschungsdesign sorgfältig ausgewählt werden müssen. Dabei hat die Verortung eines Forschungsprojekts innerhalb einer bestimmten Schule oder eines bestimmten Paradigmas oft weitreichende Auswirkungen auf die theoretische Rahmung und die damit zusammenhängenden methodologischen Vorgehensweisen. So greifen z. B. kognitivistische, soziokulturelle, gesprächsanalytische und funktionalpragmatische Ansätze in der Analyse des komplexen unterrichtlichen Handlungsgefüges auf ein breites Spektrum diverser Theorien, Datenerhebungs- und -auswertungsverfahren zurück (vgl. Czyzak/Siebold 2022).

Je nach Forschungsinteresse kann die Datenerhebung aus einer etischen Perspektive (Außenperspektive) erfolgen, was häufig durch vorab festgelegte, kontextübergreifende Analysekategorien geschieht, die beispielsweise in Form von skalierten Fragebögen oder Testformaten auch quantitativ ausgewertet werden können (vgl. internationale Schulleistungsstudien wie PISA), und die Analysierbarkeit und Vergleichbarkeit der Daten unabhängig vom Setting begünstigt. Daten, die aus einer emischen Perspektive (Innenperspektive) gewonnen werden, ermöglichen hingegen eine tiefere Analyse personenbezogener Ansichten, Erfahrungen, Motivationen oder Denkprozesse, also mentaler Dimensionen bestimmter Handlungen der beteiligten Unterrichtsakteure, beispielsweise in Form introspektiver Verfahren wie (Videobasiertes) Lautes Erinnern (vgl. Schramm 2014, S. 245).

Je nach Forschungsfrage und Analyseansatz werden die erhobenen Datensätze unterschiedlich detailliert aufbereitet, wobei die Darstellungsformen der Daten von übersichtsartigen, »normal« orthographischen Minimaltranskripten bis hin zu umfassenden multimodalen Transkripten (z.B. GAT oder HIAT) reichen. Häufig werden mit Hilfe von Beobachtungen, Befragungen, Tests oder Introspektionen erhobene Daten durch die Sammlungen unterrichtsbezogener Dokumente ergänzt, wozu Materialien aus dem curricularen Kontext (z.B. Lehrpläne), der konkreten Unterrichtsvorbereitung (z.B. Stundenverlaufspläne) und -durchführung (Übungen, Aufgaben) und dazu gehörige »Produkte« gehören, die in der Lehr- und Lernsituation entstehen (vgl. Caspari 2016, S. 192).

Die Auswertungsverfahren variieren je nach Erkenntnisinteresse und theoretischem Ansatz nicht nur in der bereits beschriebenen Fokussierung auf explorative, deskriptive oder explanative Analysen, sondern damit zusammenhängend auch hinsichtlich des Inferenzgrades, der sich von »niedrig inferent« mit beschreibenden Aussagen beobachtbarer Sichtstrukturen bis hin zu »hoch inferent« mit »starken Interpretationsleistungen« bewegt (Schramm 2014, S. 251).

5 Die Beiträge zur empirischen Unterrichtsforschung in diesem Band

Die in diesem Band präsentierten Beiträge bilden das breite Spektrum an Forschungsgegenständen, theoretischen Fundierungen und methodischen Vorgehensweisen in der aktuellen empirischen Unterrichtsforschung im Fach DaFZ ab. Sie stammen von insgesamt 15 Autor:innen, die in verschiedenen Ländern (u. a. in Deutschland, Polen, Österreich und in der Schweiz) und Arbeitskontexten im Bereich DaFZ empirisch forschen. Unterschiedlich geprägte Diskurse in den jeweiligen Fachdisziplinen und wissenschaftlichen *communities* zeigen sich beispielsweise auch im sprachlichen Umgang mit Gender. Im Rahmen dieses Bandes haben wir uns daher bewusst dazu entschlossen, diese Unterschiede sichtbar zu lassen, da sie letztendlich die Realität in einem internationalen und interdisziplinären Kommunikations-, Arbeits- und Kooperationskontext abbilden.

Wegen der vielfältigen Themen, die eine perspektivisch differenzierte und mehrdimensionale Auseinandersetzung mit dem breiten Spektrum der wissenschaftlichen Interessenschwerpunkte in der empirischen Unterrichtsforschung bieten, werden die Beiträge im vorliegenden Band in alphabetischer Reihenfolge der Autor:innen präsentiert.

Den Band eröffnet ein Beitrag, der sich mit Instrumenten zur systematischen Unterrichtsbeobachtung befasst, die aus der Perspektive der Professionalisierung von DaZ-Lehrkräften und in Zusammenhang mit bestehenden Modellen theoretisch diskutiert werden. In ihrem Text »SysDaZ – ein Ratingverfahren zur systematischen Unterrichtsbeobachtung von Deutsch als Zweitsprache-Unterricht« stellen Stefanie Bredthauer, Stefanie Helbert, Anastasia Knaus, Michael Becker-Mrotzek und Hans-Joachim Roth das in einem Verbundprojekt entwickelte Ratingverfahren für den Bereich des DaZ-Unterrichts vor. Das Autor:innenteam diskutiert dabei unterschiedliche Phasen im Entwicklungsprozess: von der theoretischen Fundierung über die Formulierung von Beobachtungsitems bis zur Konzeption eines Ratingmanuals und einer Ratingschulung. Anschließend geben die Autor:innen einen anwendungsorientierten Einblick aus der ersten Erprobungsphase zur Analyse von Unterrichtsvideos aus Vorbereitungsklassen und Integrationskursen und thematisieren zahlreiche Einsatzmöglichkeiten für den SysDaZ-Beobachtungsbogen.

Luc Fivaz zeichnet in seinem Beitrag unter dem Titel »Angehende DaF-Lehrpersonen und ihre Kompetenzen im Literaturunterricht: ein Mentoringprogramm im Fokus« den Forschungsprozess seiner 2023 erschienenen Dissertation nach und geht auf das Spannungsverhältnis zwischen einer in der Fremdsprachenforschung empfohlenen handlungs- und kompetenzorientierten Literaturdidaktik und einer Unterrichtspraxis, die vor allem text- bzw. faktenorientiert vorgeht, ein. Der Autor beleuchtet in seinem Projekt die Kompetenzen zukünftiger DaF-Lehrpersonen im Rahmen eines von ihm mit Studierenden durchgeführten Mentoringprogramms, das auf dem Konzept der *agir littéraire* (Fivaz, 2023) basiert. Die als exemplarisch zu bezeichnende Studie beschreibt einen qualitativen Ansatz für die Sichtbarmachung von Kompetenzen und macht auf forschungsmethodologischer Ebene mit den Prozessen der Datenerhebung und -analyse eines qualitativ interpretativen, inhaltsanalytischen Ansatzes vertraut.

Im nächsten Beitrag des Bandes zur »Messung schriftsprachlicher Kompetenzen bei gering literalisierten Lernenden von Deutsch als Zweitsprache – Ein Testentwicklungsprojekt anhand der LASLLIAM-Skalen« nimmt Martina Franz dos Santos den Test als Instrument quantitativer empirischer Forschung in den Blick. Ausgehend von einer Beschreibung der Anforderungen, die an Tests für zweitsprachliche Analphabet:innen gestellt werden, zeigt die Autorin Schritt für Schritt den Prozess der Testentwicklung nach Bachman/Palmer (2010) für ein Prä- und Posttest-Design auf. Sie unterstreicht dabei die hohe Relevanz, die der Diagnose von individuellen Lernendenkompetenzen und Förderbedarfen im Testverfahren zukommt, sowohl im Hinblick auf Lernberatungen als auch auf

Lernstandserhebungen im Alphabetisierungsunterricht. Eine Auflistung konkreter Stärken und Schwächen der Testaufgaben zur Messung funktionaler literaler Kompetenzen rundet den Beitrag ab.

In ihrem Beitrag »Educational Design Research: Ein Schlüssel zur Erforschung des DaFZ-Unterrichts« diskutiert Silvia Introna, wie *Education Design Research* (EDR) sich als eine bereits in anderen Bildungskontexten bewährte Herangehensweise für die empirische Forschung von authentischen Unterrichtssituationen für DaFZ-Unterrichtskontexte eignen kann. Hierzu wird zunächst der Forschungsansatz EDR theoretisch verortet, anschließend wird der Forschungsweg anhand eines Beispiels aus der universitären DaF-Lehre zur Förderung akademischer Lesekompetenz internationaler Studierender verdeutlicht. Es handelt sich um ein strategieorientiertes Programm zur Leseförderung. Abschließend wird einerseits das besondere Potenzial von EDR hinsichtlich der Überbrückung der Praxis-Theorie-Kluft in der Unterrichtsforschung veranschaulicht. Andererseits werden auch Grenzen benannt, zu denen z. B. die Generalisierbarkeit der gewonnenen Erkenntnisse gehört.

Im Beitrag von Magdalena Jaszczyk-Grzyb »Zu den Potenzialen der Korpuslinguistik für die empirische Fremdsprachenunterrichtsforschung« wird die Korpuslinguistik als ein möglicher Untersuchungsansatz für die empirische DaFZ-Unterrichtsforschung nicht nur aus methodologischer, sondern auch aus theoretischer Perspektive präsentiert. Die Autorin weist dabei auf die Tatsache hin, dass Korpusdaten, die ausgiebige Sammlungen authentischer Texte enthalten und sich mit den zur Verfügung stehenden Abfragetools schnell analysieren lassen, einen Mehrwert für die empirische Fremdsprachenunterrichtsforschung darstellen. Als exemplarische Untersuchungsfelder listet die Autorin die Analyse von Lerner- und Lehrersprache, den Vergleich verschiedener Sprachregister, Lehrwerkanalysen oder kritische Diskursanalysen des Lehrwerks anhand von Kookkurrenzen oder Kollokationen und schließlich die fremdsprachliche Erwerbsforschung auf. Schließlich veranschaulicht sie das Potenzial der Vermittlung von Korpustechniken für die empirische fremdsprachliche Unterrichtsforschung.

Im Beitrag von Laura Levstock mit dem Titel »Ethnografie und Interaktionale Diskursanalyse: Ein Vorschlag für einen holistischen Zugang zu Feld und Analyse« bietet die Autorin einen vergleichenden Blick auf die beiden Untersuchungsansätze. Dabei wird für eine reflektierte Kombination der interaktionalen Diskursanalyse mit der ethnografischen Epistemologie, mit dem Ziel der gegenseitigen Öffnung, Konkretisierung und Vertiefung plädiert. So werden etwa das flexible Einbeziehen von Kontextwissen, das Verständnis für die soziale Bedeutung von Praktiken, die Reflexion über die eigene Positioniertheit und deren Auswirkungen auf Feld, Daten und Analyse ebenso hervorgehoben wie die analytische Flexibilität und funktionale Adaptivität. Die Autorin sensibilisiert die

Leser:innen des Aufsatzes für eine abduktive Vorgehensweise mit ethnografischen Grundannahmen und einer rekonstruktiven Analyse diskursiver Praktiken, die sich zur Lösung kommunikativer Probleme in diversen Unterrichtssituationen eignen kann.

Im nächsten Beitrag »Theoretische Sensibilität, Kodieren und *all is data*« geht Jennifer Müller auf das Potenzial der *Grounded Theory Methodology* für die empirische Unterrichtsforschung ein. In ihrem interdisziplinären, in der Geschichts- und DaZ-Didaktik verorteten Dissertationsprojekt greift die Autorin die Frage auf, welche Schwierigkeiten DaZ-Seiteneinsteiger:innen haben, Texte aus dem Geschichtsunterricht zu verstehen und wie sie hierbei unterstützt werden können. Anhand dieses Projektes wird exemplarisch der Forschungsweg bei der Anwendung der *Grounded Theory Methodology* aufgezeigt. Dabei wird insbesondere die Rolle der Forschenden und ihre zunehmende theoretische Sensibilität während des Forschungsprozesses in den Blick genommen sowie das Kodieren und Kategorisieren als Möglichkeit des Erkenntnisgewinns und das Diktum *all is data* zur Berücksichtigung vielfältiger Perspektiven.

Désirée Präg untersucht in ihrem Beitrag »Zur Berücksichtigung des Kontextes bei der Analyse ko-konstruierter Erklärprozesse in Sprachfördermaßnahmen. Überlegungen zur Kombination der Systemisch Funktionalen Grammatik und der Konversationsanalyse«, wie Konzepte aus der Systemisch Funktionalen Grammatik nach Halliday (1978), die eine Wechselbeziehung zwischen Kontext und Text voraussetzen, in die Methoden der sequentiellen Konversationsanalyse integriert werden können, um auf deren Grundlage Erklärprozesse, die in additiven Sprachfördermaßnahmen allgemeinbildender Schulen erfolgen tiefgehend analysieren zu können. Zur Veranschaulichung ihres Ansatzes zeigt die Autorin anhand der exemplarischen Analyse einer Unterrichtssequenz aus dem Sprachförderunterricht, wie eine derartige Untersuchung der Wechselbeziehung von Text und Kontext es erlaubt, die komplexen Zusammenhänge zwischen verbalem und nonverbalem Handeln in unterrichtlichen Erklärprozessen umfassend zu beleuchten.

Den Sammelband schließt der Beitrag von Lesya Skintey, Katharina Hirt und Eva L. Wyss »Implementation der Dilemma-Situationsanalyse in das Zertifikat Sprachbildung und Deutsch als Fremd- und Zweitsprache – erste Erkenntnisse aus einer ethnografischen Wirksamkeitsstudie« ab. Nach einer überblicksartigen Darstellung der aktuellen Forschungslage zur Professionalisierung von Lehrpersonen in den Bereichen Sprachbildung, Deutsch als Zweitsprache und Mehrsprachigkeit präsentieren die Autorinnen das Design einer eigenen ethnographischen Studie, die die Wirksamkeit des Zertifikats Sprachbildung und DaFZ an der Universität Koblenz anhand von selbstreflektierenden Interviews, Unterrichtsentwürfen und teilnehmender Beobachtung erforscht. Mithilfe der so erhobenen Fallbeispielen werden Dilemmata thematisiert, die in der Ausbildung aufgefangen werden sollen. Die Autorinnen plädieren somit für die Implementierung ihrer empirischen Forschungsbefunde in lehrer:innenbildende Studiengänge, um situationsrelevantes Fachwissen zu aktivieren, mehrperspektivisches Denken zu fördern und methodengeleitetes Interpretieren zu schulen.

Die vorliegenden Beiträge geben einen Einblick in aktuelle Forschungsgegenstände und forschungsmethodologische Zugänge der empirischen Unterrichtsforschung in DaFZ und eröffnen interdisziplinäre Forschungsperspektiven.

Als Herausgeberinnen hoffen wir, dass der Sammelband mit seinem vielfältigen Themenspektrum bei den Leserin:innen aus unterschiedlichen Kontexten und Ländern auf Forschungsinteresse stößt und wünschen in diesem Sinne eine inspirierende Lektüre.

Literaturverzeichnis

Altmayer, Claus/Biebighäuser, Katrin/Haberzettl, Stefanie/Heine, Antje (Hg.): Handbuch Deutsch als Fremd- und Zweitsprache. Kontexte – Themen – Methoden. Berlin 2021.

Bachman, Lyle/Palmer, Adrian: Language testing in practice. Oxford 2010.

Bryant, Doreen/Zepter, Alexandra Lavinia: Performative Zugänge zu Deutsch als Zweitsprache (DaZ). Ein Lehr- und Praxisbuch. Tübingen 2022.

Caspari, Daniela/Klippel, Friederike/Legutke, Michael K./Schramm, Karen (Hg.): Forschungsmethoden in der Fremdsprachendidaktik. Ein Handbuch. Tübingen 2022.

Caspari, Daniela/Klippel, Friederike/Legutke, Michael K./Schramm, Karen: ›Zur Orientierung‹, in: ebd. (Hg.): *Forschungsmethoden in der Fremdsprachendidaktik. Ein Handbuch.* Tübingen 2022, S. 1–5.

Caspari, Daniela: ›Erfassen von unterrichtsbezogenen Produkten‹, in: Caspari, Daniela et al. (Hg.): *Forschungsmethoden in der Fremdsprachendidaktik. Ein Handbuch.* Tübingen 2022, S. 193–204.

Czyzak, Olga/Siebold, Kathrin: ›Theoretische und methodologische Überlegungen zur Interaktionsforschung im Fach DaFZ – Einführung in die zweite Ausgabe der ZIAF‹, in: *Zeitschrift für Interaktionsforschung in DaFZ* 2022/2 (1), S. 3–10.

Edmondson, Willis J./House, Juliane: Einführung in die Sprachlehrforschung. Tübingen/Basel 2011.

Fivaz, Luc: L'agir littéraire dans la perspective actionnelle en classe d'allemand langue étrangère dans les gymnases vaudois. Analyse de pratiques enseignantes tirées d'un dispositif d'accompagnement de type collaboratif [Dissertation]. Berne 2023, verfügbar unter: https://www.peterlang.com/document/1305506 [27.07.2023].

Halliday, Michael A. K.: Language as social semiotic. The social interpretation of language and meaning. London 1978.

Kalkavan-Aydın, Zeynep: ›Kognitive Aktivierung im DaF-Unterricht durch Mehrsprachigkeit. Videobasierte Unterrichtsanalysen im Kontext Deutsch, Arabisch und Englisch‹, in: *Zeitschrift für Interaktionsforschung in DaFZ* 2023/3 (1), S. 19–32.

Klieme, Eckhard: ›Empirische Unterrichtsforschung: aktuelle Entwicklungen, theoretische Grundlagen und fachspezifische Befunde. Einführung in den Thementeil‹, in: *Zeitschrift für Pädagogik* 2006/52 (6), S. 765–773.

Legutke, Michael K.: ›Theoretische Forschung‹, in: Caspari, Daniela et al. (Hg.): *Forschungsmethoden in der Fremdsprachendidaktik. Ein Handbuch.* Tübingen 2022, S. 39–49.

Riemer, Claudia: ›Forschungsmethodologie Deutsch als Fremd- und Zweitsprache‹, in: Settinieri, Julia et al. (Hg.): *Empirische Forschungsmethoden für Deutsch als Fremd- und Zweitsprache. Eine Einführung.* Paderborn 2014, S. 15–32.

Schramm, Karen: ›Besondere Forschungsansätze: Videobasierte Unterrichtsforschung‹, in: Settinieri, Julia et al. (Hg.): *Empirische Forschungsmethoden für Deutsch als Fremd- und Zweitsprache. Eine Einführung.* Paderborn 2014, S. 243–254.

Schramm, Karen: ›Empirische Forschung‹, in: Caspari, Daniela et al. (Hg.): *Forschungsmethoden in der Fremdsprachendidaktik. Ein Handbuch.* Tübingen 2022, S. 49–58.

Settinieri, Julia/Demirkaya, Sevilen/Feldmeier, Alexis/Riemer, Claudia (Hg.): Empirische Forschungsmethoden für Deutsch als Fremd- und Zweitsprache. Eine Einführung. Paderborn 2014.

Siebold, Kathrin: ›Erwerbsförderlicher Sprachgebrauch von Lehrpersonen im Fremd- und Zweitsprachenunterricht‹, in: Burwitz-Melzer, Eva/Riemer, Claudia/Schmelter, Lars (Hg.): *Berufsbezogene Sprache der Lehrenden im Fremd- und Zweitsprachenunterricht. Arbeitspapiere der 43. Frühjahrskonferenz zur Erforschung des Fremdsprachenunterrichts.* Tübingen 2023, S. 196–207.

Stefanie Bredthauer / Stefanie Helbert / Anastasia Knaus /
Michael Becker-Mrotzek / Hans-Joachim Roth

SysDaZ – ein Ratingverfahren zur systematischen Unterrichtsbeobachtung von Deutsch als Zweitsprache-Unterricht

Abstract

Instruments for systematic classroom observation are a major step forward in teaching research. In the joint project COLD – Competencies of school teachers and adult educators in teaching German as a second language in linguistically diverse classrooms, a rating procedure for German as a second language teaching was developed, field-tested and employed for the analysis of classroom videos from preparatory classes (school) and integration courses (adult education). It is named SysDaZ and is intended to contribute to the numerous research desiderata on learning and teaching in German as a Second Language classes. This article outlines the development process, the method itself, and experiences with its use.

Keywords: German as a second language (GSL), lesson observation, rating method, classroom videography

Instrumente zur systematischen Unterrichtsbeobachtung stellen einen wichtigen Fortschritt in der Unterrichtsforschung dar. Im Verbundprojekt *COLD – Competencies of school teachers and adult educators in teaching German as a second language in linguistically diverse classrooms* wurde ein entsprechendes Ratingverfahren für den Bereich des Deutsch als Zweitsprache-Unterrichts entwickelt, erprobt und zur Analyse von Unterrichtsvideos aus Vorbereitungsklassen (Schule) und Integrationskursen (Erwachsenenbildung) eingesetzt. Es trägt den Namen *SysDaZ* und soll dazu beitragen, die zahlreichen Forschungsdesiderate zum Lernen und Lehren im DaZ-Unterricht bearbeiten zu können. Im vorliegenden Beitrag werden der Entwicklungsprozess, das Verfahren selbst und Einsatzerfahrungen vorgestellt.

Schlüsselwörter: Deutsch als Zweitsprache (DaZ), Unterrichtsbeobachtung, Ratingverfahren, Unterrichtsvideografie

1 Einleitung

Migrationsbewegungen aus und nach Deutschland blicken auf eine lange Geschichte zurück, ebenso wenig neu ist der Unterricht von Deutsch als Zweitsprache (DaZ). Dieser wird in Deutschland derzeit vor allem im schulischen

Bereich in sogenannten Vorbereitungsklassen und in der Erwachsenenbildung in sogenannten Integrationskursen erteilt. Trotz der langen Tradition bestehen noch zahlreiche Forschungsdesiderate zum Lernen und Lehren im DaZ-Unterricht, die in jüngster Zeit verstärkt angegangen werden.

Einen wichtigen Fortschritt in der Unterrichtsforschung insgesamt stellen Instrumente zur systematischen Unterrichtsbeobachtung wie Ratingverfahren dar (Lotz et al. 2013). Diese liegen inzwischen für verschiedene didaktische Bereiche vor, häufig wurden sie im Rahmen von groß angelegten Forschungsstudien mit Unterrichtsvideografie entwickelt wie der DESI-Studie für die Fächer Deutsch und Englisch (Helmke et al. 2007b). Im querschnittlich angelegten, interdisziplinären Verbundprojekt *COLD – Competencies of school teachers and adult educators in teaching German as a second language in linguistically diverse classrooms* (Deutsches Institut für Erwachsenenbildung, o. J.) wurde nun ein solches Instrument speziell für den DaZ-Unterricht entwickelt:»SysDaZ« ist ein Ratingverfahren zur systematischen Beobachtung von DaZ-Unterricht und fußt auf der theoretischen Grundlage des DaZKom-Modells (Köker et al. 2015), das zur Beschreibung der Lehrkompetenz von (angehenden) Lehrkräften im Bereich Deutsch als Zweitsprache entwickelt wurde.

Der vorliegende Beitrag stellt den Entwicklungsprozess des Ratingverfahrens SysDaZ sowie die bisherigen Erfahrungen mit seinem Einsatz vor. Es werden zunächst der theoretische Hintergrund zu DaZ-Unterricht und professionellen Kompetenzen von Lehrkräften im DaZ-Bereich sowie Ratingverfahren im Rahmen von Unterrichtsbeobachtungen skizziert. Anschließend wird der Entwicklungsprozess von SysDaZ beschrieben und die Erfahrungen mit seinem Einsatz im COLD-Projekt erläutert. SysDaZ wurde in der Hauptstudie des COLD-Projekts zur Auswertung von sechzig videografierten DaZ-Unterrichtsstunden aus der Schule und der Erwachsenenbildung verwendet. Neben der Unterrichtsforschung kann es zukünftig auch in der Unterrichtsentwicklung sowie in der Lehrkräftebildung eingesetzt werden.

2 Theoretischer Rahmen

2.1 Deutsch als Zweitsprache-Unterricht

Die Integration Neuzugewanderter ist eine zentrale Aufgabe der deutschen Gesellschaft und der Erwerb der deutschen Sprache ist eine elementare Voraussetzung für Bildungserfolg sowie erfolgreiche berufliche und gesellschaftliche Teilhabe (Becker-Mrotzek/Roth 2017; Esser 2006). Durch die stetig zunehmende Migration in den letzten Jahren (Statistisches Bundesamt 2022) sind sprachlich und kulturell heterogene Klassenzimmer die Regel in Schule und Bildungseinrichtungen für Erwachsene. Analysen groß angelegter internationaler Studien wie PISA und PIAAC haben gezeigt, dass zu viele Schüler*innen bei ihrem Schulabschluss keine ausreichenden sprachlichen Kompetenzen besitzen, was sowohl große Nachteile im Bildungssektor als auch auf dem Arbeitsmarkt zur Folge hat. Es ist also unabdingbar, dass sprachliche Bildung und Deutschförderung bei Fragen der Integration und Schaffung von Chancengleichheit immer zu den zentralen Maßnahmen und Forderungen gehören (Becker-Mrotzek/Roth 2017). Im deutschen Bildungssystem ist das Lernen von Deutsch als Bildungs- und Zweitsprache in erster Linie in der Schule und in Institutionen der Erwachsenenbildung angesiedelt (Gogolin/Lange 2011). Zur Aufnahme neu zugewanderter Kinder und Jugendlicher werden an Schulen häufig sogenannte Vorbereitungsklassen mit dem übergreifenden Ziel des Deutschlernens eingerichtet (von Dewitz/Bredthauer 2020). Der DaZ-Unterricht für neu zugewanderte Erwachsene hingegen findet hauptsächlich in Integrationskursen an öffentlichen und privaten Bildungsträgern statt (BAMF 2022).

Das Unterrichten von DaZ in diesen Klassen und Kursen verlangt besondere professionelle Kompetenzen von Lehrenden (Kniffka/Siebert-Ott 2012). Diese Lehrkräfte unterstützen ihre sprachlich höchst heterogene Lerner*innenschaft beim Erwerb sprachlicher Kompetenzen im Deutschen, welche einen relevanten Grundstein für den weiteren Bildungsweg als auch die akademische oder berufliche Laufbahn der Lernenden bilden. Auch wenn DaZ-Unterricht in Deutschland seit vielen Jahrzehnten erteilt wird, ist es wichtig zu sehen, dass immer noch zahlreiche Forschungs- und Implementationsdesiderate bestehen, z. B. hinsichtlich der Curricula. Insbesondere die professionellen Kompetenzen von DaZ-Lehrkräften, die in Vorbereitungsklassen und Integrationskursen unterrichten, sind bis dato nicht ausreichend untersucht worden.

2.2 Professionelle Kompetenz von DaZ-Lehrkräften

In den vergangenen Jahren hat die deutsche Bildungspolitik immer wieder betont, wie relevant eine Verbesserung der DaZ-Qualifikation von Lehrenden ist, und auch schulische Lehrkräfte betonten immer wieder, dass Sprachförderung und DaZ keinen ausreichend behandelten Schwerpunkt in der Lehrkräfteausbildung darstellen (Becker-Mrotzek et al. 2012). Einige Bundesländer haben aktuell bereits Regelungen getroffen, die eine DaZ inkludierende Hochschulpraxis vereinheitlichen sollen, doch oft bleiben diese Vorgaben unspezifisch (Morris-Lange et al. 2016). Für Lehrende in Integrationskursen sollen die Vorgaben zu den formalen Voraussetzungen und notwendigen pädagogischen Qualifikationen eine hohe Qualität in der DaZ-Lehre gewährleisten (BAMF 2020).

Zudem haben national und international groß angelegte Leistungsuntersuchungen (bspw. PIAAC, PISA, PIRLS, TIMSS) essentielle Fragen zur Effektivität nationaler Bildungssysteme und lebenslangen Lernens (bspw. OECD 2016) aufgeworfen. Als logische Schlussfolgerung wurden viele Forschungsprojekte durchgeführt, die sich professionellen Kompetenzen von schulischen Lehrkräften (vgl. Terhart et al. 2012; Kunter et al. 2011) und auch von Lehrkräften in der Erwachsenenbildung (Goeze 2016; Schrader et al. 2010) widmeten. Für den schulischen Kontext liefert die Empirie Hinweise auf eine starke Abhängigkeit der Leistung der Schüler*innen von der professionellen Kompetenz ihrer Lehrkräfte (vgl. Hattie 2009; Rivkin et al. 2005). Ein solcher Einfluss von professioneller Kompetenz der Lehrkräfte auf die Leistung der Lernenden wird ebenso für den Bereich der Erwachsenenbildung vermutet (vgl. Collins/Pratt 2011; Schrader et al. 2010).

Der validen Erfassung von Kompetenzen geht eine theoretische Frage voraus, da festgelegt werden muss, welches Kompetenzverständnis den empirischen Analysen als Grundlage dient. Nach Baumert und Kunter (2011) wird die professionelle Kompetenz von Lehrkräften üblicherweise in drei Kompetenz- oder Wissensformen unterteilt. Diese umfassen das Fachwissen, das fachdidaktische Wissen sowie das pädagogische bzw. pädagogisch-psychologische Wissen. Die empirische Erfassung von professioneller Kompetenz von Lehrkräften umfasst demnach mehrere Dimensionen, sodass nicht nur das reine Professionswissen abgefragt werden darf, sondern darüber hinaus auch weitere Dimensionen wie Einstellungen, Motivationen oder situationsspezifische Fertigkeiten.

Gängige Methoden zur Erfassung oder Bewertung professioneller Kompetenz von Lehrkräften sind (Wissens)tests, Befragungen, Dokumentationen und Unterrichtsbeobachtungen. Da Letztere methodisch am Handeln ansetzen, erscheinen sie als geeignet, um professionelle Kompetenzen von Lehrkräften sowohl verstehens- als auch bewertungsorientiert komplex erfassen zu können (Maag Merki/Werner 2014). Allerdings muss betont werden, dass mit beobachtbarem Unterrichtshandeln lediglich eine Facette von professioneller Kompetenz erfasst werden und Unterrichtshandeln nicht mit Handlungskompetenz gleichgesetzt werden kann. Das erfasste Unterrichtshandeln dient als Operationalisierung und wird als Indikator für Handlungskompetenz verstanden. Unterrichtsbeobachtungen haben im Lehrkontext eine lange Tradition, sind jedoch bei der simultanen Beobachtung mit einigen Herausforderungen verbunden. Videogestützte Beobachtungen können hier (wenn auch verbunden mit eigenen methodischen Limitationen) Abhilfe schaffen, da sie eine zeitversetzte und wiederholte Beobachtung von Handlungen ermöglichen (Bortz/Döring 2002).

Zur Unterrichtskompetenz von Lehrkräften im Bereich Deutsch als Zweitsprache (in Abgrenzung zu allgemeindidaktischer Kompetenz) liegt bislang ein einziges theoretisches Kompetenzmodell vor, das sogenannte DaZKom-Modell (Köker et al. 2015).

	Dimensionen	Subdimensionen	Facetten
DaZ-Kompetenz	Fachregister (Fokus auf Sprache)	Grammatische Strukturen und Wortschatz	Morphologie
			(Lexikalische) Semantik
			Syntax
			Textlinguistik
		Semiotische Systeme	Darstellungsformen
			Sprachliche Bezüge zwischen Darstellungsformen
			Mündlichkeit vs. Schriftlichkeit
	Mehrsprachigkeit (Fokus auf den Lernprozess)	Zweitspracherwerb	Interlanguage-Hypothese
			Meilensteine zweitsprachlicher Entwicklung
			Gesteuerter vs. Ungesteuerter Zweitspracherwerb
			Literacy/ Bildungssprache
		Migration	Sprachliche Vielfalt in der Schule
			Umgang mit Heterogenität
	Didaktik (Fokus auf den Lehrprozess)	Diagnose	Mikro-Scaffolding
			Makro-Scaffolding
			Umgang mit Fehlern
		Förderung	Mikro-Scaffolding
			Makro-Scaffolding
			Umgang mit Fehlern

Tab. 1: DaZKom-Modell (nach Ohm 2018, S. 75). Das Modell von DaZ-Kompetenz bei angehenden Lehrkräften. In T. Ehmke, S. Hammer, A. Köker, U. Ohm & B. Koch-Priewe (Hg.), Professionelle Kompetenzen angehender Lehrkräfte im Bereich Deutsch als Zweitsprache (S. 73–91). Waxmann.

Das Strukturmodell unterscheidet die drei Dimensionen »Fachregister«, »Mehrsprachigkeit« und »Didaktik«, die ihrerseits in verschiedene Subdimensionen mit mehreren zugehörigen Facetten unterteilt sind (siehe Tab. 1). Es diente als Grundlage für die Entwicklung eines standardisierten Testinstruments, das die Wissenskomponente der DaZ-Kompetenz von (angehenden) Lehrkräften messbar macht (DaZKoM, unveröffentlicht). Für die Nutzung des Modells im Bereich der Unterrichtsbeobachtung können diejenigen Subdimensionen und Facetten herangezogen werden, die durch Unterrichtsbeobachtung erfassbar sind. Nicht beobachtbar ist beispielsweise das zugrundeliegende Wissen einer Lehrperson zu Zweitspracherwerbsstufen, gut beobachtbar hingegen sind viele Aspekte der konkreten didaktischen Handlungen in den beobachteten Unterrichtsstunden wie z. B. der Umgang der Lehrperson mit Fehlern.

2.3 Ratingverfahren im Rahmen von Unterrichtsbeobachtungen

Verfahren zur Unterrichtsbeobachtung können auf einem Kontinuum von niedrig- bis hoch-inferent eingeordnet werden – wobei »Inferenz« auf den Umfang des Interpretationsspielraums abzielt, der bei einer Beobachtung zum Tragen kommt (Clausen 2002; Rosenshine 1970). Welches Verfahren zum Einsatz kommt, entscheidet sich nach der Zielsetzung des jeweiligen Vorhabens. Für die Beschreibung einzelner Interaktionen und unterrichtlicher Abläufe (»Sichtstruktur« nach Pauli/Reusser 2006) werden primär niedrig-inferente Beobachtungsverfahren gewählt, bei denen eindeutig erkennbare Merkmale wie Sozialformen (Einzelarbeit, Plenum usw.) über kurze Sequenzen anhand vorgegebener Kategorien gemessen werden. Wenn der Fokus hingegen auf der pädagogischen Tiefenstruktur des Unterrichts liegt (z.B. kognitive Aktivierung), kommen hochinferente Verfahren zum Einsatz (Lotz et al. 2013). Solche Beobachtungsverfahren werden mithilfe von Ratings durchgeführt und schaffen einen breiteren Zugang zur Forschungsfrage, weil die Beobachtungskriterien im Vergleich zu niedrig-inferenten Verfahren offener formuliert werden können und Aussagen über die Qualität von Ereignissen ermöglichen (Clausen et al. 2003). Damit einher geht zwar ein hoher interpretativer Gehalt bei den Ratings, allerdings auch ein stärkerer Bezug zur Theorie und damit eine stärkere Aussagekraft (Clausen 2002). Bei niedrig-inferenten Verfahren werden meist einzelne Sequenzen und bei hoch-inferenten Verfahren komplette Unterrichtsstunden für die Beobachtung zugrunde gelegt (Hugener et al. 2006).

Ratingschemata hoch-inferenter Verfahren bestehen aus einer Reihe von zu beobachtenden Merkmalen, die als Items ausformuliert werden, und einer Likert-Skala zur Einschätzung der Ausprägungen der Merkmale (Ratingstufen) in den beobachteten Unterrichtsstunden (vgl. z. B. für DESI: Helmke et al. 2007b). Bei der Formulierung der Items ist es wichtig, soweit möglich jeweils nur einen inhaltlichen Aspekt mit einem Item zu erfassen (Pietsch/Tosana 2008) sowie möglichst neutrale und verständliche Formulierungen der Beobachtungsmerkmale und eine geeignete Benennung der Ausprägungen zur Auswahl für die

Rater*innen zu verwenden (z.B. bei DESI von »trifft nicht zu«, über »trifft eher nicht zu« und »trifft eher zu«, bis hin zu »trifft zu« und »nicht beobachtbar«).

Eine Problematik bei Ratingverfahren besteht im Auftreten sogenannter Rater-Effekte, die nicht durch das einzuschätzende Merkmal, sondern durch die beobachtenden Personen auftreten (Praetorius 2014). In einer Vielzahl empirischer Studien konnte belegt werden, dass die individuelle Perspektive unabhängiger Rater*innen zum Teil deutliche Einschränkungen in Bezug auf die Reliabilität und Validität aufweist, sodass Messergebnisse verzerrt werden können (Praetorius 2014; Praetorius et al. 2012; Pietsch/Tosana 2008). Einer der am häufigsten untersuchten Rater-Effekte ist der sogenannte Strenge-/Milde-Effekt (Eckes 2004). Dieser steht in unmittelbarem Zusammenhang mit dem Anspruchsniveau der Rater*innen, bei dem eine Person durchweg zu einer milden Beurteilung neigt, während die andere Person häufiger strenge Einschätzungen vornimmt (Praetorius 2014). Ein weiterer prominenter Rater-Bias ist der Halo-Effekt, bei dem das einzuschätzende Merkmal vom Gesamteindruck einer Person oder einer Situation beeinflusst wird. Aus einzelnen Merkmalen werden Folgeeigenschaften zu einer Gesamtassoziation abgeleitet (Praetorius 2014). Zuletzt sei auf den Beurteilungsfehler der zentralen Tendenz verwiesen. Dieser Effekt entsteht dann, wenn Rater*innen die Extrema der Antwortkategorien in unterschiedlichem Ausmaß nutzen. Besonders wenn die Personen unsicher in der Bewertung sind, neigen sie dazu, die Mitte einer Skala zu nutzen (Praetorius 2014).

Zur Minimierung von Rater-Effekten wird empfohlen, die Merkmale mit ihren prototypischen Funktionen eindeutig und prägnant zu definieren, Ankerbeispiele aus authentischen Unterrichtssituationen anzugeben und die Rater*innen auf die genannten Effekte hinzuweisen (Lotz et al. 2013; Myford/Wolfe 2003). Als gängige Maßnahmen hierfür gelten der Einsatz eines Ratingmanuals und insbesondere die Durchführung einer Schulung für die Rater*innen (Rakoczy 2006; Rakoczy/Pauli 2006; Seidel 2003; Hoyt/Kerns 1999), wobei sich Dauer und Konzept der Schulung als essentiell erweisen. In ihrer Metaanalyse belegen Hoyt und Kerns (1999) eine negative Auswirkung für eine Schulungsdauer von unter fünf Stunden, verzeichnen jedoch keine relevanten Unterschiede zwischen einer Schulungsdauer von fünf Stunden oder erheblich längeren Schulungen bis zu über 24 Stunden. Als typische Inhalte entsprechender Schulungen werden die folgenden Punkte berichtet (Praetorius 2014; Racozcy/Pauli 2006; Kobarg/Seidel 2003): (1) die Herstellung eines gemeinsamen Verständnisses der Rater*innen für die zu bewertende Thematik, (2) das Kennenlernen des Beobachtungsinstruments, seiner Dimensionen und Ratingstufen, (3) das Aushandeln eines gemeinsamen theoretischen Verständnisses der Rater*innen für das Ratinginstrument, (4) das Besprechen von Möglichkeiten, um Rater-Effekten entgegenzuwirken und (5) die praktische Erprobung des Umgangs mit dem Instrument.

Als relevant wird vor allem angesehen, dass Mehrdeutigkeiten und offene Fragen zum Instrument und zum Ratingprozess ausführlich besprochen werden sowie dass die Rater*innen individuelle Notizen anfertigen können.

3 SysDaZ: Entwicklungsprozess und Instrument

Für den Einsatz im Rahmen des COLD-Projekts wurde ein Ratingverfahren zur systematischen Beobachtung des DaZ-Unterrichts entwickelt, mit dem sich DaZ-spezifische Aspekte der videografierten Unterrichtsstunden erfassen lassen. Denn für allgemeindidaktische Aspekte des Unterrichts existierten bereits aus anderen Videostudien entsprechende Beobachtungsschemata, für DaZ-Spezifika hingegen noch nicht. Das entwickelte Beobachtungssystem ist ein hoch-inferentes Ratingverfahren, das zur Beobachtung ganzer Unterrichtsstunden hinsichtlich komplexer Merkmale des Unterrichts gedacht ist. Diese Merkmale lassen sich nicht an einzelnen Sequenzen festmachen, sondern können als Anhaltspunkte über die gesamte Stunde verteilt sein (Hugener et al. 2006). Es wird durch ein Ratingmanual und eine Schulung für unabhängige Rater*innen flankiert.

Der Entwicklungsprozess gliederte sich in verschiedene Phasen, die hier beschrieben werden sollen:

Phase 1: Theoretische Fundierung (deduktiver Ansatz)

Auf Basis des DaZKom-Modells wurden Aspekte herausgearbeitet, die charakteristisch für DaZ-Unterricht sind. Dabei wurden allgemein-didaktische Aspekte bewusst ausgeklammert und ausschließlich solche Merkmale aufgenommen, die kennzeichnend für Zweitsprachunterricht sind bzw. denen dort eine besondere Bedeutung zukommt. Wichtig war außerdem, lediglich solche Aspekte einzubeziehen, die sich auf Grundlage von Unterrichtsbeobachtungen beurteilen lassen. Merkmale von Unterrichtsvorbereitung lassen sich beispielsweise nicht sinnvoll anhand von Unterrichtsvideos untersuchen. Für die als relevant identifizierten Aspekte wurde zur Ausdifferenzierung vertiefende Forschungsliteratur herangezogen, z.B. zum Bereich des Scaffoldings (Gibbons 2002).

Phase 2: Expert*innenkonsultation (induktiver Ansatz)

Um die Auswahl der Beobachtungsitems abzusichern, wurden verschiedenen DaZ-Expert*innen (Wissenschaftler*innen und Praktiker*innen) Sequenzen von DaZ-Unterrichtsvideos aus bereits abgeschlossenen Projekten gezeigt (insbesondere Videosequenzen aus dem Projekt »Bildung durch Sprache und

Schrift«). Sie wurden gebeten, sich während des Anschauens alle Merkmale zu notieren, die den gezeigten Unterricht ihres Erachtens zu besonders gutem bzw. nicht so gelungenem DaZ-Unterricht machten. Die so gewonnenen Aspekte wurden mit den zuvor ausgewählten Aspekten abgeglichen, so dass diese ergänzt bzw. durch die Expert*innenbefragung bestätigt werden konnten.

Phase 3: Formulierung von Beobachtungsitems und Likert-Skala

Die ausgewählten Merkmale wurden in konkrete Beobachtungsitems überführt und eine Likert-Skala zu ihrer Beurteilung eingeführt (s. Tab. 3). Außerdem wurden Definitionen für die Ratingstufen der verschiedenen Beobachtungsitems formuliert (s. Tab. 4). Hierbei wurde sich an bereits vorliegenden, erprobten Ratingschemata anderer Unterrichtsvideostudien für andere didaktische Bereiche/Unterrichtsfächer orientiert, z. B. TALIS (Bell et al. 2020), VERA (Helmke et al. 2007a) und DESI (Helmke et al. 2007b).

Phase 4: Pilotierung der Beobachtungsitems

Anschließend wurden die entwickelten Beobachtungsitems an Unterrichtsvideos der Pilotierungsstudie des COLD-Projekts erprobt. Dieses Vorgehen wird in der Literatur zur Entwicklung von Systemen zur Unterrichtsbeobachtung empfohlen (u. a. Lotz et al. 2013). Im Projekt tätige Hilfskräfte bekamen die Beobachtungsitems vorgelegt und beobachteten auf deren Grundlage DaZ-Unterrichtseinheiten aus der Pilotstudie. Währenddessen und danach gaben sie Feedback dazu, ob sie die Items verständlich formuliert fanden – ob sie also verstanden, was sie beobachten sollten – und ob sie den Eindruck hatten, die Aspekte anhand der Unterrichtsvideos beurteilen zu können – ob es sich also um Aspekte handelte, die sich auf Basis von Unterrichtsbeobachtungen untersuchen lassen.

Phase 5: Entwicklung eines Ratingmanuals

Damit das Rating mittels des Beobachtungsschemas im Rahmen der Hauptstudie des COLD-Projekts von unabhängigen, geschulten Rater*innen durchgeführt werden konnte, wurde ein Ratingmanual entwickelt. Dieses enthält theoretische Erläuterungen zu allen Dimensionen und der einzelnen Items des Beobachtungsschemas sowie Ankerbeispiele, Platz für Notizen der Rater*innen, Tipps zum Vorgehen beim Raten und zum Entgegenwirken von typischen Rater-Effekten.

Phase 6: Konzeption einer Rater*innen-Schulung

Um eine möglichst hohe Qualität bei den Ratings der Videodaten aus der Hauptstudie zu erzielen, wurde eine Schulung für die unabhängigen Rater*innen konzipiert. Sie wurde für einen Tag ausgelegt und umfasste verschiedene Bestandteile: Die Rater*innen erhielten die Gelegenheit, ihre eigenen impliziten Theorien zu DaZ-Unterricht zu reflektieren, Informationen zum Stand der wissenschaftlichen Forschung und Tipps zum Vorgehen beim Raten, sie konnten das Ratingschema sowie das Ratingmanual kennenlernen sowie deren Einsatz an Pilotierungsvideos des Projekts ausprobieren. Besondere Bedeutung kam dem Aushandeln zwischen den Rater*innen zu, da so ein gemeinsames Verständnis zu den verschiedenen Items geschaffen werden sollte, um Interratereffekte (vgl. 2.3) zu minimieren.

Zwischen den verschiedenen Phasen fanden immer wieder Rückmeldungsschleifen mit dem gesamten Projektverbund statt, um eine möglichst starke Passung des Instruments sowie hohe methodische Qualität zu erreichen.

Das entwickelte Instrument zur systematischen Beobachtung von DaZ-Unterricht trägt den Namen »SysDaZ« und enthält insgesamt 27 Beobachtungsitems, die sich auf sechs Dimensionen verteilen (s. Tab. 2).

SysDaZ-Ratingschema	
Dimensionen	Facetten
A) Förderung sprachlicher Teilfertigkeiten	Förderung von: Hören, Sprechen, Lesen, Schreiben
	Förderung von Wortschatz
	Vermittlung von Phänomenen des Sprachsystems
	Vermittlung von Phänomenen des Sprachgebrauchs
	Schaffen von authentischen Handlungsanlässen
B) Scaffolding	Langsames und deutliches Sprechen
	Umschreiben, Visualisieren und Veranschaulichen
	Verständnissicherung
	Modellieren von Arbeits- und Denkschritten
	Einsatz von Scaffolds
	Ausreden lassen der Lernenden
	Aktives Zuhören

(Fortsetzung)

SysDaZ-Ratingschema	
Dimensionen	Facetten
C) Umgang mit Mehrsprachigkeit	Zulassen unterschiedlicher Sprachen
	Einbezug unterschiedlicher Sprachen
	Initiieren von Sprachvergleichen
D) Umgang mit Heterogenität	Individuelle Hilfestellungen
	Berücksichtigung individueller Arbeitstempi und Sprachstände
	Förderung von Peer-Unterstützung
E) Umgang mit Fehlern	Korrektur ausgewählter Fehler
	Implizite Fehlerkorrektur
	Aufbau einer fehlertoleranten Atmosphäre
	Anleitung zur Selbstkorrektur
F) Sprachliche Korrektheit	Normgerechte Informationen zu Sprachsystem und -gebrauch
	Normgerechter Sprachgebrauch der Lehrkraft

Tab. 2: Dimensionen des Ratingschemas SysDaZ (eigene Darstellung).

Die Tabellen 3 und 4 zeigen zur Veranschaulichung beispielhafte Ausschnitte aus dem Ratingbogen und dem Ratingmanual.

Dimension D: Umgang mit Heterogenität			
Merkmal	Trifft nicht zu	Trifft teilweise zu	Trifft zu
20. Die Lehrkraft berücksichtigt das individuelle Arbeitstempo und den Sprachstand der Lernenden.			

Tab. 3: Beispielauszug aus dem SysDaZ-Ratingbogen (eigene Darstellung).

Merkmal	Beispiel	Beschreibung	Meine Notizen
23. Die Lehrkraft schafft eine Lernatmosphäre, in der die Lernenden keine Angst haben, sprachliche Fehler zu machen.	z. B. Vermittlung einer positiven Haltung zu sprachlichen Fehlern (Fehlerbewusstsein); Wertschätzung von inhaltlichen Aussagen trotz sprachlicher Fehler, positive Einstellung zur Fehlerkorrektur	Trifft zu: Die LK hat einen positiven, motivierenden Umgang mit Fehlern. Sie nutzt diese in konstruktiver Weise, wertet die TN dabei nicht ab, verdeutlicht Zusammenhänge, gibt Raum für die Verbesserung und betont den Nutzen von Fehlern im Lernprozess. Trifft teilweise zu: Die LK hat einen neutralen Umgang mit Fehlern. Sie akzeptiert diese, nutzt sie jedoch nicht konstruktiv. Trifft nicht zu: Die LK pflegt einen negativen, abschätzigen Umgang mit Fehlern. Der Nutzen von Fehlern im Lernprozess wird nicht anerkannt.	

Tab. 4: Beispielauszug aus dem SysDaZ-Ratingmanual (eigene Darstellung).

4 Erfahrungen mit dem Einsatz von SysDaZ

Nachdem im vorangegangenen Kapitel der Entwicklungsprozess des Ratingverfahrens SysDaZ sowie das Instrument selbst vorgestellt wurden, folgt nun ein Bericht zu den Erfahrungen mit seinem Einsatz im COLD-Projekt, in dessen Rahmen es zur Auswertung von sechzig videografierten DaZ-Unterrichtsstunden aus der Schule und der Erwachsenenbildung eingesetzt wurde.

4.1 Rater*innenschulung

Zur Sicherung der Objektivität und Reliabilität der Ratings sollten alle Unterrichtsvideos doppelt durch unabhängige Rater*innen eingeschätzt werden (Hugener 2006). Hierzu wurde eine Rater*innenschulung mithilfe von Videos aus der Pilotierungsstudie des COLD-Projekts durchgeführt. Ziel der mehrstündigen Schulung war es, ein gemeinsames theoretisches Verständnis über die zu bewertenden Dimensionen des SysDaZ-Ratingverfahrens, ihre Items und Ausprägungen zu schaffen (vgl. Rakoczy 2006).

Im Vorfeld der Schulung wurde mit den Rater*innen ein gemeinsamer Termin vereinbart, für den keine Vorbereitung verlangt wurde und auch keine Materialien vorab zugesendet wurden. Insgesamt waren für die Schulung fünf Stunden angesetzt, in denen die Ratenden sich intensiv mit dem Thema beschäftigen sollten. Die Schulung gliederte sich in sechs Teile. Im ersten Teil lag der Fokus auf der Auseinandersetzung der Rater*innen mit den eigenen impliziten Theorien über guten DaZ-Unterricht. Hierzu wurde die Strukturlegetechnik nach Scheele (1992) angewendet, bei der die Teilnehmenden ohne vorherigen Input festhalten konnten, was für sie persönlich guten DaZ-Unterricht ausmacht, und dann ihre Überlegungen auf leeren Kärtchen stichpunktartig notierten. Im Anschluss wurden die Notizen gemeinsam mit den Schulungsleiterinnen auf einem Whiteboard thematisch sortiert und miteinander in Beziehung gesetzt. Dazu wurden die sechs Dimensionen aus dem Ratingmanual herangezogen, sodass eine theoretische Grundlage erarbeitet wurde. Im zweiten Teil fand ein Abgleich der impliziten Theorien mit den Dimensionen des Ratingmanuals statt, bei dem der wissenschaftliche Forschungsstand mit den Rater*innen besprochen wurde. Dabei wurde auch begründet, wieso bestimmte Theorien besonders relevant für den DaZ-Unterricht sind und sich deshalb in den sechs Dimensionen wiederfinden. Vor dem Hintergrund der wissenschaftlichen Ansätze reflektierten die Rater*innen ihre eingangs notierten impliziten Theorien. Im dritten Teil wurde den Rater*innen das Ratingschema vorgestellt. Die Items zu jeweils einer Dimension wurden durchgesprochen, Schlüsselbegriffe erläutert und im Anschluss praktisch erprobt. Zu jeder Dimension wurde jeweils eine zehnminütige Sequenz aus Unterrichtsvideos gezeigt, anhand derer die Rater*innen jede Dimension exemplarisch einschätzen konnten. Im Anschluss wurden die Einschätzungen diskutiert, sodass die Rater*innen sich auf ein gemeinsames Verständnis der Inhalte einigen konnten. Relevante Stichpunkte und Informationen zu den Ergebnissen des Aushandlungsprozesses konnten in einem Notizfeld im Ratingmanual festgehalten werden. Das beschriebene Vorgehen wurde für alle sechs Dimensionen wiederholt. Im vierten Teil der Schulung wurden Tipps zur Durchführung von Ratings besprochen. Den Rater*innen wurden zum einen drei prominente Rater-Effekte (vgl. Kapitel 2.3) vorgestellt, auf die bei den Ratings besonders zu achten war. Zum anderen wurde darauf verwiesen, nicht interpretativ vorzugehen, sondern nur das zu bewerten, was in den Unterrichtsstunden tatsächlich zu beobachten ist. Um keine relevanten Sequenzen unberücksichtigt zu lassen, sollte die jeweilige Stunde zudem als Ganzes betrachtet werden, bevor man ein Item final ratet. Im fünften Teil der Schulung wurde exemplarisch eine komplette Unterrichtsstunde bewertet. Die Rater*innen nahmen ihre Einschätzungen zunächst allein vor und diskutierten diese anschließend gemeinsam. Wichtige Punkte aus diesem Aushandlungsprozess wurden erneut im Notizfeld des Ratingmanuals festgehalten. Zum Abschluss wurde darüber reflektiert, was die Rater*innen aus der Schulung mitnehmen und wie sich die anfangs besprochenen impliziten Theorien im Laufe der Schulung verändert haben. Im Manual wurden letzte Notizen für die anstehenden Ratings festgehalten.

Die Erfahrungen mit der Schulung ergaben, dass die Aushandlungsprozesse der Rater*innen untereinander mehr Zeit in Anspruch genommen haben, als erwartet. Deshalb würde das Schulungsteam bei einer erneuten Durchführung einen größeren Umfang als fünf Stunden einplanen, da die Aushandlungsprozesse wesentlichen Einfluss auf die spätere Qualität der Ratings haben (vgl. Kapitel 2.3).

4.2 Ablauf der Ratings

Im Anschluss an die Rater*innenschulung begann die Durchführung der Ratings durch die zwei trainierten Rater*innen. Das Manual, das im Rahmen der Schulung ausgehändigt wurde, stellte auch während des Ratingprozesses ein Schlüsselelement dar, da es Hinweise zur Durchführung sowie eine Beschreibung der Dimensionen und der einzelnen Items enthielt, die sich die Rater*innen in Kombination mit ihren eigenen Notizen immer wieder ins Gedächtnis rufen konnten. Insbesondere die ausführliche Beschreibung der Items sowie die Ausführung der Indikatoren, die auf die Ausprägung des jeweiligen Items schließen lassen, haben sich bereits in der Schulung als wertvolle Ratinggrundlage erwiesen. So dient beispielsweise für das Item 23 »Die Lehrkraft schafft eine Lernatmosphäre, in der die Lernenden keine Angst haben, sprachliche Fehler zu machen« folgende Beschreibung als Indikator für die Ausprägung »Trifft zu«: »Die Lehrkraft hat einen positiven, motivierenden Umgang mit Fehlern. Sie nutzt diese in konstruktiver Weise, wertet die Teilnehmenden dabei nicht ab, verdeutlicht Zusammenhänge, gibt Raum für die Verbesserung und betont den Nutzen von Fehlern im Lernprozess« (vgl. Tab. 4). Die Rater*innen wurden aufgefordert, das Manual zu Beginn jeder Ratingphase erneut durchzulesen und konnten während der Ratings bei Bedarf jederzeit darauf zurückgreifen.

Bei der Verwendung des Ratingbogens konnten die Rater*innen zwischen einer digitalen und einer Version in Papierform wählen, wobei Voraussetzung für die digitale Variante war, dass mit zwei Bildschirmen gearbeitet werden konnte, da ein gesamter Bildschirm für das Abspielen der Videos zur Verfügung stehen sollte. Somit war gewährleistet, dass in der Ansicht nicht zwischen Unterrichtsvideo und Ratingbogen hin und her gewechselt werden musste, sondern dass das Raten ohne Unterbrechung der Videowiedergabe erfolgen konnte. Die Rater*innen erhielten die Videos auf externen Festplatten und konnten die Ratings zeitlich flexibel durchführen. Um eine hohe Bild- und Audioqualität der Videos zu gewährleisten, wurden die Videos ausschließlich am Computer abgespielt.

Die Durchführung der Ratings der sechzig Unterrichtseinheiten begann zwei Tage nach der Schulung. Hierbei wurden die Rater*innen dazu angehalten, möglichst kurze Abstände zwischen den einzelnen Ratingphasen einzuhalten sowie immer mehrere Videos hintereinander zu bewerten. Empfohlen wurde zudem, jede einzelne Unterrichtseinheit ohne Unterbrechung sowie in störungsfreier Atmosphäre zu schauen und Erholungspausen zwischen die Ratings der einzelnen Videos zu legen. Kurze Unterbrechungen, um etwas im Manual nachzusehen oder zum Zurückspulen eines Videos, waren hingegen ausdrücklich erwünscht. In einem Zeitraum von etwa sieben Wochen wurden so alle Unterrichtseinheiten von beiden Rater*innen unabhängig voneinander doppelt geratet.

4.3 Interraterreliabilität (IRR)

Nachdem alle Ratings abgeschlossen waren, wurden die Daten in das Statistikprogramm SPSS eingegeben, aufbereitet und die Interraterübereinstimmung (IRR) berechnet – das heißt, die Übereinstimmungen der Bewertungen durch die beiden Rater*innen wurden festgestellt. Da es sich um ordinalskalierte Ratingdaten handelte, wurde hierfür als Maß die Variante des Gewichteten Kappas von Cohen gewählt (Cohen 1968). Dieses Maß ist für Ratings mit einer Likert-Skala besonders geeignet, da es nicht nur berücksichtigt, ob gleich geratet wurde, sondern auch, wie viele Skalenpunkte Unterschied zwischen ungleichen Ratings liegen (de Raadt et al. 2021; Döring/Bortz 2016; Hallgren 2012). Wenn also im vorliegenden Fall z. B. ein*e Rater*in ein Merkmal in einem der Videos mit »trifft nicht zu« ratete und der*die andere Rater*in mit »trifft zu«, dann resultierte dies in einem geringeren IRR-Wert als wenn es ein Rating mit »trifft nicht zu« und ein anderes mit »trifft teilweise zu« gab. Es kann davon ausgegangen werden, dass Berechnungen mittels des gewichteten Kappa zu identischen Ergebnissen führen wie mittels Intraklassen-Korrelationskoeffizient (Streiner/Norman 2008).

Die Berechnung der IRR erfolgte mit SPSS 28 und ergab für alle Videos und alle Items eine IRR von insgesamt $K_w = 0.501$ (maximaler Wertebereich des Maßes liegt zwischen -1 und +1). Dieser Wert kann laut Literatur als moderates (ab 0.4) bis gutes (ab 0.6) Ergebnis eingestuft werden (Altman 1991). Eine differenzierte Betrachtung der einzelnen Videos und der einzelnen Items mittels Rangkorrelationskoeffizient und Kreuztabellen ergab keine auffälligen Ausreißer. Die Reliabilität wird deshalb insgesamt als hinreichend eingeschätzt.

5 Ausblick

Im vorliegenden Beitrag wurde der Entwicklungsprozess des Ratingverfahrens SysDaZ beschrieben, das für die systematische Beobachtung von DaZ-Unterricht ausgelegt ist. Dieser Prozess kann als Orientierung dienen, wenn für andere didaktische Bereiche Ratingsysteme zur Unterrichtsbeobachtung entwickelt werden sollen, in denen bislang keine solchen Verfahren vorliegen.

Darüber hinaus wurden die Erfahrungen mit seinem Einsatz im COLD-Projekt vorgestellt, wo es zum doppelten Rating von sechzig videografierten DaZ-Unterrichtsstunden aus Schule und Erwachsenenbildung durch geschulte, unabhängige Rater*innen eingesetzt wurde. Diese geben Hinweise darauf, was bei zukünftigen Ratingstudien im Bereich der Unterrichtsbeobachtung beachtet werden sollte.

Die Auswertung der Unterrichtsvideos im Rahmen der COLD-Studie mittels SysDaZ verfolgt das Ziel, das Unterrichtshandeln der DaZ-Lehrkräfte in Schule und Erwachsenenbildung zu beschreiben. Ergänzt werden die quantitativen Ratings durch eine qualitative Detailanalyse des Unterrichtsgeschehens. Auf dieser Grundlage soll eine Status quo-Bestimmung stattfinden sowie Unterschiede zwischen Schule und Erwachsenenbildung ermittelt, auf mögliche Desiderate in der Lehrkräftebildung geschlossen und im Vergleich mit Ergebnissen anderer Teilstudien Zusammenhänge zwischen verschiedenen Kompetenzfacetten untersucht werden. Wünschenswert wäre, wenn das Instrument zur Unterrichtsbeobachtung in weiteren Forschungsprojekten eingesetzt würde, sodass durch Datentriangulation ein höherer Verallgemeinerungsgrad von Erkenntnissen erreicht werden kann.

Des Weiteren ist ein Einsatz des SysDaZ-Beobachtungsbogens auch für andere Zwecke als Ratingverfahren in Forschungsstudien denkbar, insbesondere im Bereich der Unterrichtsentwicklung und der Lehrkräftebildung. Beispielsweise könnte der Bogen von Lehramtsstudierenden als Orientierung bei Unterrichtshospitationen oder Analysen von Unterrichtsvideos in Seminaren verwendet werden. Ebenso ist eine Nutzung durch aktive DaZ-Lehrkräfte bei der Reflektion des eigenen Unterrichts oder aber als Basis für Feedback bei kollegialen Hospitationen denkbar.

Literatur

Altman, Douglas G.: Practical Statistics for Medical Research. London 2009.

Bundesamt für Migration und Flüchtlinge (BAMF): Träger und Lehrkräfte, 2022, verfügbar unter: https://tinyurl.com/ysmzsx9b [04.10.2022].

Bundesamt für Migration und Flüchtlinge (BAMF): Bundesamt für Migration und Flüchtlinge (BAMF): Zulassung von Lehrkräften in Integrationskursen, 2020, verfügbar unter: https://tinyurl.com/497vfxat [04.10.2022].

Baumert, Jürgen/Kunter, Jürgen: ›Das Kompetenzmodell von COACTIV‹, in: Kunter, Mareike/Baumert, Jürgen/Blum, Werner/Klusmann, Uta/ Krauss, Stefan/Neubrand, Michael (Hg.): *Professionelle Kompetenz von Lehrkräften. Ergebnisse des Forschungsprogramms COACTIV.* Münster 2011, S. 29–54.

Becker-Mrotzek, Michael/Hentschel, Sofie/Hippmann, Kathrin/Linnemann, Markus: Sprachförderung in deutschen Schulen – die Sicht der Lehrerinnen und Lehrer, 2012, verfügbar unter: https://tinyurl.com/zdhfw5jh (Mercator Institut) [04.10.2022].

Becker-Mrotzek, Michael/Roth, Hans-Joachim: ›Sprachliche Bildung – Grundlegende Begriffe und Konzepte‹, in: Becker-Mrotzek, Michael/Roth, Hans-Joachim (Hg.): *Sprachliche Bildung – Grundlagen und Handlungsfelder.* Münster 2017, S. 11–36.

Bell, Courtney/Qi, Yi/Witherspoon, Margaret/Howell, Heather/Torres, Mariana: The TALIS Video Study Observation System. Paris 2020.

Bortz, Jürgen/Döring, Nicola: Forschungsmethoden und Evaluation für Human- und Sozialwissenschaftler. Berlin 2002.

Clausen, Marten: Qualität von Unterricht. Eine Frage der Perspektive? Münster 2002.

Clausen, Marten/Reusser, Kurt/Klieme, Eckhard: ›Unterrichtsqualität auf der Basis hochinferenter Unterrichtsbeurteilungen: Ein Vergleich zwischen Deutschland und der deutschsprachigen Schweiz‹, in: *Unterrichtswissenschaft* 2003/31, S. 122–141.

Cohen, Jacob: ›Weighted kappa‹: Nominal scale agreement provision for scaled disagreement or partial credit, in: *Psychological Bulletin,* 1968/70 (4), S. 213–220, verfügbar unter: https://psycnet.apa.org/doi/10.1037/h0026256 [04.10.2022].

Collins, John B./Pratt, Daniel D.: ›The teaching perspectives inventory at 10 years and 100,000 respondents‹, in: *Adult Education Quarterly,* 2011/61 (4), S. 358–375.

DaZKoM-Projekt 2015-2017: Testheft Kurzversion: Professionelle Kompetenzen angehender LehrerInnen (Sek I) im Bereich Deutsch als Zweitsprache (DazKom). Lüneburg, Bielefeld, unveröffentlicht.

Deutsches Institut für Erwachsenenbildung: COLD – Competencies of school teachers and adult educators in teaching German as a second language in linguistically diverse classrooms, verfügbar unter: https://www.die-bonn.de/COLD [04.10.2022].

de Raadt, Alexandra/Warrens, Mathijs J./Bosker, Roel J./Kiers, Henk A. L.: ›A Comparison of Reliability Coefficients for Ordinal Rating Scales‹, in: *Journal of Classification* 2021/38, S. 519–542, verfügar unter: https://doi.org/10.1007/s00357-021-09386-5 [04.10.2022].

Döring, Nicola/Bortz, Jürgen (Hg.): Forschungsmethoden und Evaluation in den Sozial- und Humanwissenschaften. Berlin/Heidelberg 2016.

Eckes, Thomas: ›Beurteilerübereinstimmung und Beurteilerstrenge: Eine Multifacetten-Rasch-Analyse von Leistungsbeurteilungen im »Test Deutsch als Fremdsprache« (TestDaF)‹, in: *Diagnostica* 2004/50, S. 65–77.

Esser, Hartmut: Sprache und Integration. Die sozialen Bedingungen und Folgen des Spracherwerbs von Migranten. Frankfurt 2006.

Gibbons, Pauline: Scaffolding Language, Scaffolding Learning. Teaching Second Language Learners in the Mainstream Classroom. Portsmouth 2002.

Goeze, Annika: Professionalitätsentwicklung von Lehrkräften durch videofallbasiertes Lernen: Voraussetzungen, Prozesse, Wirkungen. Bielefeld 2016.

Gogolin, Ingrid/Lange, Imke: ›Bildungssprache und durchgängige Sprachbildung‹, in: Fürstenau, Sara/Gomolla, Mechtild (Hg.): *Migration und schulischer Wandel: Mehrsprachigkeit.* Wiesbaden 2011, S. 107–127.

Hallgren, Kevin A.: Computing Inter-Rater Reliability for Observational Data: An Overview and Tutorial, in: *Tutor Quant Methods Psychol.* 2012/8 (1), S. 23–34.

Hattie, John: Visible learning. A synthesis of over 800 meta-analyses relating to achievement. London 2009.

Helmke, Andreas/Helmke, Tuyet/Heyne, Nora/Hosenfeld, A./Schrader, Friedrich-Wilhelm/Wagner, Wolfgang: Allgemeine Beobachtungsinstrumente der Unterrichtsstudie »VERA – Gute Unterrichtspraxis«. Koblenz-Landau 2007a.

Helmke, Andreas/Helmke, Tuyet/Schrader, Friedrich-Wilhelm/Wagner, Wolfgang: Die Episodenbildung der DESI-Videostudie. Koblenz-Landau 2007b.

Hoyt, William T./Kerns, Michael-David: ›Magnitude and moderators of bias in observer ratings: A meta-analysis‹, in: *Psychological Methods* 1999/4, S. 403–424.

Hugener, Isabelle/Rakoczy, Katrin/Pauli, Christine/Reusser, Kurt: ›Videobasierte Unterrichtsforschung: Integration verschiedener Methoden der Videoanalyse für eine differenzierte Sicht auf Lehr-Lernprozesse‹, in: Rahm, Sibylle/Mammes, Ingelore/Schratz, Michael (Hg.): *Schulpädagogische Forschung. Unterrichtsforschung – Perspektiven innovativer Ansätze.* Innsbruck 2006, S. 41–53.

Hugener, Isabelle: ›Überblick über die Beobachtungsinstrumente‹, in: Hugener, Isabelle/Pauli, Christine/Reusser, Kurt (Hg.): *Dokumentation der Erhebungs- und Auswertungsinstrumente zur schweizerisch-deutschen Videostudie »Unterrichtsqualität, Lernverhalten und mathematisches Verständnis«. Teil 3: Videoanalysen.* Frankfurt a. M. 2006, S. 45–54.

Kniffka, Gabriele/Siebert-Ott, Gesa: Deutsch als Zweitsprache. Lehren und Lernen. Paderborn 2012.

Kobarg, Mareike/Seidel, Tina: ›Prozessorientierte Lernbegleitung im Physikunterricht‹, in Seidel, Tina/Prenzel, Manfred/Duit, Reinders/Lehrke, Manfred (Hg.), in: *Technischer Bericht zur Videostudie »Lehr-Lern-Prozesse im Physikunterricht«.* Kiel 2003, S. 151–200.

Köker, Anne/Rosenbrock, Sonja/Ohm, Udo/Ehmke, Timo/Hammer, Svenja/Koch-Priewe, Barbara/Schulze, Nina: ›DaZKom – Ein Modell von Lehrerkompetenz im Bereich Deutsch als Zweitsprache‹, in: Koch-Priewe, Barbara/Köker, Anne/Seifried, Jürgen/Wuttke, Eveline (Hg.): *Kompetenzerwerb an Hochschulen: Modellierung und Messung. Zur Professionalisierung angehender Lehrerinnen und Lehrer sowie frühpädagogischer Fachkräfte.* Bad Heilbrunn 2015, S. 189–220.

Kunter, Mareike/Baumert, Jürgen/Blum, Werner/Klusmann, Ute/Krauss, Stefan/Neubrand, Michael (Hg.): Professionelle Kompetenz von Lehrkräften. Ergebnisse des Forschungsprogramms COACTIV. Münster 2011.

Lotz, Miriam/Gabriel, Katrin/Lipowsky, Frank: ›Niedrig und hoch inferente Verfahren der Unterrichtsbeobachtung. Analysen zu deren gegenseitiger Validierung‹, in: *Zeitschrift für Pädagogik* 2013/59 (3), S. 357–380.

Maag Merki, Katharina/Werner, Silke: ›Erfassung und Bewertung professioneller Kompetenz von Lehrpersonen‹, in: Terhart, Ewald/Bennewitz, Hedda/Rothland, Martin (Hg.): *Handbuch der Forschung zum Lehrerberuf*. Münster 2014.

Morris-Lange, Simon/Wagner, Katharina/Altinay, Lale: ›Lehrerbildung in der Einwanderungsgesellschaft. Qualifizierung für den Normalfall Vielfalt‹, in: Forschungsbereich beim Sachverständigenrat deutscher Stiftungen für Integration und Migration (SVR) (Hg.): *Policy-Brief* 4/2016. Berlin 2016.

Myford, Carol M./Wolfe, Edward W.: ›Detecting and measuring rater effects using many-facet Rasch measurement: Part I‹, in: *Journal of Applied Measurement* 2003/4, S. 386–422.

OECD: PISA 2015 Results (Volume I): Excellence and equity in education. Paris 2016.

Ohm, Udo: ›Das Modell von DaZ-Kompetenz bei angehenden Lehrkräften‹, in: Ehmke, Timo/Hammer, Svenja/Köker, Anne/Ohm, Udo/Koch-Priewe, Barbara (Hg.): *Professionelle Kompetenzen angehender Lehrkräfte im Bereich Deutsch als Zweitsprache*. Münster 2018, S. 73–91.

Pauli, Christine/Reusser, Kurt: ›Von international vergleichenden Video Surveys zur videobasierten Unterrichtsforschung und -entwicklung‹, in: *Zeitschrift für Pädagogik* 2006/52 (6), S. 774–798.

Pietsch, Marcus/Tosana, Simone: ›Beurteilereffekte bei der Messung von Unterrichtsqualität: Das Multifacetten-Rasch-Modell und die Generalisierbarkeitstheorie als Methoden der Qualitätssicherung in der externen Evaluation von Schulen‹, in: *Zeitschrift für Erziehungswissenschaft* 2008/11 (3), S. 430–452.

Praetorius, Anna-Katharina: Messung von Unterrichtsqualität durch Ratings. Münster 2014.

Praetorius, Anna-Katharina/Pauli, Christine/Reusser, Kurt/Rakoczy, Katrin/Klieme, Eckhard: ›One lesson is all you need? Stability of instructional quality across lessons‹, in: *Learning and Instruction* 2014/31, S. 2–12.

Praetorius, Anna-Katharina/Lenske, Gerlinde/Helmke, Andreas: ›Observer ratings of instructional quality: Do they fulfill what they promise?‹, in: *Learning and instruction* 2012/22, S. 387–400.

Racozcy, Katrin: ›Motivationsunterstützung im Mathematikunterricht: Zur Bedeutung von Unterrichtsmerkmalen für die Wahrnehmung der Schülerinnen und Schüler‹, in: *Zeitschrift für Pädagogik* 2006/52 (6), S. 822–843.

Rakoczy, Katrin/Pauli, Christine: ›Hoch inferentes Rating: Beurteilung der Qualität unterrichtlicher Prozesse‹, in: Klieme, Eckhard/Pauli, Christine/Reusser, Kurt (Hg.): *Dokumentation der Erhebungs- und Auswertungsinstrumente zur schweizerisch-deutschen Videostudie »Unterrichtsqualität, Lernverhalten und mathematisches Verständnis«. Teil 3: Videoanalysen*. Frankfurt a. M. 2006, S. 206–233.

Rivkin, Steven G./Hanushek, Eric A./Kain, John F.: ›Teachers, schools, and academic achievement‹, in: *Econometrica* 2005/73(2), S. 417–458.

Rosenshine, Barak 1970: ›The stability of teacher effects upon student achievement‹, in: *Review of Educational Research* 1970/40, S. 647–662.

Scheele, Brigitte (Hg.): Struktur-Lege-Verfahren als Dialog-Konsens-Methodik. Ein Zwischenfazit zur Forschungsentwicklung bei der rekonstruktiven Erhebung subjektiver Theorien. Münster 1992.

Schrader, Josef/Hohmann, Reinhard/Hartz, Stefanie (Hg.): Mediengestützte Fallarbeit. Konzepte, Erfahrungen und Befunde zur Kompetenzentwicklung von Erwachsenenbildnern. Bielefeld 2010.

Seidel, Tina: ›Überblick über Beobachtungs- und Codierungsverfahren‹, in: Seidel, Tina/Prenzel, Manfred/Duit, Reinders/Lehrke, Manfred (Hg.): *Technischer Bericht zur Videostudie »Lehr-Lern- Prozesse im Physikunterricht«.* Kiel 2003, S. 99–112.

Statistisches Bundesamt: Pressemitteilung Nr. N036 vom 20. Juni 2022, verfügbar unter: https://www.destatis.de/DE/Presse/Pressemitteilungen/2022/06/PD22_N036_12411.html [04.10.2022].

Streiner, David L./Norman, Geoff R.: Health measurement scales. A practical guide to their development and use. Oxford 2008.

Terhart, Ewald/Schulze-Stocker, Franziska/Kunina-Habenicht, Olga/Dicke, Theresa/Förster, Doris/Lohse-Bossenz, Hendrik/Gößling, Jill/Kunter, Mareike/Baumert, Jürgen/Leutner, Detlev: ›Bildungswissenschaftliches Wissen und der Erwerb professioneller Kompetenz in der Lehramtsausbildung. Eine Kurzdarstellung des BilWiss-Projekts‹, in: *Lehrerbildung auf dem Prüfstand,* 2012/5 (2), 96–106.

von Dewitz, Nora/Bredthauer, Stefanie: ›Gelungene Übergänge und ihre Herausforderungen. Von der Vorbereitungs- in die Regelklasse‹, in: *Informationen Deutsch als Fremdsprache* 2020/47 (4), S. 429–442, verfügbar unter: https://doi.org/10.1515/infodaf-2020-0063. [04.10.2022].

Luc Fivaz

Angehende DaF-Lehrpersonen und ihre Kompetenzen im Literaturunterricht: Ein Mentoringprogramm im Fokus

Abstract

Despite efforts in Swiss and European educational policies (Quetz, 2020), there is no consensus on competency-based literature instruction in high schools of the canton of Vaud in Switzerland (Elmiger, 2021). One reason for this is the lack of methodological consideration of literature in the current task-based approach. This paper aims to address this gap through a mentoring program. The aim is to qualitatively explore the mentoring program in order to understand the assessment of competencies of future teachers (agLP) for German as a foreign language in literature instruction. After explaining the concept of »agir littéraire« (Fivaz, 2023) on which the mentoring program is based, the program is presented. Subsequently, the different types of data collected within the program are described. Finally, the paper explains how the data was analyzed to evaluate the competencies of agLP in literature instruction. The goal is to reduce the discrepancy between policy guidelines and their implementation in practice.

Keywords: teaching literature, competency-based education, task-based teaching and learning, qualitative approach, mentoring-program

Trotz Bestrebungen in der schweizerischen und europäischen Bildungspolitik (Quetz, 2020) besteht keine allgemeine Zustimmung zum kompetenzorientierten Literaturunterricht an Waadtländer Gymnasien in der Schweiz (Elmiger, 2021). Ein Grund dafür liegt in der mangelnden didaktisch-methodischen Berücksichtigung der Literatur im aktuellen handlungsorientierten Ansatz. Dieser Beitrag zielt darauf ab, diese Lücke durch ein Mentoringprogramm zu schließen. Das Ziel besteht darin, das Mentoringprogramm qualitativ zu erforschen, um die Bewertung der Kompetenzen angehender Lehrpersonen (agLP) für Deutsch als Fremdsprache im Literaturunterricht zu verstehen. Nach einer Erläuterung des Konzepts des »agir littéraire« (Fivaz, 2023), auf dem das Mentoringprogramm basiert, wird das Programm vorgestellt. Anschließend werden die verschiedenen Arten von Daten beschrieben, die im Rahmen des Programms erhoben wurden. Schließlich wird erläutert, wie die Daten verarbeitet wurden, um die Kompetenzen der agLP im Literaturunterricht zu bewerten. Dadurch soll die Diskrepanz zwischen politischen Vorgaben und ihrer Umsetzung in die Praxis verringert werden.

Schlüsselwörter: Literaturunterricht, Kompetenzorientierung, Handlungsorientierung, qualitativer Ansatz, Mentoringprogramm

1 Einleitung[1]

In den Gymnasien in der französischsprachigen Schweiz ist Literaturunterricht ein Schwerpunkt des Faches Deutsch als Fremdsprache (Elmiger 2021). Oft wird er auf sehr traditionelle Weise unterrichtet (Froidevaux 2012), nämlich textzentriert und frontal, wobei die »richtige« Interpretation des Textes der Lehrperson im Zentrum steht (Fivaz 2023). Unter anderem mag dies daran liegen, dass methodische Werkzeuge des handlungsorientierten Ansatzes (Europarat 2001) fehlen, auch wenn der Begleitband des gemeinsamen europäischen Referenzrahmens für Sprachen den Bereich Literatur mit neuen Deskriptoren unter der Fertigkeit *Mediation* beleuchtet (Quetz 2020).

Seit der Konstanzer Schule und ihrer Theorie der Rezeption und des Lesens aus den 1970er Jahren (Jauß 1970; Iser 1994) wird im Bereich Literaturdidaktik zunehmend geforscht. Insbesondere stehen die Lernenden im Fokus: Im deutschsprachigen Kontext wurden Modelle für literarische Kompetenzen entwickelt (Burwitz-Melzer 2007; Hafner 2004; Hallet/Krämer 2014; Hallet et al. 2015; Hurrelmann 2002; Rössler 2010; Spinner 2006; Nünning/Surkamp 2016). Im französischsprachigen Raum wurden Studien der *lecture littéraire* (literarische Lektüre) und dem *sujet lecteur* (das lesende Subjekt) gewidmet (Daunay 1999, 2014; Dufays 2002, 2011, 2013; Dufays et al. 2015; Rouxel/Langlade 2004). Generell unterstützen aktuelle theoretische Arbeiten einen didaktischen Ansatz, der auf der Handlung und Rezeption der Leser*innen basiert, indem er ihre literarische Kompetenz entwickelt. Dieser kontrastiert mit der Praxis, in der die Rezeption des Textes durch die Vermittlung von literarischem Wissen nach wie vor dominiert.

Wie kann diese Kluft in der Lehrer*innenbildung verringert werden? Der vorliegende Beitrag setzt sich anhand eines Mentoringprogramms für den Literaturunterricht mit dieser Frage auseinander und beschäftigt sich insbesondere mit dem methodischen Aspekt des vorgeschlagenen Programms (Fivaz 2023). Das Ziel besteht darin, einen qualitativen Ansatz zu beschreiben, der es ermöglicht, die Bewertung der Kompetenzen von angehenden Lehrpersonen (agLP) für Deutsch als Fremdsprache im Literaturunterricht zu verstehen. Zunächst erläutere ich den Begriff des *agir littéraire* (Fivaz 2023), um meine Definition von Kompetenzen im Literaturunterricht zu verdeutlichen. Dann präsentiere ich das Mentoringprogramm, das sich aufs Konzept *agir littéraire* stützt. Anschließend beschreibe ich zwei verschiedene Arten von Daten, die ihm Rahmen des Pro-

---

1 Ich danke Martina Zimmermann und Ingo Thonhauser für das Korrekturlesen und ihre konstruktiven Kommentare zu diesem Beitrag.

gramms erhoben wurden. Abschließend schildere ich, wie ich die Daten verarbeitet habe, um die Kompetenzen der agLP im Literaturunterricht zu bewerten[2].

2 Das *agir littéraire*

Das Konzept des *agir littéraire* (siehe Tab. 1) besteht aus 14 Komponenten des sprachlichen Handelns im Bereich der literaturbezogenen Textarbeit (Fivaz 2023). Es trägt dazu bei, die didaktische und methodische Lücke des handlungsorientierten Literaturunterrichts zu schließen und charakterisiert, was *fremdsprachige Literatur verstehen* (Fivaz 2020) bedeutet. Das Konzept lehnt sich dabei ans *agir* an, das Christian Puren (2004, 2006a, b, 2015), Didaktiker für Französisch und Spanisch als Fremdsprache, so auslegt: »[W]as absichtlich getan wird, um zu lehren und zu lernen: Aktivität, Handlung, Aufgabe, Übung[3]« (2014, S. 3). Diese allgemeine Definition erlaubt Puren (2020) das Handeln in der Geschichte des Fremdsprachenunterrichts zu vergleichen, da jede historisch situierte Methodik ihr Handeln spezifiziert. Anhand einer Mediation der Arbeiten aus dem deutsch- (*literarische Kompetenz*) und französischsprachigen Kontext (*agir, lecture littéraire, sujet lecteur*) wurde das *agir* von Puren in den Bereich der Literatur übertragen und *agir littéraire* (Fivaz 2023) gebildet. Dieser Begriff fasst alles, was im Bereich des Lehrens und Lernens von Literatur getan wird. Mit anderen Worten, er definiert das Lernen von Literatur und die Kompetenzen von agLP im Bereich des Literaturunterrichts.

Agir littéraire	Komponente	Merkmal
Die gesellschaftliche literarische Handlung	Sprachliche Referenzkompetenz	Der sprachliche Bezug des Handelns in der Gesellschaft: auf welcher sprachlichen Komponente beruht das Handeln?
	Kulturelle Referenzkompetenz	Der kulturelle Bezug des Handelns in der Gesellschaft: auf welcher kulturellen Komponente beruht das Handeln?
	Soziale Referenzhandlung	Literarisches Handeln in der Gesellschaft: Welche literarische Tätigkeit steht im Fokus?

---

2 Ich weise darauf hin, dass sich der Beitrag nicht auf die Datenanalyse als solche bezieht, sondern auf die Vorgehensweise, die der Analyse vorausgeht.
3 Übers. v. Verf.

(Fortsetzung)

Agir littéraire	Komponente	Merkmal
Die schulische literarische Handlung	Logik der Bearbeitung des literarischen Korpus	Die didaktische Behandlung des Korpus: Welche didaktische Nutzung des Korpus[4]?
	Lernziel	Was ist das Ziel des Handelns?
	Literarischer Korpus	Die Ressourcen in den Diensten des Handelns: Welche Ressourcen?
	Leseabsicht des literarischen Korpus	Das Handeln zum Verständnis der Ressourcen: Wie werden die Ressourcen verarbeitet?
	Hauptausrichtung der Aufgaben	Das vorrangige Ziel des Handelns: Welche Ausrichtung hat jede Aufgabe?
	Herangehensweise	Der Prozess des Handelns: Welche Phasen des Handelns?
	Sozialformen	Die Modalität des Handelns: Welche soziale Organisation der Klasse für das Handeln?
	Fertigkeit	Die Rezeption, Produktion, Interaktion, Mediation des Handelns: Welche Fertigkeit wird bearbeitet?
	Repräsentative Schulaufgabe	Das spezifische literarische Handeln beim Lernen: Welche spezifische Aufgabe?
	Rollen der Lehrperson	Die Haltung derer, die das Handeln bestimmen: Welche Funktion haben diejenigen, die das Handeln inszenieren?
	Rollen der Lernenden	Die Haltung derer, die das Handeln praktizieren: Welche Funktion haben die Lernenden des Handelns?

Tab. 1: Die 14 Komponenten des agir littéraire.

Die vierzehn Komponenten lassen sich in zwei Kategorien einteilen: die gesellschaftlich literarische Handlung (sprachliche Referenzkompetenz, kulturelle Referenzkompetenz und die soziale Referenzhandlung) und die schulische, literarische Handlung (Logik der Bearbeitung des literarischen Korpus, Lernziel, literarischer Korpus, Leseabsicht des literarischen Korpus, Hauptausrichtung der Aufgaben, Herangehensweise, Sozialformen, Fertigkeit, repräsentative Schulaufgabe, Rollen der Lehrperson und Rollen der Lernenden).

Die erste Kategorie entspricht dem Gebrauch oder sozialen Handeln nach Puren (2006a, b, 2012, 2020). Sie bezieht sich auf die soziale Referenzsituation

---

4 Es wird auf die »logiques documentaires« (dokumentarische Logiken) von Puren (2014) verwiesen. Er stellt fünf Möglichkeiten vor, wie man methodisch mit authentischen Dokumenten umgehen kann.

(soziale Dimension des Handelns), die durch die sozialen Referenzkompetenzen (sprachliche und kulturelle Komponenten) und das Referenzgebrauchshandeln, die Gesamtheit der in der Gesellschaft ausgeführten Handlungen, repräsentiert wird. Diese erste Kategorie bezieht sich nicht speziell auf die literarische Handlung, sondern auf das Handeln im Allgemeinen, da sie den Sprachgebrauch in der Gesellschaft berücksichtigt, der nicht unbedingt dem literarischen Handeln entspricht.

Die zweite Kategorie entspricht der schulisch literarischen Handlung (Puren 2006a sowie b, 2012, 2020), die durch die Referenz-Lernsituation repräsentiert wird, die die schulischen Aufgaben und die entsprechenden Methoden des Fremdsprachenunterrichts umfasst. Diese elf Komponenten stellen methodische Werkzeuge dar, die mit den entsprechenden Methoden zusammenhängen, um literarische Handlung im Unterricht in Bezug auf die soziale Referenzsituation umzusetzen. Sie unterstützen das literarische Lernen, indem sie die Arbeit mit literarischen Texten anregen.

In Folge wird beschrieben, wie die elf methodischen Komponenten (schulisch literarische Handlung) in einem Mentoringprogramm erprobt wurden, um die Kompetenzen der Lehrpersonen im Literaturunterricht zu bewerten.

3   Das Mentoringprogramm

Im Laufe des Frühlingssemesters 2017 wurde ein Mentoringprogramm für agLP entwickelt (Fivaz 2023), um ihr Verständnis von Literaturunterricht zu erfassen (siehe Tab. 2). Vier freiwillige agLP für Deutsch als Fremdsprache der Sekundärstufe 2[5] nahmen an diesem Programm teil. Sie wurden im zweiten von zwei Semestern an der Pädagogischen Hochschule Waadt in der französischsprachigen Schweiz begleitet. Im Fokus stand die Reflexion in Bezug auf ihren Literaturunterricht im Praktikum. Die Abbildung (siehe Tab. 2) stellt die drei Phasen des Mentoringprogramms dar (vor, während und nach dem Begleitprogramm). Drei zweispaltige Tabellen zeigen auf, welche Schritte erfolgten und welche Daten dabei erhoben wurden.

---

5 Diese entspricht der postobligatorischen Schule und beinhaltet im Kanton Waadt in der Westschweiz drei Modelle: a) Eine *Ecole de maturité*, die zu einer Maturität führt. b) Die *Ecole de culture générale*, die zu einem Diplom führt. Diese beiden Ausbildungen dauern drei Jahre. c) Die *Ecole de commerce*, die zu einem Eidgenössischen Fähigkeitsabschluss nach vier Jahren (drei Jahre am Gymnasium und ein Jahr Praktikum in einer Firma) führt.

1. Vor der Einführung des Mentoringprogramms

Fragebogen I	
Schritte	*Art der erhobenen Daten*
Fragebogen zu Vorstellungen von Literatur und zum Umgang mit Literaturunterricht der agLP	15 geschlossene Antworten, 1 offene Frage und ein Planungsraster einer durchgeführten Lektion

2. Während des Mentoringprogramms

Individuell	
Schritte	*Art der erhobenen Daten*
1) Abgabe der Planungsraster	12 Planungsraster, Notizen des Forschers
2) Praktische Umsetzung der geplanten Lektion durch die agLP und Beobachtung durch den Forscher	12 Transkripte der gefilmten Lektionen
3) Reflektierende Betrachtung der Lektion anhand eines Fragenrasters 4) Semistrukturiertes Interview	
	12 transkribierte Interviews

Schritte	*Art der erhobenen Daten*
1) Einführung: Informationen über den Verlauf des Mentoringprogramms + Input zur handlungsorientierten Perspektive	
2) Mikro-Teaching einer Lektion durch eine agLP	4 Planungsraster
3) Reflexive Analyse des Mikro-Teachings: a. durch die anderen agLP: i. Haltung als Lernende ii. Haltung als Lehrperson b. durch den Forscher 4) Bilanz	5 Tonaufnahmen, 4 Protokolle, 5 Tagebücher und Notizen des Forschers

Angehende DaF-Lehrpersonen und ihre Kompetenzen im Literaturunterricht **47**

3. Nach dem Mentoringprogramm

Fragebogen II	
Schritte	*Art der erhobenen Daten*
1) Neue Vorstellungen des Literaturunter-richts 2) Positive und negative Erfahrungen mit dem Literaturunterricht 3) Reflexive Bilanz der Umsetzung von Literaturunterricht mit einem handlungs-orientierten Ansatz 4) Auswertung der Reflexionswerkstatt 5) Auswertung der gefilmten Lektionen und Interviews 6) Bewertung des gesamten Mentoring-programms	18 offene Antworten

Tab. 2: Verlauf des Mentoringprogramms.

Die erste Phase des Begleitungsprozesses vor der Einführung des Mentoring-programms ermöglichte es, Vorstellungen und Beschreibung der agLP in Bezug auf die eigene Praxis im Literaturunterricht zu verstehen. Ein Fragebogen zur Praxis und Repräsentation des Literaturunterrichts und ein Planungsraster einer von jeder agLP durchgeführten Lektion wurde ausgefüllt. Einerseits erschien diese Phase der Vorbereitung des Begleitungsprozesses im Hinblick auf die Ausbildung notwendig, um eine Instruktion anzubieten, die den Vorstellungen und der Praxis der agLP zufolge als am wirksamsten beurteilt wurde. Anderer-seits konnte in dieser Phase die Konstruktion des Gegenstands sowie die For-schungsmethodik unter Berücksichtigung des Theorie-Praxis-Verhältnisses verfeinert werden.

In der zweiten Phase ging es um den Ablauf des Mentoringprogramms. Es setzte sich aus zwei Arten der Begleitung (individuell und kollektiv) zusammen, die parallel nach einem von allen Teilnehmenden festgelegten Zeitplan statt-fanden.

Die individuelle Begleitung bestand aus vier Etappen und wurde für jede agLP dreimal wiederholt.

1. Die agLP entwarfen drei Lektionen zum handlungsorientierten Literaturun-terricht und schickten diese dem Forscher[6] zu, damit er sich auf jede Lektion, die gefilmt wurde, vorbereiten konnte.
2. Jede der zwölf unterrichteten Lektionen wurde beobachtet und gefilmt.

---

6 Es ist zu erwähnen, dass die Begleitperson der Forscher war, der selbst Lehrer für Deutsch als Fremdsprache in der Sekundarstufe 2 und Praxisausbilder war. Er hatte zu keinem Zeitpunkt des Prozesses oder in der Ausbildung der agLP eine evaluierende Rolle. Diese formative Haltung dreifacher Art ist in der Beziehung zu den Begleiteten nicht unbedeutend (Fivaz 2023).

3. Die agLP sollten ihre drei beobachteten Lektionen anhand einer für alle zwölf Lektionen identischen Aufgabe anschauen. Diese Aufgabe bezog sich auf die Ermittlung von Stärken und Schwächen bei ihrer Umsetzung eines handlungsorientierten Literaturunterrichts.
4. Die letzte Etappe der individuellen Begleitung fand in Form eines semidirektiven Interviews statt. Basiernd auf einem Interviewleitfaden wurde a) die Kontextualisierung der unterrichteten Lektion und Fragen zur Präzisierung der Lektion thematisiert. Zudem standen b) Fragen im Fokus, die sich auf die gefilmte Unterrichtsstunde bezogen, wobei die agLP gebeten wurden, Antworten zu formulieren, die sich an Themen aus ihrer schriftlicher Vorbereitung orientierten. Auch fand c) ein formativer Austausch zwischen agLP und Forscher statt, bei dem die Lektion und daraus hervorgehende Fragen diskutiert wurden.

Aus der individuellen Begleitung gingen insgesamt folgende Daten hervor: zwölf Planungsraster, zwölf gefilmte und fast vollständig transkribierte Lektionen, zwölf ebenfalls fast vollständig transkribierte Interviews sowie die Notizen des Forschers.

Im Folgenden werden die einzelnen Elemente der kollektiven Begleitung beschrieben, wobei diese in Form eines Reflexionsworkshops stattfand. Während einer Einführung wurde die Funktionsweise des Workshops erläutert und es gab einen theoretischen Input zum handlungsorientierten Literaturunterricht. Es folgten vier Reflexionssitzungen. Es wurden verschiedene Arbeitsmodalitäten ausgehandelt, etwa die Anzahl der Workshops (in Gruppen) und der Praxisbeobachtungen gefolgt von den Interviews. Der gesamte geplante Begleitprozess wurde vorgestellt. Zudem fand ein Austausch mit den agLP über die zu leistende Arbeit statt. Ebenfalls wurden die auszufüllenden Logbücher und die zu verfassenden Protokolle diskutiert, und es wurde die vom Forscher geplante Aufgabe, sich nach jeder Erprobung einer Lektion die Videoaufzeichung anzusehen, besprochen. In Bezug auf die schriftliche Vorbereitung der beobachteten Lektionen wurde ausgehandelt, dass die agLP entweder ihr eigenes oder das vom Forscher vorgeschlagene Planungsraster verwenden konnten.

Jede reflexive Sitzung im Kollektiv zeichnete sich durch zwei Momente aus. Der erste bestand aus einem Mikro-Teaching einer Lektion aus dem Praktikum der agLP. Diese wurde im Schnelldurchlauf unterrichtet, wobei die anderen Kolleginnen als »Schülerinnen« teilnahmen. Letztere wurden gebeten, zunächst die Haltung von Lernenden und dann die einer Lehrperson einzunehmen, um ein Feedback zu geben. Das differenzierende Feedback im Anschluss berücksichtigt die Empfindungen der agLP als Lernende, bevor sie diese durch eine professionelle Haltung objektivierten. Das Ziel bestand darin, die Reflexivität der agLP als Beitrag zur Verbesserung ihrer berufsbezogenen Kompetenzen zu fördern

(LeBoterf 2010). Die kollektive Begleitung hatte zum Ziel, die Kompetenzen für den handlungsorientierten Literaturunterricht zu fördern. Die agLP konnten basierend auf dieser Erfahrung Distanz zur eigenen Praxis gewinnen und eigene Stärken, Spannungen, Widerstände und Hindernisse verstehen (Dolz/Leutenegger 2015). Diese Arbeit wurde, wie Dolz und Leutenegger (2015) vorschlagen, durch eine Arbeit zur Selbstanalyse der eigenen Praxis vertieft. In Form eines Logbuchs wurden die agLP aufgefordert, ihre eigene Praxis zu analysieren. Nach dem Feedback der agLP übernahm der Forscher eine aktivere Rolle, griff einige Elemente der Diskussion auf und beantwortete Fragen in seiner Rolle als Ausbildner.

Aus diesem Reflexionsworkshop ergaben sich folgende Daten: fünf Audioaufnahmen jeder Sitzung, vier Protokolle der Reflexionssitzungen, die abwechselnd von einer agLP verfasst wurden, das Logbuch von der agLP sowie die Notizen des Forschers.

Die dritte und letzte Etappe betraf den Fragebogen, der nach dem individuellen und kollektiven Mentoringprogramm erstellt wurde. Die agLP sollten ihren Lernprozess zusammenfassen, eine reflexive Bilanz ziehen und den Begleitprozess bewerten. Achtzehn offene Fragen ermöglichten es ihnen, sich in einem ersten Schritt zu ihren neuen Vorstellungen und Erfahrungen mit handlungsorientiertem Literaturunterricht (positiv und negativ) zu äußern. Anschließend bewerteten sie das gesamte Mentoringprogramm und die daran geknüpfte Vorgehensweise.

4 Datenlage

Das Mentoringprogramm erzeugte eine Vielzahl von Daten (siehe Tab. 2), die in Folge erläutert werden. Um ihre Analyse und Interpretation zu begrenzen, wurden sie in Primärdaten (siehe Tab. 3) und in Komplementärdaten (siehe Tab. 4) eingeordnet. Die ersten beziehen sich auf die individuelle und die meisten der zweiten auf die kollektive Begleitung (siehe Tab. 2).

4.1 Die Primärdaten

Die Primärdaten (siehe Tab. 3) bestehen aus zwei Datentypen: Lektionen und semi-direktiven Interviews. Sie wurden während des Frühjahrssemesters 2017 (März bis Mai) erhoben, je nach Verfügbarkeit der Teilnehmerinnen.

	Primärdaten (individuelle Begleitung)							
	Beobachtungen der Lektionen (L)				Semidirektive Interviews (I)			
Techniken der Datenerhebung								
Beobachtungs-Situation	L1	L2		L3	I1	I2		I3
Stichprobe	Gesa	Nina	Paola	Sonia	Gesa	Nina	Paola	Sonia
Wiederholungen Insgesamt	3x 45 Min.	3x 45 Min.	3x 45 Min.	3x 45 Min.	46 Min+ 1 Uhr22+ 1 Uhr23	1 Uhr24+ 1 Uhr14+ 1 Uhr30	53 Min+ 1 Uhr18+ 57 Min	1 Uhr11+ 58 Min+ 1 Uhr14
	2 Uhr15	2 Uhr15	2 Uhr15	2 Uhr15	3 Uhr31	4 Uhr08	3 Uhr08	3 Uhr22
Gesammelte Daten	12 L à 45 Minuten = 9 Stunden				12 Interviews = 14 Uhr09			
Datenverarbeitung und -reduzierung	Videoaufzeichnung der 12 L, fast vollständige Transkription, Synopse, Kodierung und thematische Analyse der 12 L.				Audioaufzeichnung der 12 I, fast vollständige Transkription, Kodierung und thematische Analyse der 12 I.			

Tab. 3: Überblick über die Primärdaten, gemäß der Schematisierung von Sauvaire (2013).

Der erste Datentyp geht aus beobachteten und gefilmten Lektionen von vier agLP hervor, die hier mit den anonymisierten Vornamen Gesa, Nina, Paola und Sonia bezeichnet werden. Ihre Lektionen dauerten jeweils 45 Minuten.

Im formativen Mentoringprogramm wurde auf die Videoaufzeichnung der gefilmten Lektionen zurückgegriffen, um die agLP mit ihrer tatsächlichen Praxis zu konfrontieren und ihre Auslegung des handlungsorientierten Literaturunterrichts zu erfassen. Die Videoaufnahmen hatten somit eine doppelte Funktion: Einerseits spiegelten sie die erfahrene Bedeutung des handlungsorientierten Ansatzes im tatsächlichen Literaturunterricht der agLP wider. Andererseits regten sie die Reflexion der agLP an, die in den Interviews nach dem Literaturunterricht zum Tragen kam.

Beim zweiten Typ handelt es sich um semidirektive Interviews, die im Anschluss an den Unterricht stattfanden. Insgesamt wurden zwölf Gespräche geführt (drei pro Teilnehmerin), die darauf abzielten, die reflexive Bedeutung des eigenen handlungsorientierten Literaturunterrichts zu verstehen. Das semidirektive Interview eignete sich, weil die agLP so über einen Gesprächsleitfaden verfügten, der mit der Forschungsfrage in Verbindung stand, ihnen aber beim Antworten viel Freiheit liess (Blanchet/Gotman 2007).

4.2   Die komplementären Daten

Die komplementären Daten setzen sich aus acht Typen zusammen (siehe Tab. 4). Sie wurden zwischen März 2017 und April 2019 erhoben, je nach Verfügbarkeit der Teilnehmerinnen in ihrem zweiten und letzten Ausbildungssemester.[7]

---

7 Das Logbuch und den Fragebogen II erhielt der Forscher erst, nachdem das Mentoringprogramm längst zu Ende war und nur dank wiederholtem Erinnern. Trotzdem stellte Sonia diese Daten nie zur Verfügung.

Techniken der Datenerhebung	Komplementäre Daten (individuelle und kollektive Begleitung)							
	Anfangsfragebogen (F1)	Planungsraster (PL)	Reflexive Sitzung (RS1)	Logbuch (LB) in Form von Fragen	Protokoll RS1 (PR)	Reflexive Bilanzsitzung (RS2)	Masterarbeit (MA)	Abschlussfragebogen (F2)
Stichprobe	Gesa (G), Nina (N), Paola (P), Sonia (S)	G, N, P, S	G, N, P, S	G, N, P, S	G, N, P, S	G, N, P, S	G, N, P, S	G, N, P, S
Gesammelte Daten	4 F1	12 PL	4 RS1	3 LG	4 RP	1 RS2	3 MA	3 F2
Datenverarbeitung und Reduzierung	Google Formonline: Beschreibende und analytische Notizen	Planungsraster: Deskriptive und analytische Notizen	Audiodatei: Beschreibende und analytische Notizen	Word-Datei: Beschreibende und analytische Notizen	Word-Datei: Beschreibende und analytische Notizen	Audiodatei: Beschreibenden und analytische Notizen	PDF-Datei: Beschreibende und analytische Notizen + mündliche Verteidigung; Beschreibende und analytische Notizen	Word-Datei: Beschreibende und analytische Notizen

Tab. 4: Überblick über die komplementären Daten, gemäß der Schematisierung von Sauvaire (2013).

Die Fragebögen I und II, die Planungsraster und die Logbücher beziehen sich spezifisch auf die individuelle Begleitung (siehe Tab. 2) der Teilnehmerinnen. Die reflexiven Sitzungen, die dazugehörigen Protokolle und die reflexive Bilanzsitzung sind an die kollektive Begleitung geknüpft (siehe Tab. 2). Schließlich sind einige Masterarbeiten der Teilnehmerinnen in Verbindung mit dem Mentoringprogramm entstanden.

5 Die Methode der Datenanalyse

Die Daten des Mentoringprogramms wurden anhand eines qualitativen/interpretativen Ansatzes ausgewertet (Blanchet/Gotman 2007; Dany 2016; Bardin 2013; Paillé/Mucchielli 2012; Mukamurera et al. 2006; Richard 2006; Savoie-Zajc 2000; Tesch 1990). In der an die Datenerhebung geknüpften Dissertation (Fivaz 2023) ging es darum, die Bedeutung des handlungsorientierten Literaturunterrichts für die agLP zu erfassen. Ziel war es nicht die Ergebnisse zu verallgemeinern, um Schlussfolgerungen für alle Lehrpersonen zu ziehen. Dennoch lassen sich aus den kontextbezogenen Ergebnissen empirischer Natur (agLP für DaF auf Sekundarstufe 2 in Ausbildung an der Pädagogischen Hochschule im Kanton Waadt in der Schweiz) Überlegungen ableiten, die für die vier Teilnehmerinnen relevant sind, aber darüber hinaus die Literaturdidaktik und die darin zu verortende Handlungsorientierung beleuchten.

Nur die Primärdaten wurden transkribiert, kodiert und analysiert, um die Verarbeitung und Interpretation der Daten einzugrenzen. Die komplementären Daten stehen nicht im Mittelpunkt der Analyse, wurden demnach nicht transkribiert oder vertieft analysiert. Sie unterstützten aber die Aussagen basierend auf den interpretierten Primärdaten und tragen zum Verständnis der Funktionsweise des Mentoringprogramms oder zur Rechtfertigung des wissenschaftlichen Ansatzes der Forschung bei (siehe Tab. 4).

Um die Visualisierung, die Kodierung der Primärdaten und ihre Vergleiche zu vereinfachen, wurde für jede Lektion eine Synopse (Schneuwly et al. 2005) erstellt. Dabei handelt es sich um ein Arbeitsinstrument, das eine große Datenmenge zu relevanten thematischen Einheiten zusammenfasst, die mit dem Lehrgegenstand, d. h. dem literarischen Gegenstand, in Zusammenhang stehen. Während die Erstellung von Synopsen durch Informationsverlust gekennzeichnet ist, ermöglicht die Datenkondensation eine Vereinfachung der Kodierung und des Vergleichs der Daten, um in der Interpretationsphase an Relevanz zu gewinnen.

Für die Interviews wurde zur Vereinfachung der Kodierung ein Leitfaden mit denselben reflexiven Fragen (Stärken, Schwächen und Verbesserungsmöglichkeiten jeder gefilmten Lektion) verwendet.

5.1 Thematische Inhaltsanalyse

Die Bedeutung des handlungsorientierten Literaturunterrichts aus Sicht der Teilnehmerinnen wurde anhand einer thematischen Inhaltsanalyse (Bardin 2013) erfasst. Die Antworten wurden thematisch kategorisiert, wobei das (Nicht-) Vorkommen und die Häufigkeit ihres Auftretens berücksichtigt wurde.

Basierend auf der Methode des induktiv-deduktiven Kodierens (Mayring 2000) wurde das Datenmaterial in neun Themen ausgewertet. Für den deduktiven Ansatz wurden Kategorien (Themen) vorgegeben, die sich aus der Komponenten des *agir littéraire* (siehe Tab. 1), ergeben. Die elf Komponenten des *agir littéraire* wurden in acht Themen unterteilt: Textauswahl, literarische Kompetenzen, Lektüreabsichten, Methoden, 3 Phasen, Sozialformen, Rollen der Lehrperson bzw. der Lernenden. Hinzu kam für das induktive Vorgehen eine weitere Kategorie, die aus den semidirektiven Interviews hervorging und als »Anderes« bezeichnet wurde. Aus dem Diskurs der Teilnehmerinnen über ihre Praxis gingen nämlich weitere Aspekte hervor, die für den handlungsorientierten Literaturunterricht bedeutsam waren.

5.2 Horizontale und vertikale Analyse

Zur Interpretation der Daten wurde eine horizontale und vertikale Analyse in vier Schritten durchgeführt (Ghiglione/Matalon 1978, zitiert nach Blanchet/ Gotman 2007) (siehe Abb. 1).

Die horizontale Zusammenfassung zeigte zunächst die Verteilung eines bestimmten Themas über alle Lektionen und Interviews hinweg. Sie ermöglichte einen Vergleich der Verteilung eines bestimmten Themas in jeder Lektion und in jedem Interview (siehe Tab. 3). Schließlich legte die vertikale Zusammenfassung die Verteilung aller Themen in jeder Lektion und jedem Interview offen. Darauf basierend wurden zwei Synthesen erstellt.

Da es sich bei den Primärdaten (siehe Tab. 3) um zwei Arten von Daten (Lektionen und Interviews) handelte, die sich für jede agLP dreimal wiederholten, wurden für jede Art von Daten und jede agLP Subanalysen und Subsynthesen erstellt.

L = Lektion
I = Interview
T = Themen (1 = Textauswahl, 2 = Literarische Kompetenzen, 3 = Lektüreabsichten, 4 = Methoden, 5 = 3 Phasen, 6 = Sozialformen, 7 = Rollen der Lehrperson, 8 Rollen der Lernenden, 9 = Sonstiges)
VZ = Vertikale Zusammenfassung
HZ = Horizontale Zusammenfassung

Abb. 1: Schematische Darstellung der horizontalen und vertikalen Analyse.

5.3 Umgang mit den Daten

Die Inhaltsanalyse (Bardin 2013) nutzt die gesammelten Rohdaten als Korpus, der erst deskriptiv analysiert wird. Später werden diese Daten anhand von Indikatoren, Spuren oder logischen Ableitungen interpretiert.

In der Etappe der Datenerhebung ging der Forscher iterativ vor. Er machte sich mit den zahlreichen Daten, die aus dem Mentoringprogramm (siehe Tab. 2) gewonnen wurden, durch eine *lecture flottante*[8] vertraut (Bardin 2013). Zunächst handelte es sich um ein erstes Lesen des Korpus. Durch mehrmaliges Lesen wurde die Vertrautheit mit den Daten vertieft. Hypothesen emergierten, die dann dem theoretischen Rahmen gegenübergestellt wurden (Bardin 2013). Der Einstieg in die Analysedokumente erfolgte durch das erneute Lesen der Notizen, die während des gesamten Mentoringprogramms gemacht wurden. Daraus wurden Elemente herausgearbeitet, die mit der Forschungsfrage in Verbindung standen. Anschließend wurden die Primärdaten, bestehend aus den fast vollständigen Transkripten der zwölf Lektionen und Interviews, überflogen. Die Transkripte wurden mehrmals gelesen und Notizen nach den festgelegten thematischen Kategorien gemacht.

Nachdem die neun Themen unter Berücksichtigung ihres (Nicht-)Vorkommens und ihrer Häufigkeit klassifiziert worden waren, konnten alle Ergebnisse der Daten in Tabellenform dargestellt werden. Basierend auf diesen Tabellen konnte jede Lektion und jedes Gespräch der vier Teilnehmerinnen unter Berücksichtigung der einzelnen Themen weiter analysiert werden. Im Fokus stand bei dieser Analyse in einem weiteren Schritt die Diskrepanz zwischen Theorie

---

8 Dieser von Bardin (2013) verwendete Begriff kann mit *überfliegendes Lesen* übersetzt werden.

und Praxis bzgl. Literaturunterricht, um zu eruieren, wie die Teilnehmerinnen des Mentoringprogramms ihre Kompetenzen im Literaturunterricht einschätzen.

6 Abschließende Überlegungen

Aus den Analysen wird ersichtlich, dass eine Diskrepanz zwischen Literaturdidaktik und Literaturunterricht besteht. Das *agir littéraire* ist ein Instrument, das diese beiden Welten einander näherbringen kann, indem es das literarische Lehren und Lernen definiert. Die methodischen Komponenten des Instruments erlauben es, die Kompetenzen von Lehrpersonen in Bezug auf Literatur zu beurteilen.

Mit Hilfe eines Mentoringprogramms für agLP, die sich freiwillig meldeten, haben diese ihre Kompetenzen im Literaturunterricht bewertet. Die Ausbildung hatte zum Ziel, durch die Erprobung und Reflexion des Literaturunterrichts Professionskompetenzen zu entwickeln. In der Forschung wurde durch eine thematische qualitative Analyse untersucht, wie die agLP ihre Professionskompetenzen aufbauen. Die Durchführung des Mentoringprogramms in drei Phasen, bestehend aus individueller und kollektiver Begleitung, brachte eine Vielzahl von Daten hervor. Ihre Hierarchisierung in Primär- und Komplementärdaten ermöglichte diese zu verarbeiten und die Analyse einzuschränken. So wurden nur Daten aus der individuellen Begleitung (erprobter handlungsorientierter Literaturunterricht und die damit verbundenen reflexiven Interviews) transkribiert, kodiert, analysiert und interpretiert. Dazu wurde eine horizontale und vertikale Analyse durchgeführt, um das (Nicht-)Vorkommen und die Häufigkeit der einzelnen thematischen Kategorien zu messen. Komplementäre Daten standen zur Verfügung, um die Analyse und Interpretation der Primärdaten zu verfeinern, abzustützen und zu legitimieren.

Das Mentoringprogramm scheint vielversprechend zu sein, um einerseits die Praktika zu begleiten und andererseits, um Kompetenzen im Bereich der Literaturdidaktik zu entwickeln. Die thematische Analyse der individuellen Begleitung erlaubte es, bestimmte Komponenten des Literaturunterrichts zu bewerten.

Es ist denkbar, qualitative Analyse durch eine Analyse der kollektiven Begleitung zu erweitern. Durch eine Konversationsanalyse der Interaktionen zwischen den verschiedenen Akteur*innen (Teilnehmerinnen untereinander bzw. Teilnehmerinnen und Forscher) ließe sich die Ko-Konstruktion der Kompetenzen des Literaturunterrichts erfassen.

Aber auch in der jetzigen Form zeigt der qualitative Ansatz des Begleitprogramms, wie wichtig der Dialog zwischen den beteiligten Akteuren ist. Erst dank dem Dialog werden sowohl Fragen aus der Forschung als auch aus der Praxis beleuchtet, um Kompetenzen im Literaturunterricht zu verstehen und weiterentwickeln zu können. Vielleicht gelingt es dank diesem dialogischen Begleitprogramm, theoretische Aspekte aus der Literaturdidaktik mit dem effektiven Literaturunterricht zu verknüpfen und die eingangs erwähnte Kluft zumindest ein Stück weit zu schließen.

Literaturverzeichnis

Anadón, Marta/Savoie Zajc, Lorraine: Introduction: ›L'analyse qualitative des données‹, in: *Recherches qualitatives*, 2009/*28*(1), S.1–7, verfügbar unter: https://tinyurl.com/2xjpwfrj [20.12.22].

Blanchet, Alain/ Gotman, Anne: L'enquête et ses méthodes: L'entretien (2. Auf). Malakoff 2009.

Bardin, Laurence: L'analyse de contenu (2. Aufl). Paris 2013, verfügbar unter: https://www.cairn.info/l-analyse-de-contenu-9782130627906.htm [20.12.22].

Bednarz, Nadine (Hg.): Recherche collaborative et pratique enseignante: Regarder ensemble autrement. Paris 2013.

Burwitz-Melzer, Eva: ›Literarische Texte für junge Fremdsprachenlernende‹, in: Hallet, Wolfgang/Nünning, Ansgar (Hg.): *Neue Ansätze und Konzepte der Literatur- und Kulturdidaktik*. Trier 2007, S. 219–237.

Dany, Lionel: ›Analyse qualitative du contenu des représentations sociales. Les représentations sociales‹, in: Lo Monaco, Grégory/Delouvée, Sylvain/Rateau, Patrick (Hg.): *Les représentations sociales*. Bruxelles 2016, S. 85–102, verfügbar unter: https://tinyurl.com/dj9mpdfr [20.12.22].

Desgagné, Serge/Bednarz, Nadine/Lebuis, Pierre/Poirier, Louis/Couture, Christine: ›L'approche collaborative de recherche en éducation: Un rapport nouveau à établir entre recherche et formation‹, in: *Revue des sciences de l'éducation*, 2001/*27*(1), S. 33–64, verfügbar unter https://doi.org/10.7202/000305ar [20.12.22].

Dolz, Joaquim/Leutenegger, Francia: ›L'analyse des pratiques: Une démarche fondamentale dans la formation des enseignants ?‹, in: *Formation et pratiques d'enseignement en questions*, 2015/18, S. 7–16, verfügbar unter: https://tinyurl.com/4pn5mn5s [20.12.22].

Daunay/Bertrand: ›La »lecture littéraire«: Les risques d'une mystification‹, in: *Recherches*, 1999/30, S. 29–59, verfügbar unter: https://tinyurl.com/4xac6wpf [20.12.22].

Daunay, Bertrand: ›De l'imbécile en didactique du français: Le point de vue de l'élève dans l'activité de recherche‹, in Daunay, Bertrand/Dufays, Jean-Louis: *Didactique du français: Du côté des élèves. Comprendre les discours et les pratiques des apprenants*. Bruxelles 2014, S. 175–186, verfügbar unter: https://hal.archives-ouvertes.fr/hal-01354230/document [20.12.22].

Dufays, Jean-Louis: ›Les lectures littéraires: Évolution et enjeux d'un concept‹, in: *Tréma*, 2002/19, S. 5–16, verfügbar unter: https://doi.org/10.4000/trema.1579 [20.12.22].

Dufays, Jean-Louis: ›Quel enseignement de la lecture et de la littérature à l'heure des »compétences«?‹, in: *Pratiques*, 2011/149–150, S. 227–248, verfügbar unter: https://doi.o rg/10.4000/pratiques.1747 [20.12.22].

Dufays, Jean-Louis: ›Sujet lecteur et lecture littéraire: Quelles modélisations pour quels enjeux ?‹, in: *Recherches & Travaux [Online]*, 2013/83, verfügbar unter: http://journal s.openedition.org/recherchestravaux/666 [20.12.22].

Dufays, Jean-Louis/Gemenne, Louis/Ledur, Dominique: Pour une lecture littéraire: Histoire, théories, pistes pour la classe (3. Auf). Bruxelles 2015.

Elmiger, Daniel: L'enseignement des langues étrangères en Suisse: Enjeux et tensions actuelles. Neuchâtel 2021.

Europarat: Gemeinsamer europäischer Referenzrahmen für Sprachen: Lernen, lehren, beurteilen. 2001, verfügbar unter: http://www.goethe.de/z/50/commeuro/i2.htm [20.12.22].

Fivaz, L. (2023). L'agir littéraire dans la perspective actionnelle en classe d'allemand langue étrangère dans les gymnases vaudois. Analyse de pratiques enseignantes tirées d'un dispositif d'accompagnement de type collaboratif [Dissertation]. Berne: Peter Lang Group AG, verfügbar unter: https://www.peterlang.com/document/1305506 [20.12.22].

Fivaz, L. (2020). ›Was bedeutete »Literarische Texte verstehen« im Fremdsprachenunterricht und was kann und könnte es bedeuten?‹, in: *Zeitschrift für Interkulturellen Fremdsprachenunterricht*, 25, S. 1471–1491.

Froidevaux, Gérald: ›Standards, Kompetenzorientierung und Literatur im gymnasialen Fremdsprachenunterricht. Eine Bestandesaufnahme‹, in: *Gymnasium Helveticum*, 2012/5, S. 6–10.

Ghiglione, Rodolphe/Matalon, Benjamin: Les enquêtes sociologiques: Théories et pratique. Paris 1978.

Hafner, Heinz: ›Zur Standarddebatte: Literaturinterpretation als Können‹, in: *Gymnasium Helveticum*, 2004/5, S. 41–45.

Hallet, Wolfgang/Krämer, Ulrich (Hg.): Kompetenzaufgaben im Englischunterricht: Grundlagen und Unterrichtsbeispiele (2. Auf). Seelze 2014.

Hallet, Wolfgang/Surkamp, Carola/Krämer, Ulrich (Hg.): Literaturkompetenzen Englisch: Modellierung, Curriculum, Unterrichtsbeispiele (1. Auf). Seelze 2015.

Hurrelmann, Bettina: ›Leseleistung – Lesekompetenz. Folgerungen aus PISA, mit einem Plädoyer für ein didaktisches Konzept des Lesens als kultureller Praxis‹, in: *Praxis Deutsch*, 2002/176, S. 6–18.

Iser, Wolfgang: Der Akt des Lesens: Theorie ästhetischer Wirkung (4. Aufl). München 1994.

Jauß, Hans Robert: Literaturgeschichte als Provokation (1. Aufl, 12. [Dr.], Originalausg). Frankfurt am Main 1970.

Le Boterf, Guy: Repenser la compétence (2. Auf). Paris 2010.

Mayring, Philipp: ›Qualitative Inhaltsanalyse [28 Absätze]‹, in: *Forum Qualitative Sozialforschung / Forum: Qualitative Social Research*, 2000/1(2), verfügbar unter: https://tin yurl.com/ywdx3xfw [20.12.22].

Mukamurera, Joséphine/Lacourse, Francine/Couturier, Yves: ›Des avancées en analyse qualitative: Pour une transparence et une systématisation des pratiques‹, in: *Recherches qualitatives*, 2006/26(1), S. 110–138.

Nünning, Ansgar/Surkamp, Carola: Englische Literatur unterrichten. 1: Grundlagen und Methoden (4. aktualisierte Auf). Seelze 2016.

Paillé, Pierre/Mucchielli, Alex: ›Chapitre 11 – L'analyse thématique‹, in: *L'analyse qualitative en sciences humaines et sociales*. Paris 2012, S. 231–314, verfügbar unter: https://tinyurl.com/3ev654nz [20.12.22].

Puren, Christian: Evolution historique des configurations didactiques. 2020, verfügbar unter: https://www.christianpuren.com/bibliothèque-de-travail/029/ [20.12.22].

Puren, Christian: ›Perspectives actionnelles sur la littérature dans l'enseignement scolaire et universitaire des langues-cultures: Des tâches scolaires sur les textes aux actions sociales par les textes‹, in: Vigneron, Denis/Vandewoude, Déborah & Pineira-Tresmontant, Carmin (Hg): *L'enseignement-apprentissage des langues étrangères à l'heure du CECRL: enjeux, motivation, implication.* Artois 2015, S. 13–34, verfügbar unter: https://www.christianpuren.com/mes-travaux/2015g/ [20.12.22].

Puren, Christian: Textes littéraires et logiques documentaires en didactique des langues-cultures. 2014, verfügbar unter: https://www.christianpuren.com/mes-travaux-liste-et-liens/2014g/ [20.12.22].

Puren, Christian: Perspectives actionnelles sur la littérature dans l'enseignement scolaire et universitaire des langues-cultures: Des tâches scolaires sur les textes aux actions sociales par les textes. 2012, verfügbar unter: https://www.christianpuren.com/mes-travaux-liste-et-liens/2012d/ [20.12.22].

Puren, Christian: ›De l'approche communicative à la perspective actionnelle‹, in: *Le Français dans le Monde,* 2006a/347, S. 37–40, verfügbar unter: https://www.christianpuren.com/mes-travaux-liste-et-liens/2006g [20.12.22].

Puren, Christian: Explication de textes et perspective actionnelle: La littérature entre le dire scolaire et le faire social. 2006b, verfügbar unter: https://www.christianpuren.com/mes-travaux/2006e/ [20.12.22].

Puren, Christian: ›De l'approche par les tâches à la perspective co-actionnelle‹, in: *Recherche et pratiques pédagogiques en langues de spécialité – Cahiers de l'APLIUT*, 2004/XXIII (1), S. 10–26, verfügbar unter: https://doi.org/10.4000/apliut.3416 [20.12.22].

Quetz, Jürgen: Gemeinsamer europäischer Referenzrahmen für Sprachen: Lehren, lernen, beurteilen; [Niveau A1, A2, B1, B2, C1, C2]. Begleitband: dieser Begleitband aktualisiert den Gemeinsamen europäischen Referenzrahmen von 2001, dessen konzeptioneller Rahmen weiterhin gilt (Rurdi Camerer, Übersetzer.). Stuttgart 2020.

Richard, Suzanne: ›L'analyse de contenu pour la recherche en didactique de la littérature. Le traitement de données quantitatives pour une analyse qualitative: Parcours d'une approche mixte‹, in: *Recherches qualitatives*, 2006/26(1), S. 181–207.

Rössler, Andrea: ›Literarische Kompetenz‹, in Meißner, Franz Joseph/Tesch, Bernd (Hg): *Spanisch Kompetenzorientiert unterrichten.* Seelze 2010, S. 131–136.

Rouxel, Annie/Langlade, Gérald (Hg.): Le sujet lecteur, lecture subjective et enseignement de la littérature. Rennes 2004.

Sauvaire, Marion: Diversité des lectures littéraires. Comment former des sujets lecteurs divers? [Dissertation, Université Laval]. Laval 2013.

Savoie-Zajc, Lorraine: ›L'analyse de données qualitatives: Pratiques traditionnelle et assistée par le logiciel NUD*IST‹, in: *Recherches qualitatives*, 2000/20, S. 99–123.

Schneuwly, Bernard/Cordeiro, Glaís Sales/Dolz, Joaquim: ›A la recherche de l'objet enseigné: Une démarche multifocale‹, in: *Les dossiers des sciences de l'éducation*, 2005/14 (1), S. 77–93, verfügbar unter: https://doi.org/10.3406/dsedu.2005.1210 [20.12.22].

Spinner, Kaspar Heinrich: ›Literarisches Lernen‹, in: *Praxis Deutsch*, 2006/200, S. 6–16.
Tesch, Renata: Qualitative research: Analysis Types and Software Tools. New York 1990.

Martina Franz dos Santos

Messung schriftsprachlicher Kompetenzen bei gering literalisierten Lernenden von Deutsch als Zweitsprache – Ein Testentwicklungsprojekt anhand der LASLLIAM-Skalen

Abstract

Tests assessing learner competences can contribute significantly to gaining knowledge in empirical classroom research, e.g. in pre- and post-test designs. In the area of literacy acquisition in a second language, however, there is a lack of low-threshold instruments that are suitable for measuring functional as well as technical literary competences and that take the special needs of low-literate learners into account. Bachmann/Palmer (2010) offer helpful guidelines for the development of a test that is not only action-oriented, but also enables test developers through the principle of usefulness to consider quality criteria in an appropriate way.

Keywords: functional literacy, German as a second language, test development, assessment of literacy competences, LASLLIAM

Als bewährtes Instrument der quantitativen empirischen Forschung können Tests über die Messung von Lernendenkompetenzen, z. B. in Prä- und Posttest-Designs, einen wichtigen Beitrag zum Erkenntnisgewinn in der empirischen Unterrichtsforschung leisten. Im Bereich des zweitsprachlichen Schrifterwerbs mangelt es jedoch bislang an Instrumenten, die geeignet sind, niederschwellig funktionale und technische literale Kompetenzen zu messen und die dabei die besonderen Bedürfnisse von gering literalisierten Lernenden berücksichtigen. Hier bietet das Modell nach Bachmann/Palmer (2010) hilfreiche Leitlinien zur Entwicklung eines Tests, der nicht nur handlungsorientiert ist, sondern auch über das Prinzip der Maximierung der Nützlichkeit eine angemessene Berücksichtigung der Gütekriterien ermöglicht.

Schlüsselwörter: funktionale Alphabetisierung, Deutsch als Zweitsprache, Testerstellung, Messung literaler Kompetenzen

1 Einleitung

Auch wenn die Aussagekraft testbasierter Diagnostik von Lernendenkompetenzen sicherlich immer begrenzt ist (Rackwitz 2012, S. 79ff.), so können Diagnostiktests doch wertvolle Hinweise über individuelle Kompetenzen und Defizite einzelner Lernender liefern, die ansonsten vielleicht unentdeckt geblieben wären und die eine wichtige Grundlage für eine individuelle Förderung, z. B. in Form einer Sprachlernberatung sein können. Darüber hinaus sind Tests ein wichtiges Instrument, wenn es darum geht, die Effektivität methodisch-didaktischer Interventionen in der empirischen Unterrichtsforschung zu messen. Sie können über die punktuelle oder längsschnittliche Erhebung und Messung von Kompetenzen der Lernenden einen wichtigen Beitrag zu einem vertieften Verständnis von Lehr- und Lernprozessen und zur Entwicklung und Überprüfung neuer Theorien und Konzepte leisten (Harsch 2016, S. 209). Je spezifischer jedoch die sich aus den Eigenschaften der Zielgruppe und ggf. des Forschungsdesigns ergebenden Anforderungen an den Test sind, desto unwahrscheinlicher ist es, einen bereits validierten Test zu finden, der diesen Anforderungen entspricht. Insofern ist ein Modell, das die Entwicklung geeigneter Tests für unterschiedlichste Zielgruppen und Forschungsfragen erlaubt, ein wichtiges Werkzeug in Unterrichtsforschung und -praxis. Ein solches Modell bieten Bachman/Palmer (2010). Die von ihnen beschriebene systematische Analyse von authentischen Sprachhandlungssituationen in der *target language use domain* als Basis für die Entwicklung von Testaufgaben begünstigt die Konzipierung von Performanztests mit alltagsbezogenen, authentischen Sprachhandlungsaufgaben, die sich durch eine hohe Augenscheinvalidität und einen positiven Washback-effekt auszeichnen. Dabei erlaubt es das Konzept der Nützlichkeit, die Gütekriterien in ihrer Gewichtung an die besonderen Anforderungen der Testteilnehmenden sowie der Testsituation anzupassen und deren Einhaltung von Beginn der Testerstellung an im Blick zu behalten.

In diesem Artikel soll exemplarisch der Prozess der Testentwicklung nach Bachman/Palmer (2010) für ein Prä- und Posttest-Design im Bereich der Alphabetisierung in der Zweitsprache Deutsch beschrieben werden. Hierbei sollen zunächst die Zielgruppe und das Forschungsvorhaben genauer dargestellt und die sich daraus ableitenden besonderen Anforderungen für die Testentwicklung erläutert werden. Anschließend wird das Testentwicklungsverfahren nach Bachman/Palmer (2010) beschrieben und anhand des konkreten Testentwicklungsprojektes illustriert.

2 Beschreibung der Zielgruppe und des Forschungsdesigns

Der Erwerb literaler Kompetenzen in der Zweitsprache Deutsch stellt Lernende, die z. B. aufgrund unzureichender Bildungsangebote im Herkunftsland eine schriftferne Sozialisation durchlaufen haben, vor große Herausforderungen (Schmölzer-Eibinger 2018, S. 4). Denn diese Lernenden müssen nicht nur eine neue Sprache lernen, ohne dabei auf schriftsprachliche Ressourcen und Strategien zurückgreifen zu können, sie müssen auch die Prinzipien und Techniken einer Schriftsprache anhand sprachlicher Einheiten erlernen, die ihnen noch neu und fremd sind. Studien zeigen, dass Lernende mit geringen literalen Kompetenzen in der Ausgangssprache im Vergleich zu literalisierten L2-Lernenden einen sehr viel langsameren Lernzuwachs vorzuweisen haben und ein insgesamt niedrigeres Sprachniveau in der Zielsprache erreichen (Peyton/Young-Scholten 2020, S. 2). Dies hängt unter anderem damit zusammen, dass der Erwerb einer ersten Schriftsprache messbare Auswirkungen auf die kognitiven Fähigkeiten und Informationsverarbeitungsprozesse der Lernenden hat (Lemke-Ghafir et al. 2021, S. 32). Zudem verändert Schriftlichkeit die Wahrnehmung von Sprache und bildet die Grundlage für Metasprache und metasprachliches Wissen (Schmölzer-Eibinger 2018, S. 9). Lernende, die in der Zweitsprache zum ersten Mal ein Schriftsystem erlernen, können auf solche Kompetenzen und Wissensbestände nicht oder nur in geringerem Maße zurückgreifen. Hinzu kommt, dass diese Lernenden aufgrund mangelnder Erfahrungen im institutionell vermittelten Lernen auch beobachtbare Schwierigkeiten in der Selbstregulation von Lernprozessen haben (Feldmeier 2010, S. 21 f.).

Lernende in Alphabetisierungskursen in der Zweitsprache Deutsch zeichnen sich dementsprechend durch sehr individuelle Förderbedarfe in Bezug auf den Erwerb sowohl technischer und funktionaler literaler Kompetenzen als auch im Bereich des selbstgesteuerten Lernens aus, denen Lehrkräfte im Rahmen eines regulären Alphabetisierungsunterrichts kaum ausreichend begegnen können.

Eine Möglichkeit, um diesen individuellen Förderbedarfen begegnen zu können, ist die Sprachlernberatung. Konzepte zur Sprachlernberatung mit schrift- und lernungewohnten Lernenden wurden zum Beispiel von Markov/Scheithauer/Schramm (2015), Feldmeier/Markov (2017) sowie von Bechauf et al. (2020) vorgelegt. Bisher steht aber eine empirische Erforschung der Wirksamkeit dieser Lernberatungskonzepte in Bezug auf die Förderung des selbstgesteuerten Lernens sowie den Erwerb literaler Kompetenzen noch aus. Im Forschungsprojekt, in dessen Rahmen der hier diskutierte Test konzipiert wurde, soll diese Forschungslücke in Form einer Interventionsstudie mit Prä- und Posttest gefüllt werden. Experimental- und Kontrollgruppe, die sich beide aus Teilnehmenden in Integrationskursen mit Alphabetisierung zusammensetzen, legen hierbei zunächst einen Diagnostiktest ab und werden mithilfe des Verfahrens des videobasierten lauten Erinnerns hinsichtlich der verwendeten Strategien befragt. Anschließend wird mit der Experimentalgruppe die Lernberatung nach Markov/Scheithauer/Schramm (2015) durchgeführt. Der Diagnostiktest (in einer parallelen Version) und das videobasierte laute Erinnern werden direkt nach der Lernberatung mit der Kontroll- und Experimentalgruppe wiederholt. Anhand der so erhobenen Daten soll der Zuwachs an literalen und strategischen Kompetenzen der ProbandInnen gemessen werden. Durch den Vergleich mit der Kontrollgruppe, die nicht an der Lernberatung teilgenommen hat, sollen

Rückschlüsse darauf gezogen werden, inwiefern die Sprachlernberatung nach Markov/Scheithauer/Schramm (2015) einen Beitrag zu einem potenziellen Kompetenzzuwachs geleistet hat. Um dieser Frage nachgehen zu können, ist jedoch zunächst die Entwicklung eines Diagnostiktests notwendig, der geeignet ist, die technischen und funktionalen literalen Kompetenzen sowie die verwendeten Sprachverarbeitungs- und Sprachgebrauchsstrategien der ProbandInnen vor und nach der Intervention zu messen. Das entsprechende Testentwicklungsverfahren soll in diesem Beitrag vorgestellt und diskutiert werden.

3 Instrumente zur Messung literaler Kompetenzen in DaZ

Geeignete und validierte Instrumente zur Messung basaler literaler Kompetenzen in der Zweitsprache Deutsch sind bislang noch ein Desiderat (Lemke-Ghafir et al. 2021, S. 22 ff.; Heinemann 2008, S. 155). Die Entwicklung solcher Instrumente, insbesondere für den Einsatz in der Diagnostik, aber auch für die Ein- und Umstufung in passende Alpha-Module, erscheint mehr als wünschenswert (Knappik/Dirim 2018, S. 167). Ein solches Messinstrument hat jedoch eine Reihe von Eigenschaften zu erfüllen, um für den Einsatz in der besonders vulnerablen Gruppe der zweitsprachlichen AnalphabetInnen als geeignet gelten zu können. Einige der wichtigsten Anforderungen sollen hier im Folgenden kurz erläutert werden.

Zunächst einmal sollten Messinstrumente in der zweitsprachlichen Alphabetisierung im Hinblick auf die Steigerung der Lernmotivation und zur Vermeidung von Frustration aufseiten der Lernenden kompetenz- und ressourcenorientiert sein – sie sollten also geeignet sein, bereits vorhandene schriftsprachliche Kompetenzen sichtbar und messbar zu machen und nicht einseitig auf Defizite der Lernenden fokusieren. Da sich DaZ-Lernende mit wenig ausgeprägten literalen Kompetenzen häufig durch ein sehr ungleichmäßiges Profil sprachlicher Kompetenzen auszeichnen, bedarf es eines Messinstrumentes, das auf einem kleinschrittigen Kompetenzmodell beruht und welches das Abbilden differenzierter und individueller Kompetenzprofile auch unterhalb des A1-Niveaus ermöglicht (Lemke-Ghafir et al. 2021, S. 7). Dabei sollte das Instrument möglichst nicht nur die rein technischen Aspekte des Lesens und Schreibens berücksichtigen, sondern auch die funktionalen literalen Kompetenzen der Lernenden erheben. Technische Literalität beinhaltet die Kodier- und Dekodierfähigkeiten, die die Basis für die Produktion und Rezeption geschriebener Texte bilden. Dazu gehören Teilfertigkeiten wie die phonologische Bewusstheit oder das Beherrschen der Phonem-Graphem-Beziehungen. Funktionale Literalität wiederum begreift Schrift als soziale Praxis, durch die Menschen in für sie bedeutsamen Situationen handeln und persönlich relevante Ziele verfolgen

(Schramm 2022, S. 29 f.; Edeleva et al. 2022, S. 270). Ziel der zweitsprachlichen Alphabetisierung ist es, Lernende dazu zu befähigen, mit Schriftsprache im Alltag zu handeln, um an gesellschaftlichen Prozessen teilhaben und selbstgewählte Ziele verwirklichen zu können und damit Autonomie und Selbstbestimmung im gesellschaftlichen Leben erreichen zu können (Markov/Waggershauser 2018, S. 404). Daraus ergibt sich das Prinzip der Handlungsorientierung – sowohl für den Unterricht in Alphabetisierungskursen als auch für das Testen. Handlungsorientiertes Testen bedeutet dann, dass »any form of assessment should allow for the collection of useful information about the range of the learner's abilities required to deal with the external reality« (Minuz et al. 2022, S. 95).

Darüber hinaus gilt es, die besonderen Eigenschaften der Zielgruppe zu berücksichtigen. Dazu gehört, dass Lernende mit geringen literalen Kompetenzen u. U. auf Testverfahren, insbesondere wenn diese einem starken Fokus auf Schriftsprache legen, mit starken negativen Emotionen (wie Überforderung und Versagensangst) reagieren können. Dies gilt es zu vermeiden, u. a. um eine Verfälschung der Testergebnisse zu verhindern. Um eine hohe Testakzeptanz und eine möglichst positive emotionale Wirkung der Testaufgabe auf die Teilnehmenden zu erreichen, sollten diese einen direkten Bezug zur Lebenswelt der Teilnehmenden aufweisen (Heinemann 2008, S. 157 ff.). Für die Verwendung authentischer, lebensweltrelevanter schriftsprachliche Handlungsaufgaben spricht auch, dass diese weniger stark abstraktes Aufgabenwissen voraussetzen, als dies bei herkömmlichen Formaten von Testaufgaben der Fall ist. Dies ist insofern begrüßenswert, als dass Lernende in Alphabetisierungskursen oft keine bis wenig Erfahrungen mit standardisierten Testverfahren mitbringen und mit typischen Aufgabenformaten solcher Testverfahren oft nicht vertraut sind. Es empfiehlt sich außerdem, die eigentlichen Testaufgaben möglichst literalitätsneutral zu gestalten (Bilger et al. 2012, S. 79), um zu vermeiden, dass schriftungewohnt Lernende sich bloßgestellt oder überfordert fühlen. Darüber hinaus sollte der Test geeignet sein, die Autonomie der Lernenden zu fördern, indem er es den Teilnehmenden ermöglicht, eine kleinschrittige Rückmeldung im Hinblick auf persönlich relevante Lernziele zu erhalten, so dass anstehende Lernschritte von den Lernenden selbst erkannt werden und sie ihren eigenen Lernprozess aktiv (mit)planen können (Heinemann 2008, S. 159). Und schließlich muss der Test praktikabel sein und den Gütekriterien Reliabilität, Objektivität und Validität gerecht werden (Feick 2018, S. 252–259).

4 Testentwicklung für die empirische Unterrichtsforschung

Vor der eigentlichen Testentwicklung gilt es zudem, einige grundsätzliche Entscheidungen hinsichtlich des zu entwickelnden Tests zu treffen, auf die im Folgenden kurz eingegangen werden soll.

Tests zur Sprachstandserhebung können ganz allgemein in Kompetenz- und Performanztests unterteilt werden. Kompetenztests beruhen auf der Annahme, dass sprachliches Verhalten außerhalb der Testsituation auf zugrundeliegende Fähigkeiten zurückgeführt werden kann. Durch das (isolierte) Messen dieser zugrundeliegenden Fähigkeiten innerhalb einer Testsituation können dann, so die Annahme, generalisierbare Aussagen über die sprachlichen Kompetenzen der Testteilnehmenden außerhalb der Testsituation getroffen werden (Grotjahn 2000b, S. 63). Für die Entwicklung eines Kompetenztests bedarf es eines umfassenden, theoretischen Modells sprachlicher Kommunikationsfähigkeiten, welches dem Test zugrunde gelegt wird. Ein Beispiel für einen Kompetenztest wäre ein Test, in welchem grammatikalisches und Wortschatzwissen in isolierten Aufgaben getestet wird. Performanztests hingegen versuchen, die anvisierte zielsprachliche Handlung in der Testsituation so genau wie möglich abzubilden, um aus dem in der Testsituation beobachteten Verhalten der/des Testteilnehmenden Rückschlüsse auf dessen/deren Verhalten außerhalb der Testsituation ziehen zu können. Die Annahme, auf der diese Testverfahren basieren, ist, dass die der sprachlichen Kommunikationsfähigkeit zugrundeliegenden Teilfertigkeiten zwar eine Vorbedingung, aber kein Garant, für sprachliche Kommunikationsfähigkeit darstellen. In einem Performanztest werden die Testteilnehmenden also innerhalb der Testsituation in eine möglichst realitätsnahe und kommunikative Sprachhandlungssituation gebracht, um so ihr zielsprachliches Verhalten außerhalb des Testsituation vorhersagen zu können (Glaboniat 2010, S. 1289f.). So müssen zum Beispiel Ärzte, deren Muttersprache nicht Deutsch ist und die die Approbation in Deutschland anstreben, ihre mündlichen sprachlichen Kompetenzen in der Prüfung »telc Deutsch B2/C1 Medizin« u. a. in einem Rollenspiel, das ein Arzt-Patienten-Gespräch simuliert, unter Beweis stellen (telc 2015). Performanztests weisen aufgrund ihrer großen Wirklichkeitsnähe und Authentizität eine besonders hohe Augenscheinvalidität auf und können im besten Fall einen positiven Washback-Effekt haben (Grotjahn 2000b, S. 61). Insofern wird in diesem Testentwicklungsverfahren die Erstellung eines Performanztests angestrebt.

Eine weitere wichtige Unterscheidung ist die zwischen norm- und kriterienorientierten Sprachtests. Bei normorientierten Sprachtests werden die individuellen Ergebnisse eines/einer Teilnehmenden im Sprachtest relativ zu den Ergebnissen der Bezugsgruppe interpretiert – es geht also darum, die Lernenden in einer bestimmten Gruppe in eine Rangfolge zu bringen und zwischen ihnen zu differenzieren (Grotjahn 2000a, S. 329). Bei kriteriumsorientierten Tests wiederum wird ermittelt, inwiefern Testteilnehmende einen bestimmten, zuvor festgelegten Vergleichsmaßstab (Kriterium) erreicht hat. Hierfür gilt es bei der Testentwicklung also zunächst das Kriterium zu definieren und die Testaufgaben derart zu konzipieren, dass sie das Kriterium möglichst genau repräsentieren (Grotjahn 2000b, S. 68). Das kriterienorientierte Messen stellt eine Voraussetzung für das standardisierte Testen dar, da »nur so [...] eine transparente und aussagekräftige Beurteilung der Sprachbeherrschung eines Lernenden gewährleistet« werden kann (Glaboniat 2010, S. 1291). Der vorliegende Test orientiert sich an den Kompetenzbeschreibungen der LASLLIAM-Skalen (s. u.). Es handelt sich somit um einen kriteriumsorientierten Test.

5 Schritte der Testentwicklung nach Bachman und Palmer (2010)

Es sollen nun im Folgenden die Schritte der Testentwicklung nach Bachman/ Palmer (2010) beschrieben und anhand des vorliegenden Testentwicklungsprojektes illustriert werden.

Die Empfehlungen von Bachman/Palmer (2010) zur Erstellung von Sprachtests basieren auf zwei Grundprinzipien: Das erste Prinzip ist, dass eine möglichst große Übereinstimmung zwischen der in der Testsituation erhobenen Sprachhandlung und der anvisierten Sprachhandlung außerhalb der Testsituation hergestellt werden sollte. Das zweite Prinzip ist das der Nützlichkeit als wichtigstes Gütekriterium, das es während des gesamten Prozesses der Testerstellung zu berücksichtigen gilt (ebd., S. 9).

Den Ausgangspunkt für die Testerstellung bildet ein Designstatement, in dem die Zielsetzung des Tests, die Domäne, in der die Zielsprache verwendet werden soll *(target language use domain*[1]*)*, die Zielgruppe und das zu messende Testkonstrukt beschrieben sowie ein Plan zur Evaluation der Nützlichkeit entwickelt werden (ebd., S. 88). Es folgt die Operationalisierung des Testkonstrukts und die Entwicklung der Testspezifikationen, in der die Testaufgaben genau beschrieben werden (ebd., S. 90). Anschließend wird der Test pilotiert, statistisch ausgewertet und überarbeitet, bevor er schließlich zum Einsatz kommen kann (ebd., S. 92).

---

1 Definiert als »specific domains in which the test takers are likely to need to use language« (Bachman/Palmer 2010, S. 44).

5.1 Designstatement

Am Anfang des Designstatements steht die Ausformulierung der Ziele des Tests. Hierbei wird erläutert, welche Rückschlüsse auf die zielsprachlichen Kompetenzen der Teilnehmenden der Test erlauben soll, welche Entscheidungen anhand des Tests getroffen werden sollen und welche Auswirkungen der Test dementsprechend auf die Testteilnehmenden haben wird (Bachman/Palmer 2010, S. 95–99). Im vorliegenden Testentwicklungsverfahren lassen sich zwei Ziele für den Test identifizieren: Erstens soll der Test im Rahmen einer Lernberatung für DaZ-Lernende mit Alphabetisierungsbedarf eingesetzt werden, um »individuelle Ressourcen, Defizite und Bedürfnisse zu ermitteln, um im Sinne einer Optimierung individueller Bildungsprozesse aufbauende Fördermaßnahmen angemessen planen und umsetzen zu können« (Reschke 2018, S. 2). Neben dem Erkenntnisgewinn hinsichtlich der Ressourcen und Förderbedarfe der Beratungssuchenden für die Lernberatenden geht es dabei auch um eine Auseinandersetzung mit dem eigenen Können aufseiten der Lernenden, so dass Kompetenzen im Bereich der Selbsteinschätzung der eigenen Kompetenzen und damit schlussendlich des selbstgesteuerten Lernens erworben bzw. erweitert werden können (Rackwitz 2016, S. 389). Hinzu kommt, dass über den Diagnostiktest auch Erkenntnisse über die von den Testteilnehmenden in für sie relevanten schriftsprachlichen Handlungssituationen eingesetzten Strategien gewonnen werden sollen. Zweitens wird der Test aber auch zu Forschungszwecken entwickelt und dient im Studiendesign als Instrument zur Messung des Kompetenzzuwachses der Lernenden, die an der Intervention Sprachlernberatung teilnehmen.

Wie oben bereits erläutert, empfehlen Bachman/Palmer (2010), die Eigenschaften der in der Testsituation von den Testteilnehmenden geforderten Sprachhandlungen möglichst genau an Eigenschaften solcher Sprachhandlungen außerhalb der Testsituation anzupassen. Sie argumentieren, dass Inferenzen über die kommunikative Sprachfähigkeit von Testteilnehmenden außerhalb einer Testsituation nur dann möglich sind, wenn es eine direkte Beziehung zwischen der Performanz im Test und außerhalb der Testsituation gibt. Hierfür schlagen sie vor, dass zunächst in einer Bedarfsanalyse relevante Sprachhandlungen in der *target language use domain* identifiziert, geeignete Sprachhandlungen ausgewählt und genau beschrieben werden. Die so identifizierten Sprachhandlungstypen dienen dann im weiteren Testentwicklungsprozess als Vorlagen für die Entwicklung von Testaufgaben. Zur Identifizierung alltagsrelevanter, niedrigschwelliger schriftsprachlicher Handlungsaufgaben für die Zielgruppe erwachsener DaZ-Lernender in Integrationskursen mit Alphabetisierung wurde in diesem Testentwicklungsverfahren auf vorhandene Forschungsergebnisse im Bereich der zweitsprachlichen Alphabetisierung, insbesondere auf die LASLLIAM-Skalen (Minuz et al. 2022), zurückgegriffen. Daraus wurde eine Reihe von relevanten Sprachhandlungen für gering literalisierte DaZ-Lernende in der privaten, öffentlichen und bildungsbezogenen Domäne[2] identifiziert und beschrieben. So wurde zum Beispiel das Lesen und Beantworten digitaler Kurznachrichten oder das Nutzen einer Einkaufsliste als relevante schriftsprachliche Handlungen in der privaten und das Ausfüllen von Formularen sowie das Lesen und Verstehen von Straßenschrift (wie z. B. Schildern) als relevante schriftsprachliche Handlungen in der öffentlichen Domäne identifiziert.

Bei der Beschreibung der Zielgruppe werden die persönlichen Charakteristika, das thematische Vorwissen, das Sprachniveau sowie die erwarteten affektiven Reaktionen der Testteilnehmenden auf die Testsituation analysiert (Bachman/Palmer 2010, S. 112 ff.). Es handelt sich bei Lernenden in Integrationskursen mit Alphabetisierung um eine sehr heterogene Gruppe, sowohl in Bezug auf das Alter der Lernenden als auch hinsichtlich ihrer Staatsangehörigkeiten und Herkunftssprachen. Bei einem Großteil der Teilnehmenden in Integrationskursen mit Alphabetisierung kann davon ausgegangen werden, dass sie über wenig bis keine formale Bildung verfügen. Damit können bestimmte Vorkenntnisse hinsichtlich des institutionalisierten Lernens, der Lernstrategien und der Grundbildung nicht vorausgesetzt werden.

Bei der Definition des Testkonstrukts gilt es festzulegen, welche Kompetenzen der Testteilnehmenden im Test gemessen werden sollen. Zudem wird das zugrundeliegende theoretische Modell genau beschrieben (ALTE 2012, S. 12). Sprachtests greifen hier häufig auf die Kompetenzbeschreibungen des GeR zurück, welche jedoch literale Kompetenzen bei den Lernenden voraussetzen. Zudem wird im GeR der Bereich unterhalb von A1 nur teilweise (im Begleitband) abgedeckt, so dass die Kompetenzbeschreibungen des GeR für dieses Testentwicklungsprojekt ungeeignet sind. Die somit umrissene Lücke eines Referenzrahmens für die Entwicklung literaler und kommunikativer Kompetenzen von schriftungewohnten Lernenden in einer Zweitsprache unterhalb des A1-Niveaus wurde durch die Veröffentlichung des supranationalen Referenzrahmens »Literacy and Second Language Learning for the Linguistic Integration of Adult Migrants (LASLLIAM)« (Minuz et al. 2022) aufgegriffen. Dieser übernimmt das GeR-Konzept kommunikativer Sprachkompetenz und definiert vier Niveaustufen unterhalb und bis zum A1-Niveau zu funktionalen und technischen Zielen für Literalität und zweitsprachliche Mündlichkeit (Schramm 2021, S. 574). Die AutorInnen lehnen zwar eine Verwendung des Referenzrahmens zur Erstellung

---

2 Die berufliche Domäne wurde hier zunächst ausgeklammert, da diese für Lernende in DaZ-Alphabetisierungskursen zu Beginn des Kursbesuchs als nicht unmittelbar relevant und alltagsbezogen angesehen wird.

von standardisierten high-stakes Tests für den Einsatz außerhalb der Lernumgebung strikt ab, empfehlen aber gleichzeitig dessen Nutzung für die Entwicklung von formativen und summativen handlungsorientierten und lernerorientierten Bewertungsinstrumenten mit pädagogischer Funktion (vgl. Minuz et al. 2022, S. 95–103). Für die Verwendung des Referenzrahmens zur Definition des vorliegenden Testkonstrukts spricht, dass dieser sehr differenzierte Kann-Beschreibungen sowohl im Bereich der kommunikativen Sprachkompetenzen als auch im Bereich der technischen Lese- und Schreibkompetenzen enthält, die den Bereich unterhalb und bis zu A1 beschreiben, wodurch das geforderte Erstellen differenzierter, individueller und kleinschrittiger Kompetenzprofile von Lernenden in Alphabetisierungskursen ermöglicht wird. Zudem enthalten die Skalen zu den kommunikativen Sprachfertigkeiten auch konkrete Beispiele in der privaten, öffentlichen, beruflichen und bildungsbezogenen Domäne und begünstigen damit die Entwicklung von authentischen, lebensweltbezogenen und handlungsorientierten Aufgabenformaten.

Um bereits bei Konzeption und Erstellung des Tests die Einhaltung der Gütekriterien zu gewährleisten, empfehlen Bachman/Palmer (2010), einen Plan zur Evaluation der Nützlichkeit des Tests in das Designstatement aufzunehmen. Hierbei werden Überlegungen hinsichtlich der angestrebten Ausprägung der einzelnen Gütekriterien sowie zu deren logischer und empirischer Evaluation angestellt.

Testautoren sehen sich mit der Herausforderung konfrontiert, dass einige Gütekriterien in einem Spannungsverhältnis zueinander stehen und sich gegenseitig fast auszuschließen scheinen. Hier bietet das übergeordnete Gütekriterium Nützlichkeit nach Bachman/Palmer (2010) eine gute Richtlinie für die Gewichtung der einzelnen Gütekriterien, wobei die Maximierung der Gesamtnützlichkeit des Tests unter Berücksichtigung der spezifischen Testsituation das leitende Kriterium ist. Nützlichkeit setzt sich nach Bachman/Palmer (2010) aus den Komponenten Reliabilität, Konstruktvalidität, Authentizität, Interaktivität, Impact und Praktikabilität zusammen (S. 18), die je nach Zielsetzung und Zielgruppe des Tests gegeneinander abgewogen werden müssen. So wurde z.B. im vorliegenden Testentwicklungsverfahren zugunsten einer hohen Authentizität der Testaufgaben größtenteils auf absolut objektiv auswertbare Testaufgaben (wie MC-Aufgaben) verzichtet, was sich u.U. negativ auf dessen Reliabilität auswirken kann.

5.2 Operationalisierung des Testkonstrukts und Entwicklung der Testspezifikationen

Nach der Entwicklung des Designstatements werden in den nächsten Schritten die konkreten Testaufgaben entwickelt. Hierbei gilt es zunächst, das beschriebene Testkonstrukt zu operationalisieren und entsprechend geeignete Aufgabenformate festzulegen. Die so entwickelten Aufgabenformate werden in den Aufgabenspezifikationen festgehalten, wobei der Zweck der Aufgabe, die Definition des zu messenden Konstrukts, die Charakteristika des Settings der Aufgabe, die benötigte Zeit, die Anweisungen zur Bearbeitung, die Charakteristika des *prompts* und der erwarteten Reaktion sowie die Bewertungsmethode beschrieben werden. Im vorliegenden Testentwicklungsprojekt wurden, wie oben beschrieben, eine Reihe von authentischen, niedrigschwelligen, schriftsprachlichen Handlungsaufgaben in der *target language use domain* identifiziert, mit denen Teilnehmende in DaZ-Alphabetisierungskursen sehr wahrscheinlich in ihrem Alltag in Deutschland konfrontiert werden. Aus diesen schriftsprachlichen Handlungsaufgaben wurden Testaufgaben entwickelt, die sich möglichst eng an den Charakteristika der authentischen Handlungssituation in der entsprechenden *target language use domain* orientieren. Auf Basis der Aufgabenspezifikationen wurden anschließend die konkreten Aufgaben und Items sowie die dazugehörigen Bewertungskriterien entwickelt (Harsch 2016, S. 208 f.).

Eine dieser authentischen, schriftsprachlichen Handlungsaufgaben ist das Lesen und Beantworten digitaler Kurznachrichten. Hierfür wurden Testaufgaben entwickelt, in denen die Teilnehmenden auf sehr kurze, einfache und durch visuelle Hinweise (Emojis) unterstützte Kurznachrichten reagieren sollen, indem Sie einfache Grüße austauschen, kurze Fragen stellen bzw. auf diese reagieren, sich nach dem Befinden erkundigen oder Emotionen zum Ausdruck bringen (Abb. 1). Zur Definition des Konstrukts wurden hier sowohl LASLLIAM-Skalen zu technischen literalen Kompetenzen im Bereich Lesen und Schreiben sowie zu funktionalen Kompetenzen in der schriftlichen Interaktion herangezogen. Um die technischen Lesekompetenzen auf Satz- und Textebene zu erheben, lesen die Testteilnehmenden die Kurznachricht zunächst laut vor und werden dabei von der oder dem Testdurchführenden anhand der entsprechenden, an den Text und die Aufgabenstellung angepassten Kann-Beschreibungen beurteilt. Anschließend wird den Testteilnehmenden mündlich eine Frage zum globalen Textverständnis gestellt. Schließlich werden die Testteilnehmenden gebeten, die Kurznachricht zu beantworten. Der so entstandene Text wird unter funktionalen und technischen Gesichtspunkten bewertet.

Abb. 1: Franz dos Santos: in Vorbereitung, S. 11.   Abb. 2: Franz dos Santos: in Vorbereitung, S. 10.

Eine weitere schriftsprachliche Handlung, die für die Lernenden als relevant erachtet wird, ist das Lesen und Verstehen von Schildern. Hierbei wird unter anderem getestet, inwiefern die Teilnehmenden in der Lage sind, einem Schild für Sie persönlich relevante Informationen zu entnehmen (Abb. 2). Dieser Aufgabe wurden im Wesentlichen die LASLLIAM-Deskriptoren zur funktionalen Lesekompetenz (*zur Orientierung lesen*) zugrunde gelegt. Die Teilnehmenden werden zum Beispiel gefragt, um welche Art Arzt es sich hier handelt und zu welchen Zeiten der Besuch der Praxis möglich ist. Während der Aufgabenbearbeitung wird anhand der operationalisierten Kann-Beschreibungen beobachtet, inwiefern der oder die Lernende in der Lage ist, sich diese Informationen anhand sprachlicher und nicht-sprachlicher Hinweise zu erschließen.

5.3 Pilotierung und Auswertung

An die Entwicklung der konkreten Testaufgaben schließt sich eine Phase der Pilotierung an, bei der die Aufgaben und Items erprobt werden. Anschließend werden die erhobenen Daten statistisch und qualitativ ausgewertet (ALTE 2005, S. 15f.). Statistische Verfahren, die typischerweise zur Evaluation von Testitems genutzt werden, sind die Bestimmung des Schwierigkeitsgrades und der

Trennschärfe der einzelnen Items, aber auch die Berechnung der internen Konsistenz zur Überprüfung der Reliabilität, die Korrelation zu einem externen Kriterium und die Korrelation zu konstruktirrelevanten Faktoren (wie z. B. Alter, Herkunft oder Geschlecht). Verfahren der qualitativen Testevaluation sind zum Beispiel das Einholen von Experteneinschätzungen zur Inhalts- und Konstruktvalidität (Harsch 2016, S. 209) sowie Befragungen der Testteilnehmenden oder Testdurchführenden, wobei die Validität und Praktikabilität der Items sowie die Eindeutigkeit der Bewertungsskalen thematisiert werden können (ALTE 2012, S. 31f.). Darüber hinaus können Verfahren der Introspektion bei den Testteilnehmenden eingesetzt werden, um zu überprüfen, ob die Items und Aufgaben die erwünschten mentalen Prozesse bewirken (Harsch 2016, S. 209).

Im Anschluss an die Pilotierung und deren Auswertung sollten die Testaufgaben und Bewertungsraster ggf. überarbeitet und anschließend erneut pilotiert werden, bis sie schließlich einsatzbereit sind.

6   Fazit

Das Erstellen von Testaufgaben zur Messung funktionaler literaler Kompetenzen von gering literalisierten Zweitsprachenlernenden stellt, wie in diesem Beitrag ausführlich erläutert wurde, Forschende und Lehrende vor besondere Herausforderungen, denen anhand der Flexibilität des Konzepts der Nützlichkeit nach Bachmann/Palmer (2010) auf produktive Art und Weise begegnet werden konnte. So war es möglich, innovative Testaufgaben zu entwickeln, die sich von herkömmlichen Testaufgaben zu Lese- und Schreibkompetenzen insbesondere durch ihre alltagsnähe und -relevanz sowie durch ihre besondere Niedrigschwelligkeit unterscheiden. Im Rahmen der Pilotierung hat sich bestätigt, dass die Testaufgaben von den Lernenden als authentisch und relevant eingeschätzt werden und (mit einigen wenigen Ausnahmen) die Aufgabenstellungen kein abstraktes Aufgabenwissen voraussetzen. Auch hat sich die Nützlichkeit des Tests für das Diagnostizieren von individuellen Lernendenkompetenzen und Förderbedarfen bestätigt. Durch das Aufgreifen von relevanten schriftsprachlichen Handlungsaufgaben war es zudem möglich, die Bewusstheit der Lernenden für ihren Lernstand in Bezug auf selbstgesetzte Lernziele zu fördern und ihnen somit eine stärkere Kontrolle ihres eigenen Lernprozesses zu ermöglichen. Somit eignet sich der hier vorgestellte Test für den Einsatz im Rahmen einer Lernberatung, aber auch für die Lernstandserhebung im Rahmen des Alphabetisierungsunterrichts. Die starke Schwerpunktsetzung auf Validität und Authentizität geht jedoch auf Kosten insbesondere der Reliabilität, der Objektivität und der Praktikabilität des Tests. So erfordert der Test die Durchführung in einem Eins-zu-Eins-Setting (ggf. mit der zusätzlichen Unterstützung durch SprachmittlerInnen) und ist somit sehr ressourcenaufwändig. Darüber hinaus wurde größtenteils auf vollständig objektiv auswertbare Testaufgaben verzichtet – die Kompetenzen der Teilnehmenden werden vielmehr anhand eines Bewertungsbogens durch die testdurchführende Person eingeschätzt. Hier kann es zu abweichenden Einschätzungen vonseiten der testdurchführenden Personen kommen, wodurch die Interrater-Reliabilität negativ beeinflusst wird. Die Schwächen des Tests im Bereich der Reliabilität und Objektivität stellen insbesondere ein Problem für die Nutzung des Tests im Rahmen eines Prä- und Posttestdesigns dar. Auch hat sich die ursprünglich geplante Erhebung und Messung von durch die Lernenden verwendeten Strategien (und damit die Messung des Zuwachses an Lernendenautonomie) als problematisch herausgestellt – zum einen aufgrund der Komplexität des Konstrukts Lernendenautonomie (vgl. z. B. Schmenk 2008) und der damit einhergehenden Problematik, dieses zu operationalisieren, zum anderen aber auch, weil es Teilnehmenden in Alphabetisierungskursen i. d. R. schwerfällt, sich auf einer abstrakten Ebene über das eigene Vorgehen beim Lernen zu äußern. Insofern ist hier eine Anpassung des Forschungsdesigns notwendig. Eine weitere Problematik liegt in der genauen Definition und Operationalisierung des Konstrukts »funktionale literale Kompetenzen«. Eine weitere theoretische und empirische Arbeit an diesem Konzept wäre notwendig, um zu einem umfassenden Modell von funktionalen literalen Kompetenzen bei gering literalisierten Zweitsprachenlernenden zu gelangen und insbesondere auch um die tatsächlichen Wünsche und Bedarfe dieser Zielgruppe in Bezug auf den Erwerb funktionaler literaler Kompetenzen zu erheben. Schließlich wäre ein breiter Einsatz des Tests zur weiteren Datengewinnung zur Validierung des Tests sowie zum Erkenntnisgewinn im Bereich des Erwerbs erster funktionaler literaler Kompetenzen von Zweitsprachenlernenden wünschenswert.

Literaturverzeichnis

Association of Language Testers in Europe: Handbuch zur Entwicklung und Durchführung von Sprachtests. Zur Verwendung mit dem GER. Frankfurt am Main 2012.

Association of Language Testers in Europe: ALTE-Handreichungen für Testautoren. Modul 2 Testentwicklung, 2005, verfügbar unter: https://tinyurl.com/mpvcx5aw [29. 11. 2022].

Bachman, Lyle/Palmer, Adrian: Language testing in practice. Oxford 2010.

Bechauf, Carina/Böddeker, Judith/David, Monika/Feldmeier, Alexis/Krömer, Lea: Konzept zur Alphalernberatung -Sozialraumorientierte Lernberatung für gering literalisierte Erwachsene mit/ohne Migrationshintergrund. Bielefeld/Münster 2020.

Bilger, Frauke/Jäckle, Robert/Rosenbladt, Bernhard von/Strauß, Alexandra: ›Studiendesign, Durchführung und Methodik der leo. – Level-One Studie‹, in: Grotlüschen, Anke/

Riekmann, Wibke (Hg.): *Funktionaler Analphabetismus in Deutschland.* Münster/New York/München/Berlin 2012, S. 79–105.

Edeleva, Julia/Do Manh, Gina/Förster, Franziska/Czinglar, Christine: ›Forschungsmethoden und Desiderate in der kontrastiven Alphabetisierung‹, in: Marschke, Britta (Hg.): *Handbuch der kontrastiven Alphabetisierung.* Berlin 2022, S. 265–281.

Feick, Diana: ›Diagnostik in der Erwachsenenbildung‹, in: Grießhaber, Wilhelm/Schmölzer-Eibinger, Sabine/Roll, Heike/Schramm, Karen (Hg.): *Schreiben in der Zweitsprache Deutsch.* Berlin/Boston 2018, S. 247–264.

Feldmeier, Alexis: Praxishandbuch Alphabetisierung. Stuttgart 2010.

Feldmeier, Alexis/Markov, Stefan: ›Lernerautonomieförderung durch Sprachlerncoaching im Bereich DaZ‹, in: Böcker, Jessica/Saunders, Constanze/Koch, Lennart/Langner, Michael (Hg.): *Beratung und Coaching zum Fremdsprachenlernen.* Gießen 2017, S. 49–68.

Franz dos Santos: Test for the Assessment of Emerging Literacy Skills in German as a Second Language. https://www.coe.int/en/web/lang-migrants/laslliam: In Vorbereitung.

Glaboniat, Manuela: ›Sprachprüfungen für Deutsch als Fremdsprache‹, in: Krumm, Hans-Jürgen (Hg.): *Deutsch als Fremd- und Zweitsprache.* Berlin 2010, S. 1288–1298.

Grotjahn, Rüdiger: ›Testtheorie: Grundzüge und Anwendungen in der Praxis‹, in: Wolff, Armin/Tanzer, Harald (Hg.): *Sprache – Kultur – Politik.* Regensburg 2000a, S. 304–341.

Grotjahn, Rüdiger: Leistungsmessung und Leistungsbeurteilung. Patras 2000b.

Harsch, Claudia: ›Testen‹, in: Caspari, Daniela/Klippel, Friederike/Legutke, Michael/Schramm, Karen (Hg.): *Forschungsmethoden in der Fremdsprachendidaktik.* Tübingen 2016, S. 205–218.

Heinemann, Alisha: ›Eine Förderdiagnostik für alle? Zu den Besonderheiten einer zielgruppengerechten Diagnostik für Zweitsprachlerner und Zweitsprachlernerinnen‹, in: Knabe, Ferdinande (Hg.): *Innovative Forschung – innovative Praxis in der Alphabetisierung und Grundbildung.* Münster 2008, S. 149–168.

Knappik, Magdalena/Dirim, Inci: ›Diagnose zweitsprachlichen Schreibens‹, in: Grießhaber, Wilhelm/Schmölzer-Eibinger, Sabine/Roll, Heike/Schramm, Karen (Hg.): *Schreiben in der Zweitsprache Deutsch.* Berlin/Boston 2018, S. 167–182.

Lemke-Ghafir, Cosima/Rezzani, Miguel/Schroeder, Christoph/Steinbock, Dorotheé: Erste Schrift und zweite Sprache. Migrant_innen ohne oder mit geringer formaler Bildung in Alphabetisierungskursen. Osnabrück 2021.

Markov, Stefan/Scheithauer, Christiane/Schramm, Karen: Lernberatung für Teilnehmende in DaZ-Alphabetisierungskursen. Münster 2015.

Markov, Stefan/Waggershauser, Elena: ›Alphabetisierung und Schreibentwicklung in der Erwachsenenbildung‹, in: Grießhaber, Wilhelm/Schmölzer-Eibinger, Sabine/Roll, Heike/Schramm, Karen (Hg.): *Schreiben in der Zweitsprache Deutsch.* Berlin/Boston 2018, S. 395–410.

Minuz, Fernanda/Kurvers, Jeanne/Schramm, Karen/Rocca, Lorenzo/Naeb, Rola: Literacy and Second Language Learning for the Linguistic Integration of Adult Migrants. Strasbourg 2022.

Peyton, Joy Kreeft/Young-Scholten, Martha: ›Understanding Adults Learning to Read for the First Time in a New Language: Multiple Perspectives‹, in: Peyton, Joy Kreeft (Hg.): *Teaching Adult Immigrants with Limited Formal Education.* Bristol 2020, S. 1–10.

Rackwitz, Rüdiger-Philipp: ›Dialogische Förderdiagnostik am Beispiel des Schriftspracherwerbs‹, in: Ludwig, Joachim (Hg.): *Lernberatung und Diagnostik*. Bielefeld 2012, S. 78–102.

Rackwitz, Rüdiger-Philipp: ›Förderdiagnostik in der Alphabetisierung‹, in: Löffler, Cordula/Korfkamp, Jens (Hg.): *Handbuch zur Alphabetisierung und Grundbildung Erwachsener*. Münster 2016, S. 383–394.

Reschke, Maren: Verfahren der Sprachstandsfeststellung für Schülerinnen und Schüler mit Deutsch als Zweitsprache, 2018, verfügbar unter: https://tinyurl.com/2p8rtsk2 [29.11. 2022].

Schmenk, Barbara: Lernerautonomie. Karriere und Sloganisierung des Autonomiebegriffs. Tübingen 2008.

Schmölzer-Eibinger, Sabine: ›Literalität und Schreiben in der Zweitsprache‹, in: Grießhaber, Wilhelm/Schmölzer-Eibinger, Sabine/Roll, Heike/Schramm, Karen (Hg.): *Schreiben in der Zweitsprache Deutsch*. Berlin/Boston 2018, S. 3–16.

Schramm, Karen: ›Didaktisch-methodische Themenfelder der DaZ-Alphabetisierung‹, in: Marschke, Britta (Hg.): *Handbuch der kontrastiven Alphabetisierung*. Berlin 2022, S. 25–36.

Schramm, Karen: ›Zur Entwicklung supranationaler Deskriptoren für die zweitsprachliche Alphabetisierung – das LASLLIAM-Projekt des Europarats‹, in: *Info DaF* 2021/48(6), S. 571–581.

telc: Übungstest 1 – Deutsch Medizin (B2/C1), 2015, verfügbar unter: https://tinyurl.com/4f 44zr7v [07.02.2023].

Silvia Introna

Educational Design Research: Ein neuer Schlüssel zur Erforschung des DaF/DaZ-Unterrichts

Abstract

This paper discusses the possibility to use educational design research for researching authentic teaching-learning situations by presenting a research project in the field of German as a foreign language. Educational design research can provide a new empirical approach to teaching-learning situations and also offer a potential solution to the research-practice gap in the field of education. However, the innovative nature of educational design research raises questions that have not yet been answered and can therefore be considered a limitation of this approach. Nevertheless, educational design research represents a promising way of conducting educational research also for the field of German as a foreign language.
Keywords: design based research, educational design research, German as a foreign language, L2 Academic Reading.

Potenzial und Grenzen von Educational Design Research zur Erforschung von authentischen Unterrichtssituationen werden am Beispiel einer Studie im Bereich Deutsch als Fremdsprache diskutiert. Es wird gezeigt, dass Educational Design Research nicht nur einen neuen empirischen Zugang zum Unterricht ermöglicht, sondern auch eine potenzielle Lösung für die Kluft zwischen Empirie und Praxis im Unterrichtskontext bietet. Der innovative Charakter dieses Forschungsansatzes wirft aber Fragen auf, die bisher noch nicht beantwortet worden sind und deswegen als eine Grenze des Ansatzes angesehen werden können. Trotzdem stellt Educational Design Research für den Bereich Deutsch als Fremd- und Zweitsprache einen vielversprechenden Forschungsansatz dar.
Schlüsselbegriffe: entwicklungsorientierte Bildungsforschung, Unterrichtsforschung, Deutsch als Fremdsprache, fremdsprachige akademische Lesekompetenz.

1 Einleitung

Educational Design Research (im Folgenden abgekürzt EDR) existiert seit ca. dreißig Jahren, hat jedoch im Rahmen der Fremd- und Zweitsprachenforschung erst in den letzten Jahren Relevanz gefunden. Wie schon der Name verrät, bezieht sich EDR auf den Bildungskontext und besteht aus zwei verwobenen und untrennbaren Komponenten: die Entwicklung eines Designs[1] für die Praxis (*Design*) und die empirische Erforschung zwecks theoretischer Erkenntnisgewinnung (*Research*). Wenngleich bzgl. der Design-Komponente Gemeinsamkeiten mit Aktionsforschung bestehen, wie der interventionistische Charakter und die beabsichtigte Praxisveränderung (vgl. u. a. Bakker 2019, S. 15), handelt es sich beim EDR-Ansatz nicht um eine Form von Praktiker*innen-Forschung. Darüber hinaus nimmt die Theorieerweiterung im Kontext von EDR einen höheren Stellenwert (vgl. Kap. 2).

EDR ist nur einer der Begriffe, die in der Fachliteratur zur Bezeichnung dieses Forschungsansatzes verwendet werden, meistens ist auch von *design-based research* oder *design-research* die Rede. Das Konzept *design-based research* will die Verflechtung der zwei Komponenten des Ansatzes verdeutlichen (Caspari/ Grünewald 2022, S. 76f.; Reinmann 2022, S. 2), was jedoch laut McKenney und Reeves (2019, S. 18) Missverständnisse hervorrufen kann. *Design-research* stellt vielmehr einen Oberbegriff für die unterschiedlichen Benennungen dar, die seit der Genese des Ansatzes entstanden sind und teilweise unterschiedliche Akzente setzen (Bakker 2019; Euler 2014; Plomp 2013; Van den Akker et al. 2006). Übersetzungsversuche ins Deutsche sind in der Fachliteratur auch zu finden, wie z. B. der Begriff der entwicklungsorientierten Bildungsforschung von Reinmann (2014, S. 93).

EDR-Studien werden auf allen Ebenen des Bildungssystems durchgeführt und können sich auf verschiedene Aspekte der Bildung beziehen, wie z. B. die Lehrer*innenprofessionalisierung (vgl. Gödecke 2020) oder die Kompetenzförderung von Lerner*innen (vgl. Delius 2020; Dowse 2014). Im Mittelpunkt dieses Beitrags steht die Erforschung von Unterricht als zentraler Ort des Bildungskontexts mithilfe von EDR. Ziel des Beitrags ist es aufzuzeigen, inwieweit EDR einen neuen Zugang zum Unterricht ermöglichen kann. Im Folgenden wird zunächst der EDR-Ansatz durch die Darlegung seiner Hauptmerkmale präsentiert, was auch eine Abgrenzung von anderen Forschungsansätzen ermöglicht. Danach erfolgt die Darstellung einer Studie im Bereich Deutsch als Fremdsprache (Introna 2021)[2], anhand der Potenzial und Grenzen des EDR-Ansatzes zur Erforschung von authentischen Unterrichtssituationen diskutiert werden. Der

---

1 Die Bedeutung des Designbegriffs im Rahmen von EDR weicht von seinem klassischen Verständnis als Forschungsdesign ab. Design bezeichnet hier sowohl den Entwicklungsprozess (*designing*) von innovativen Lehr-/Lernstrategien (*teaching-learning strategy*) (Plomp 2013) bzw. Lernumgebungen (*learning environments* bzw. *learning ecologies*) (Bakker 2019) als auch alles, was aus dem Entwicklungsprozess resultiert. In der deutschsprachigen Fachliteratur zu EDR werden Design und Intervention synonym benutzt (vgl. Reinmann 2016).

2 Zwecks einer kritischen Reflexion von EDR als Forschungsansatz im Bereich Deutsch als Fremdsprache stehen im Mittelpunkt dieses Beitrags ausschließlich das Design sowie der konkrete Ablauf Intronas Studie und nicht die daraus resultierten empirischen Erkenntnisse.

Beitrag schließt mit einem Plädoyer für weitere EDR-Studien im Bereich Deutsch als Fremd- und Zweitsprache.

2 Educational Design Research zwischen Theorie, Empirie und Praxis

Was EDR am meisten kennzeichnet, ist die Gleichgewichtung von Theorieentwicklung und Praxisverbesserung als Ziele des Ansatzes. Neben der Erweiterung von Theoriewissen durch die Gewinnung empirischer Erkenntnisse, was das klassische Ziel wissenschaftlicher Forschung darstellt, kommt die Veränderung bzw. Verbesserung der Bildungspraxis als weiteres gleichwichtiges Ziel hinzu. »[T]he intention is – alongside the development of theoretical understanding – to make a real change on the ground« (McKenney/Reeves 2019, S. 13). Um diese duale Zielsetzung erreichen zu können, verknüpft EDR Theorie, Empirie und Praxis auf eine innovative Art und Weise und bietet somit einen neuen empirischen Zugang zu spezifischen Ausschnitten der Wirklichkeit, wie z. B. Lern-/ Lehr- und Unterrichtssituationen.

Im Rahmen von EDR ergibt sich das Forschungsziel immer aus einem verbesserungswürdigen Aspekt der Bildungspraxis, für den ein Design entwickelt wird, mit der Absicht, die Praxis zu verbessern. »DBR [design-based research] geht von der Erfahrung einer Diskrepanz in der Bildungspraxis aus: Es gibt ein Problem oder Ziel beziehungsweise einen aktuellen Zustand, der von einem Kann- oder Soll-Zustand mehr oder weniger weit weg ist« (Reinmann 2022, S. 2). Indem die Notwendigkeit der Forschung aus der Praxis resultiert, kann ein erster Bezug zwischen Praxis und Empirie festgestellt werden: Ausgehend von der Praxis gelangt man zur Empirie. Das Design stellt ein zentrales Element von EDR-Forschung dar und kann Ressourcen zur Unterstützung des Lehrens und Lernens, wie Lehr- und Lernmaterialien, aber auch umfangreichere methodische Förderkonzepte und -programme umfassen, die zum neuen Lernen anregen sollen (Bakker 2019, S. 5; McKenney/Reeves 2019, S. 44f.). Untersuchungen mittels EDR können sich somit je nach Design-Typ und -Umfang deutlich voneinander unterscheiden. »Das Abstraktionsniveau der [...] Intervention ist offen«, betont Reinmann (2016, S. 2). Jedes beliebige Design soll jedoch aufgrund von vorhandenen Erkenntnissen konzipiert werden (Caspari/Grünewald 2022, S. 77; McKenney/Reeves 2019, S. 12f.), d. h. vorhandenes theoretisches Wissen bzw. existierende empirische Befunde zum Design-Gegenstand sollen im Rahmen des Designs in didaktische Werkzeuge umgewandelt werden. Indem das Design theoriebasiert konzipiert wird, lässt sich der Bezug zwischen Theorie und Praxis innerhalb von EDR erkennen: Aufgrund von theoretischen Erkenntnissen entstehen Werkzeuge für die Praxis. Dass die Entwicklung eines Designs für die Praxis einen Bestandteil der EDR-Forschung darstellt, verdeutlicht einen weiteren Bezug zwischen Praxis und Empirie: Nicht nur ergibt sich die Notwendigkeit von EDR-Forschung aus der Praxis, sondern Forschung erfolgt durch Praxis. Es ist das wiederholte Einsetzen, Evaluieren und Revidieren des entwickelten Designs, wodurch ein Kontext für die empirische Erforschung geschaffen wird. Durch den Einsatz des Designs im Bildungskontext entstehen authentische Lern-/Lehr-/Unterrichtssituationen, die zwecks der Theorieerweiterung empirisch untersucht werden. So fassen Caspari und Grünewald (2022, S. 77) dieses Verhältnis im Rahmen von EDR zusammen: »Das Design wird forschungs- bzw. theoriebasiert entwickelt, die Forschung wiederum wird designbasiert durchgeführt«. Genau die Verflechtung von Theorie, Empirie und Praxis ermöglicht, dass Theorieentwicklung und Praxisverbesserung parallel verfolgt werden. Neben seiner dualen Zielsetzung weist EDR weitere Hauptmerkmale auf, die im Folgenden erläutert werden.

EDR lässt sich als kollaborativ, theorieorientiert, responsiv, interventionistisch und iterativ bezeichnen (Bakker 2019, S. 18; Caspari/Grünewald 2022, S. 77; McKenney/Reeves 2019, S. 12 ff.; Plomp 2013, S. 20; 2020, S. 84 ff.; Reinmann 2022, S. 2 f.; Van den Akker et al. 2006, S. 4). Wenn im Kontext von EDR eine Veränderung der Praxis getätigt werden soll, sollen Praxisexpert*innen am Forschungsprozess beteiligt werden. Mit Praxisexpert*innen sind nicht nur Lehrer*innen gemeint, sondern auch weitere Akteur*innen des Bildungskontextes, die ihre Expertise in die Forschung mitbringen und für praxisbezogene Aufgaben anwenden, wie z. B. die Durchführung und Anpassung des Designs an den spezifischen Kontext des Einsatzes. Die empirische Arbeit bleibt im Rahmen von EDR in der Verantwortung der Wissenschaftler*innen (Reinmann 2022, S. 3; 2017, S. 53). An dieser Stelle unterscheidet sich EDR eindeutig von Aktionsforschung, bei der Praktiker*innen die forschende Rolle zur Untersuchung und Weiterentwicklung der eigenen Praxis übernehmen (Hanks 2019, S. 164).

EDR ist theoriebasiert insofern, dass vorhandene theoretische Erkenntnisse über die zentrale Konstrukte einer Studie nicht nur – wie üblich – den Ausgangspunkt der Untersuchung darstellen, sondern auch zur Konzipierung und Entwicklung des Designs für die Praxis verwendet werden (Caspari/Grünewald 2022, S. 77; McKenney/Reeves 2019, S. 12 f.). Darüber hinaus lässt sich die Theorieorientiertheit des Ansatzes in der Absicht erkennen, neben der Praxisveränderung neues Theoriewissen zu gewinnen (Bakker 2019, S. 15). In diesem Zusammenhang ist ein weiterer grundlegender Unterschied zur Aktionsforschung festzustellen, bei der die Verbesserung der (Lehr-)Praxis im Zentrum der Forschung steht, während Theoriegewinnung und -erweiterung eine geringere Rolle spielen. Bzgl. der Frage, welchen Beitrag zur Theorieentwicklung EDR leisten kann, unterscheiden Plomp (2013, S. 16) sowie McKenney und Reeves

Educational Design Research

(2019, S. 23 ff.) zwei Forschungsorientierungen innerhalb von EDR. Entwicklungsbezogene Studien (*developmental studies*) oder Forschung zu Design (*research on intervention*) tragen zur Wissenserweiterung über effektive Designmerkmale und ihren Realisierungsprozess bei, während Validierungsstudien (*validation studies*) oder Forschung durch Design (*research through intervention*) auf das theoretische Verständnis von Phänomenen abzielen, die von dem Design ausgelöst werden.

Die Berücksichtigung des spezifischen Kontextes des Einsatzes bei der Entwicklung des Designs steckt hinter dem responsiven Charakter von EDR. Damit ist gemeint, dass das Design im Einklang mit den Variablen des authentischen Lern-/Lehr-/Unterrichtskontexts konzipiert werden soll, in dem es eingesetzt wird. Die Angemessenheit und Praktikabilität des Designs im spezifischen Kontext werden von den anschließenden Evaluations- und Revisionsschleifen sichergestellt, durch die die Qualität des Designs erhöht wird.

Der interventionistische Charakter des Ansatzes hängt mit der Absicht zusammen, durch die Entwicklung eines innovativen Designs und durch seine Implementierung in der Praxis diese zu verändern bzw. zu verbessern. »[R]esearch can change reality rather than just study it« hebt Euler (2014, S. 17) in Anlehnung an Schwartz et al. (2005, S. 29) hervor. Hierbei spielt die wiederholte Evaluation der Designumsetzung eine wichtige Rolle. Anders als Evaluationsforschung geht EDR jedoch deutlich über die »Überprüfung und Perfektionierung eines Produktes« (Gödecke 2020, S. 136) hinaus.

EDR lässt sich als iterativ bezeichnen aufgrund der iterativen Zyklen von Analyse, Entwicklung und Evaluation, die den Forschungsprozess anhand EDR kennzeichnen. Dieser wird im Abschnitt 3.1 am Beispiel einer Studie im Bereich Deutsch als Fremdsprache gezeigt. Schließlich ist zu erwähnen, dass EDR forschungsmethodisch offen ist, d. h. Forscher*innen können vom Potenzial sowohl des qualitativen als auch des quantitativen Forschungsparadigmas profitieren.

3 Potenzial und Grenzen von EDR am Beispiel einer Studie im Bereich Deutsch als Fremdsprache

Da die Diskussion um Potenzial und Grenzen des EDR-Ansatzes zur Erforschung von authentischen Unterrichtssituationen aufgrund von Erwägungen im Anschluss an mein Promotionsprojekt (Introna 2021) erfolgt, steht dieses im Zentrum des folgenden Abschnitts.

3.1 EDR zur Erforschung des Erwerbs akademischer Lesekompetenz in der L2 Deutsch von internationalen Studierenden

Im Einklang mit der dualen Zielsetzung von EDR zielte das Promotionsprojekt (Introna 2021) darauf ab, einen Beitrag sowohl zur Theoriegewinnung als auch zur Praxisverbesserung zu leisten. Einerseits sollte die Studie eine empirische Annäherung an das Phänomen des Erwerbs fremdsprachiger akademischer Lesekompetenz (im Folgenden abgekürzt FALK) durch internationale Studierende der Geistes- und Sozialwissenschaften ermöglichen. Andererseits sollte mit der Entwicklung eines Programms zur Förderung der akademischen Lesekompetenz dieser Zielgruppe eine Lücke in der Hochschulpraxis geschlossen werden. Ausgangspunkt der Studie war die Feststellung des Mangels an Unterstützungsangeboten für internationale Studierende zur Förderung ihrer fremdsprachigen akademischen Lesekompetenz an deutschen Hochschulen, eine offensichtliche Lücke der Hochschuldidaktik, die mir aufgrund eigener Praxiserfahrungen an einer deutschen Universität bewusst geworden war. Da es sich bei dem Promotionsprojekt um eine Validierungsstudie bzw. Forschung durch Design im Sinne von Plomp (2013, S. 16) und McKenney und Reeves (2019, S. 23ff.) handelte, stand das theoretische Verständnis eines Phänomens im Mittelpunkt des Interesses, das von dem Design ausgelöst werden sollte: Der FALK-Erwerb durch internationale Studierende der Geistes- und Sozialwissenschaften. Die Hauptforschungsfrage der Studie lautete somit: Was trägt zum Erwerb fremdsprachiger akademischer Lesekompetenz im Rahmen eines strategieorientierten Programms zur Förderung der akademischen Lesekompetenz in der L2 Deutsch von internationalen Studierenden der Geistes- und Sozialwissenschaften an einer deutschen Universität bei? Die Untersuchung dieser Forschungsfrage erfolgte jedoch erst am Ende des Forschungsprozesses, denn wie alle EDR-Studien bestand auch diese Studie aus mehreren aufeinander aufgebauten Teiluntersuchungen, in deren Mittelpunkt unterschiedliche Forschungs- und Leitfragen standen. Kern dieses Abschnittes bildet die Darstellung des Aufbaus der Studie, durch die der Forschungsprozess im Kontext von EDR exemplarisch gezeigt wird.

In Anlehnung an das generische Modell von McKenney und Reeves (2019, S. 83) habe ich die Studie in drei Phasen gegliedert: Analyse und Exploration, Design und Konstruktion sowie Evaluation und Reflexion. Ziel der Analyse- und Explorationsphase war es, zu einem tiefgehenden Verständnis der identifizierten Praxislücke zu gelangen. Zunächst ermöglichte eine Sichtung der Fachliteratur, große Theorie- und Forschungsdesiderata zum fremdsprachigen akademischen Lesen herauszufinden, die den Mangel an einer hochschulischen Förderung der akademischen Lesekompetenz internationaler Studierender erklären können. So sind Forschungserkenntnisse zu den Schwierigkeiten dieser Studierendengruppe beim wissenschaftlichen Lesen in der L2 Deutsch noch unzureichend, und das Phänomen des Erwerbs dieser Schlüsselkompetenz für das Studium wurde kaum erforscht (vgl. Introna 2021, S. 44 ff.). Eine weitere Sichtung der Fachliteratur diente dazu, das zentrale Konstrukt der Studie, fremdsprachige akademische Lesekompetenz, zu definieren, für das in der Fachliteratur noch kein einziges Modell zu finden war. Mit der Entwicklung einer ersten Modellierung des FALK-Konstrukts wurde der konzeptuelle Rahmen der Studie dargelegt (vgl. ebd., S. 52 ff.). Im Anschluss daran erfolgte eine quantitative Umfrage zur Bestandsaufnahme der Situation des Lesens deutschsprachiger wissenschaftlicher Texte in den Geistes- und Sozialwissenschaften an der Universität Bielefeld. Diese diente dazu, das bildungsbezogene Problem der Studie in dem spezifischen Kontext zu untersuchen, für den später das Design entwickelt werden sollte. Im Mittelpunkt der Fragebogenerhebung standen u. a. die Relevanz der akademischen Lesekompetenz in der (Fremd-)Sprache Deutsch in den geistes- und sozialwissenschaftlichen Fächern sowie die Schwierigkeiten und Bedürfnisse von Studierenden hinsichtlich des Lesens deutschsprachiger wissenschaftlicher Texte (vgl. ebd., S. 120 ff.).

Im Rahmen der zweiten Studienphase, Design und Konstruktion, wurde ein erster Designentwurf konzipiert. Bei dem Design der Studie handelte es sich um ein strategieorientiertes Programm zur Leseförderung in Form eines Blockseminars. Dieses basierte nicht nur auf dem im Rahmen der Studie entwickelten FALK-Verständnis sowie auf den Ergebnissen aus der Bestandsaufnahme. Das Blockseminarkonzept wurde auch im Anschluss an eine Aufarbeitung der Fachliteratur zur Förderung fremdsprachigen akademischen Lesens entwickelt. Daraus kristallisierten sich Kernelemente der Leseförderung heraus, die als Designmerkmale ausgewiesen wurden (vgl. ebd., S. 159 ff.). An eben dieser Stelle fanden die iterativen Durchführungs-, Evaluations- und Revisionsschleifen des Designs statt, wobei dessen Praktikabilität im Kontext untersucht wurde. Das Blockseminar habe ich im Sommersemester 2018 an der Universität Bielefeld in die Praxis umgesetzt[3] und anschließend von den teilnehmenden Studierenden qualitativ evaluieren lassen. Hierfür kamen verschiedene qualitative Evaluationsbögen und eine abschließende Gruppendiskussion zum Einsatz. Während die Evaluationsbögen meistens zum Zweck der Verbesserung des Blockseminars

---

3 Die Besonderheit meiner Studie bestand in dem Verzicht auf die Kooperation zwischen Forscher*innen und Praktiker*innen. Gestützt wurde diese Entscheidung durch die von Reinmann (2016, S. 2) geschilderte besondere Situation des Hochschulkontexts, in dem »Forschende [...] in der Regel zugleich Praktiker, nämlich Lehrende [sind]«. Überzeugt von dem großen Potenzial von EDR für die Forschung im Bereich Deutsch als Fremdsprache, in dem empirische Untersuchungen meistens im Rahmen von Einzel-Qualifikationsarbeiten durchgeführt werden, verfolgte ich mit der Studie die Absicht, die Anwendbarkeit von EDR innerhalb eines kleineren Forschungsrahmens zu prüfen.

eingesetzt wurden, wurde die Gruppendiskussion auch mit Hinblick auf die retrospektive Datenanalyse durchgeführt, die am Ende der Studie erfolgen und zur Beantwortung der Hauptforschungsfrage beitragen sollte. Nachdem die qualitativen Daten anhand der konstruktivistischen Grounded Theory (vgl. u. a. Charmaz 2014) in Hinblick auf die Eignung und Umsetzbarkeit des Designs interpretiert wurden, erfolgte eine Überarbeitung des Blockseminarkonzeptes. Das revidierte Blockseminar habe ich im Wintersemester 2018/19 erneut an der Universität Bielefeld angeboten. Neben den Evaluationsbögen wurden dieses Mal leitfadengestützte Interviews als Erhebungsmethode verwendet (vgl. Introna 2021, S. 170 ff.).

Während die Evaluationen der zweiten Prozessphase formativen Charakter hatten, handelte es sich bei der Evaluation im Rahmen der dritten Forschungsphase, Evaluation und Reflexion, um eine summative Evaluation zur Effektivität des Designs. Die Daten aus den zwei formativen Evaluationsschleifen wurden hierbei erneut qualitativ interpretiert, wobei an dieser Stelle untersucht wurde, inwieweit die akademische Lesekompetenz in der L2 Deutsch der internationalen Studierenden im Rahmen des strategieorientierten Programms tatsächlich gefördert worden war. Es stellte sich heraus, dass das Blockseminar zur Förderung verschiedener FALK-Komponenten beigetragen hatte (vgl. ebd., S. 242 ff.). Abschließend fand eine retrospektive Datenanalyse statt. Auch an dieser Stelle kam die konstruktivistische Grounded Theory (vgl. u. a. Charmaz 2014) zum Einsatz. Durch eine erneute Interpretation der qualitativen Daten konnten hierbei Faktoren des FALK-Erwerbs im Rahmen des entwickelten Förderprogramms herausgearbeitet werden, durch die die Hauptforschungsfrage der Studie beantwortet werden konnte (vgl. Introna 2021, S. 278 ff.). Diese Faktoren werden teilweise im folgenden Abschnitt erläutert. Aufgrund meiner Erfahrung mit EDR im Rahmen meines Promotionsprojektes gehe ich im Folgenden der Frage nach, inwieweit EDR zur Erforschung von Unterricht beitragen kann.

3.2 Das Potenzial von EDR

Zwei Aspekte des EDR-Ansatzes ermöglichen m. E. einen innovativen Zugang zu Unterricht. Diese werden im Folgenden zur Beantwortung der Fragestellung des vorliegenden Beitrags diskutiert, bevor weitere allgemeine Potenziale von EDR erörtert werden.

Durch die einzigartige Verflechtung von Theorie, Empirie und Praxis innerhalb von EDR bietet dieser Forschungsansatz eine mögliche Lösung für ein Problem, das immer wieder bzgl. des Bildungskontexts thematisiert wird. Einerseits basiert die Entwicklung neuer Strategien, Methoden oder Instrumente für den Unterricht meistens nicht auf aktuellen Forschungserkenntnissen

(Bakker 2019, S. 4), andererseits lässt sich an Untersuchungen im Bereich der Bildungsforschung oft mangelnde Relevanz für die Bildungspraxis kritisieren (Plomp 2013, S. 11). Dies sind zwei Seiten der gleichen Medaille und verdeutlichen eine Kluft zwischen Forschung und Praxis im Bildungskontext: »For too long, science and education have been two separate worlds: researchers develop and extend scientific knowledge, while practitioners [...] hardly translate this knowledge into their classrooms« (Bogaerds-Hazenberg et al. 2019, S. 1). Der Grund für die seltene Umsetzung von empirischen Erkenntnissen in didaktische Gestaltungsprinzipien bzw. Werkzeuge für den Unterricht hängt mit der umstrittenen Frage zusammen, wer für eine solche Aufgabe zuständig ist bzw. sein soll. Auf der einen Seite sind Forscher*innen für die Erweiterung von Theoriewissen durch empirische Forschung verantwortlich, d. h. sie liefern Forschungserkenntnisse und können teilweise ihre Bedeutung für die Praxis reflektieren. Auf der anderen Seite sind Lehrer*innen mit der täglichen Unterrichtsarbeit unter ständiger Berücksichtigung von Verordnungen, curricularen Vorgaben, Prüfungsanforderungen, usw. beschäftigt. Da sich die Aufgabe der Umsetzung von empirischen Erkenntnissen in die Praxis an der Schnittstelle zwischen Empirie und Praxis befindet, fühlen sich zurecht weder Forscher*innen noch Bildungspraktiker*innen dafür zuständig. Indem der EDR-Ansatz die Entwicklung eines Designs für die Praxis aufgrund vorhandenen theoretischen Wissens bzw. existierender empirischer Befunde in den Forschungsprozess integriert, erhält Forschung im Kontext von EDR Zugang zur Unterrichtspraxis. In der Design- und Konstruktionsphase von EDR-Studien wird an der Schnittstelle zwischen Empirie und Praxis gearbeitet, sodass EDR das Potenzial hat, Forschung und Unterrichtswirklichkeit zusammenzubringen. Hierdurch kann der praktische Nutzen von Forschungserkenntnissen im Bildungs- bzw. Unterrichtskontext erhöht werden.

Die Entwicklung des Designs im Rahmen meiner Studie war insofern theorieorientiert, als die Idee eines strategieorientierten Programms zur Leseförderung, die Auswahl der zu vermittelnden Lesestrategien sowie die Förderelemente innerhalb des Blockseminars, wie z. B. Strategievermittlungsphasen, kooperative Praxis und Bewusstmachung durch Reflexion, aus einer Analyse der Fachliteratur zu fremdsprachiger akademischer Leseförderung resultierten. »Bestehende Erkenntnisse inspirier[t]en« in diesem Sinne das Designkonzept (Reinmann 2016, S. 2). Wenngleich vorhandene Erkenntnisse im Design angewandt werden, werden diese nicht direkt überprüft, erklärt Reinmann (ebd.). Trotzdem kristallisierten sich einige theoriebasierte Designmerkmale meiner Studie, wie z. B. kooperative Praxis (vgl. Artelt et al. 2007, S. 63), als wichtige Faktoren bei der Aneignung fremdsprachiger akademischer Lesekompetenz heraus. So erwies sich aus der abschließenden retrospektiven Datenanalyse die stützende Funktion des Austauschs zwischen Studierenden als besonders relevant. Der Peer-Austausch im Rahmen des Blockseminars diente u. a. dazu, die eigene Umsetzung der vermittelten Strategien zu überprüfen und von Erfahrungen und Meinungen anderer Studierender zu lernen. Darüber hinaus trug die Interaktion zwischen Studierenden zu einer neuen Wahrnehmung von Leseproblemen und einer damit verbundenen emotionalen Stärkung der Studierenden bei. Dank des Austauschs im Blockseminar wurden Leseprobleme zum ersten Mal als normal und überwindbar empfunden, sodass sich die Seminarteilnehmer*innen mit ihren Leseschwierigkeiten nicht mehr allein fühlten und weniger Angst beim Lesen hatten (vgl. Introna 2021, S. 231 ff.). Der positive Effekt des Peer-Austauschs für die Kompetenzentfaltung ist auch von anderen Studien (vgl. Dowse 2014) belegt.

Statt der Überprüfung vorhandener Theorien zielt EDR auf die Gewinnung neuen theoretischen Wissens ab (Reinmann 2016, S. 2). Durch die Umsetzung des entwickelten Designs in die Praxis entstehen nämlich authentische Lern-/Lehr-/ Unterrichtssituationen, deren Erforschung zur Theoriegewinnung bzw. -erweiterung beitragen kann. Anders als in der klassischen Unterrichtsforschung, in der der Ist-Zustand eines jeweiligen Unterrichts im Fokus des Interesses steht, stellt EDR-Forschung den Prozess zwischen dem Ist- und einem Soll- bzw. Kann-Zustand des Unterrichts in den Mittelpunkt. »Empirie stellt in DBR [design based research] nicht nur einen Realitätsbezug dar, sondern ebenso einen Realisierungsbezug; das heißt: Es geht immer auch um die Realisierung möglicher Welten« (ebd.). Im Kontext von EDR erhält man somit Zugang zu einer sich verändernden Unterrichtswirklichkeit. Auch an dieser Stelle lässt sich der innovative Charakter von EDR erkennen.

Im Fall meiner Studie wurde das Design als komplett neue Maßnahme konzipiert, da an der Universität Bielefeld keine Förderprogramme zum akademischen Lesen in der L2 Deutsch existierten. Vor diesem Hintergrund ließe sich in diesem Fall statt von einer sich verändernden Unterrichtswirklichkeit eher von einer Lernumgebung reden, die zunächst einmal im Rahmen der Studie entstand. Bei der mehrmaligen Durchführung, Evaluation und Revision des Blockseminars, d. h. bei dem Gestaltungsprozess dieser Umgebung zur FALK-Förderung, konnten durch die Meinungen der teilnehmenden internationalen Studierenden Erkenntnisse bzgl. ihres Erwerbs fremdsprachiger akademischer Lesekompetenz gewonnen werden. Als zentrale Faktoren des FALK-Erwerbs im Rahmen des Blockseminars resultierten daraus das Sammeln von Leseerfahrungen anhand fachspezifischer Texte sowie die Verstärkung der Reflexion beim Lesen – im Sinne von Selbstregulierung – und über das akademische Lesen. Als wesentlich ergaben sich zudem eine Steuerung des FALK-Erwerbs seitens einer kompetenten bzw. erfahrenen Person sowie, wie schon angedeutet, die stützende Funktion des Austauschs mit anderen Studierenden (vgl. Introna 2021, S. 288 ff.).

Wenngleich in diesem Beitrag keine Darstellung der Studienergebnisse erfolgen kann, ist festzuhalten, dass EDR die Gewinnung von vielfältigen Erkenntnissen zu unterschiedlichen Aspekten des zu Beginn der Studie identifizierten bildungsbezogenen Problems ermöglichte: zur Modellierung des FALK-Konstruktes, zur Prüfung der Relevanz akademischer Lesekompetenz für ein erfolgreiches Studium, zur Bestätigung der Notwendigkeit, im Rahmen der Geistes- und Sozialwissenschaften akademische Lesekompetenz in der (Fremd-)Sprache Deutsch zu beherrschen, zur Untersuchung von Schwierigkeiten und Bedürfnissen der Studierenden der Geistes- und Sozialwissenschaften an der Universität Bielefeld hinsichtlich des Lesens deutschsprachiger wissenschaftlicher Texte und schließlich zu Faktoren des Erwerbs akademischer Lesekompetenz in der L2 Deutsch durch internationale Studierende im Rahmen eines strategieorientierten Förderprogramms. Dieser Aspekt von EDR erweist sich als besonders fruchtbar, wenn bzgl. des fokussierten verbesserungswürdigen Aspekts der Bildungspraxis große Desiderata existieren. Die einzigartige Struktur von EDR-Studien als »collection of sub-studies« (McKenney/Reeves 2020, S. 89) spielt hierbei eine wichtige Rolle.

Die komplexe Struktur der EDR-Forschung, das Vorhandensein von verschiedenen Leit- und Forschungsfragen innerhalb von EDR-Studien sowie die Tatsache, dass authentische Lern-/Lehr-/Unterrichtssituationen den Kontext der empirischen Erforschung darstellen, erlauben keine Vorgaben hinsichtlich der anzuwendenden Forschungsmethoden. EDR-Forscher*innen sind somit frei, forschungsmethodische Entscheidungen zu treffen, die am besten zum eigenen Vorhaben passen. Die forschungsmethodische Offenheit von EDR ist m. E. auch als Potenzial des Ansatzes anzusehen. Die Meta-Analyse Zhengs (2015, S. 406) zeigt, dass, obwohl die meisten EDR-Studien mit qualitativen Daten arbeiten, in einem Viertel der analysierten Studien sowohl quantitative als auch qualitative Datenerhebungen erfolgen. Mit Blick auf meine Studie hätte eine Auswahl zwischen einer quantitativen oder einer qualitativen Datenerhebung die Beantwortung der Forschungsfragen der Studie beeinträchtigt. Die quantitative schriftliche Befragung anhand eines Fragebogens wurde zwecks einer Bestandsaufnahme der Situation des Lesens deutschsprachiger wissenschaftlicher Texte in den Geistes- und Sozialwissenschaften an der Universität Bielefeld durchgeführt und hätte nicht durch eine qualitative Datenerhebung ersetzt werden können. Auf der anderen Seite war im Hinblick auf den explorativen Charakter der Studie die Entscheidung einer qualitativen Datenerhebung zwecks der Evaluation sowie der Beantwortung der Hauptforschungsfrage der Studie unabdingbar.

3.3 Die Grenzen von EDR

Die Tatsache, dass EDR-Forschung durch Praxis erfolgt wirft Fragen auf, die bisher noch nicht beantwortet worden sind und daher m. E. als eine Grenze von EDR angesehen werden können. Bei der Umsetzung eines jeweiligen Förderkonzeptes in die Praxis ist auf eine flexible Anpassung des Geplanten an die authentische Unterrichtssituation nicht zu verzichten. Auch bzgl. EDR merkt Reinmann (2022, S. 16) an, dass die Anpassung des Designs an den authentischen Unterricht einen bestimmten Grad an Offenheit erfordert. So musste ich bei der Durchführung des Blockseminars manchmal vom Designkonzept abweichen, indem ich z. B. aufgrund des Diskussionsbedarfs der Studierenden dem Austausch mehr Zeit widmete und dementsprechend wegen Zeitmangels einige inhaltliche Punkte streichen musste. Laut Reinmann (ebd.) ist Offenheit bei der Anpassung des Designs an die authentische Unterrichtssituation ein »Qualitätsmerkmal« von EDR-Studien: »Man agiert mit begründeten Annahmen bei Designentscheidungen, um zu erkennen, was möglich ist. Das kann von ursprünglichen Beobachtungen, Zielen oder Fragen wegführen; man driftet sozusagen ab – mit voller Absicht (Krogh & Koskinen, 2020, S. 5). Ein solches Driften ist in Design-Aktivitäten kein Fehler, sondern ein Qualitätsmerkmal«. Zu hinterfragen ist jedoch, wie Offenheit als Prinzip des Unterrichtens mit Systematizität als Prinzip wissenschaftlicher Forschung zusammenhängen kann. Im Rahmen meiner Studie stellte sich für mich die Frage, wie mit der Offenheit bei der Anpassung des Blockseminarkonzeptes umgegangen werden sollte. Angesichts der Tatsache, dass eine vollständige Beschreibung des Unterrichtsgeschehens und dessen Einflusses auf den Einsatz des Designkonzeptes aufgrund der Komplexität des Unterrichts unmöglich war, entschied ich mich, einzelne Abweichungen vom Designkonzept im authentischen Unterricht transparent zu machen und zu reflektieren. Ist jedoch ein solches Vorgehen im Sinne wissenschaftlicher Forschung systematisch genug? Reinmann (2022, S. 17f.) plädiert dafür, die Spannung zwischen Systematizität und Offenheit als konstituierenden Aspekt von EDR anzuerkennen, da beides, Forschung und Praxis, den EDR-Ansatz ausmacht. Wenngleich diese Stellung nachvollziehbar ist, ist eine tiefere Auseinandersetzung mit den Konsequenzen der Verknüpfung von Empirie und Praxis innerhalb von EDR nötig. Obwohl dieser Beitrag hierfür keine Lösung vorschlagen kann, soll hier auf das EDeR-Sonderheft »Special Issue Knowledge by Design in Education: Key challenges and experiences from research practice« (Jenert/Brase in Vorbereitung) verwiesen werden, in dem sich EDR-Forscher*innen mit den umstrittenen Aspekten des Ansatzes auseinandersetzen.

Der Einsatz von EDR im Rahmen meiner Studie brachte auch Herausforderungen mit sich, die im Folgenden betrachtet werden. Wenngleich die komplexe Struktur von EDR-Forschung die Gewinnung vielfältiger Erkenntnisse zum identifizierten verbesserungswürdigen Aspekt der Bildungspraxis ermöglicht (vgl. Kap. 3.2), kann die Organisation der aufeinanderfolgenden Teilstudien innerhalb einer EDR-Untersuchung herausfordernd sein. McKenney und Reeves (2020, S. 89) sprechen in diesem Zusammenhang von konzeptionellen Herausforderungen beim Festlegen der Leit- und Forschungsfragen der einzelnen Studienphasen sowie beim Klären der Zusammenhänge dazwischen. Dies stellte für mich keine große Schwierigkeit dar. Vielmehr empfand ich den Zeit- und Arbeitsaufwand des Forschungsprozesses, insbesondere im Rahmen der Design- und Konstruktionsphase, als keinesfalls einfach. Eine Kooperation mit anderen Forscher*innen hätte hierbei möglicherweise zur Erleichterung der Forschungsarbeit dienen können. Auch die forschungsmethodische Offenheit von EDR halten McKenney und Reeves (ebd.) für potenziell problematisch, denn EDR-Forscher*innen sollen in der Lage sein, methodologisch flexibel zu forschen, was umfangreiche forschungsmethodologische Kenntnisse erforderlich macht. In diesem Punkt stimme ich McKenney und Reeves zu. Für die Auswertung der Fragebogendaten zu Beginn meiner Studie musste ich mich neu in statistische Analyseverfahren einarbeiten, da ich damit noch keine Erfahrung hatte. Nur der Austausch mit erfahrenen Forscher*innen half mir hierbei, diese Hürde zu überwinden.

4   Fazit

Dieser Beitrag hat gezeigt, dass EDR einen innovativen Zugang zum Unterricht ermöglichen kann. Durch die Entwicklung eines theorieorientierten Designs für die Praxis werden vorhandene Forschungserkenntnisse in didaktische Gestaltungsprinzipien bzw. Werkzeuge für den Unterricht umgewandelt. Hierdurch kann Forschung Eingang in die Unterrichtspraxis finden. Indem EDR-Forschung durch die Implementierung des Designs in der Praxis erfolgt, erhält man mit EDR empirischen Zugang zu einer sich verändernden Unterrichtswirklichkeit.

Die Studie zur Lesekompetenz in der L2 Deutsch von internationalen Studierenden (Introna 2021), die im Rahmen dieses Beitrags präsentiert wurde, stellt nur ein Beispiel für die Anwendung von EDR im DaF/DaZ-Bereich dar. Obwohl bisher – nach meinem Kenntnisstand – keine weiteren EDR-Studien in diesem Forschungsfeld durchgeführt worden sind, lässt sich aus Untersuchungen aus anderen Forschungsbereichen schlussfolgern, dass EDR-Forschung sehr unterschiedliche Erkenntnisinteressen adressieren kann. Gödecke (2020) setzt sich mit der Förderung der fachspezifischen Reflexionskompetenz von angehenden Schullehrer*innen während der Praxisphasen der Lehrer*innenausbildung auseinander und entwickelt hierfür ein Lehr-Lernarrangement in Form eines reflexionsorientierten e-Portfoliokonzeptes. Delius (2020) beschäftigt sich mit der Förderung der Sprechkompetenz im schulischen Englischunterricht und konzipiert eine Unterrichtseinheit zu diesem Zweck. Dowse (2014) fokussiert die Schreibförderung im südafrikanischen universitären Bereich und entwickelt ein Förderprogramm für Masterstudierende der Erziehungswissenschaft, das aus mehreren Seminaren besteht. Gemeinsam haben alle EDR-Studien, dass sie von einer Lücke der Bildungspraxis ausgehen, diese durch die Entwicklung eines theoriebasierten Designs zu schließen versuchen und gleichzeitig auf die Gewinnung von neuem theoretischem Wissen abzielen. Schon vor mehreren Jahren betonte Altmayer (2015, S. 94) bzgl. der Entwicklung des DaF/DaZ-Fachs »die Notwendigkeit, theoretische und normative Konzepte des Lehrens und Lernens auf eine verlässliche empirische Basis zu stellen, [...] insbesondere auch in herkömmlicherweise eher empiriefernen Bereichen wie der Didaktik/Methodik oder auch der Landeskunde bzw. dem kulturbezogenen Lernen«. EDR kann einen entscheidenden Beitrag in diese Richtung leisten und stellt daher einen vielversprechenden Ansatz für die Erforschung des DaF/DaZ-Unterrichts dar.

Literatur

Altmayer, Claus: ›50 Jahre »Deutsch als Fremdsprache« – Podiumsveranstaltung – Podium I: Impulsvorträge‹, in: *DaF. Zeitschrift zur Theorie und Praxis des Faches Deutsch als Fremdsprache* 2015/2, S. 92–96.

Artelt, Cordula/McElvany, Nele/Christmann, Ursula/Richter, Tobias/Groeben, Norbert/Köster, Juliane/Schneider, Wolfgang/Stanat, Petra/Ostermeier, Christian/Schiefele, Ulrich/Valtin, Renate/Ring, Klaus (Hg.): Förderung von Lesekompetenz – Expertise. Berlin 2007.

Bakker, Arthur (Hg.): Design Research in Education. A Practical Guide for Early Career Researchers. London 2019.

Bogaerds-Hazenberg, Suzanne T./Evers-Vermeul, Jacqueline/van den Bergh, Huub: ›Teachers and researchers as co-designers? A design-based research on reading comprehension instruction in primary education‹, in: *EDeR –Educational Design Research* 2019/3 (1), S. 1–24.

Caspari, Daniela/Grünewald, Andreas: ›Prototypische Forschungsdesigns‹, in: Caspari, Daniela/Kippel, Friederike/Legutke, Michael K./Schramm, Karen (Hg.): *Forschungsmethoden in der Fremdsprachendidaktik. Ein Handbuch.* 2., vollständig überarbeitete und erweiterte Auflage. Tübingen 2022, S. 69–85.

Charmaz, Kathy (Hg.): Constructing Grounded Theory. A Practical Guide thorugh Qualitative Analysis. 2. Auflage. London 2014.

Delius, Katharina (Hg.): Förderung der Sprechkompetenz durch Synthese von generischem Lernen und Dramapadagogik. Eine Design-Based Research-Studie im Englischunterricht. Stuttgart 2020.

Dowse, Cilla (Hg.): Learning to write by writing to learn: A postgraduate intervention to develop academic research writing. Dissertation. University of Pretoria 2014.

Euler, Dieter: ›Design Research – A paradigm under development‹, in: Euler, Dieter/Sloane, Peter F. E. (Hg.): *Design-Based Research. Zeitschrift für Berufs- und Wirtschaftspädagogik.* 2014/27, S. 15–44.

Gödecke, Georgia (Hg.): Gestaltung eines e-Portfolios in der Fremdsprachenlehrkräfteausbildung zur Förderung fachspezifischer Reflexionskompetenz – eine empirische Studie. Trier 2020.

Hanks, Judith: ›From research-as-practice to exploratory practice-as-research in language teaching and beyond‹, in: *Language Teaching* 2019/52, S. 143–187.

Introna, Silvia (Hg.): Der Erwerb fremdsprachiger akademischer Lesekompetenz. Eine Educational Design Research- Studie zur Lesekompetenz in der L2 Deutsch internationaler Studierender der Geistes- und Sozialwissenschaften. Universität Bielefeld 2021.

Jenert, Tobias/Brase, Alexa (Hg.): Special Issue Knowledge by Design in Education: Key challenges and experiences from research practice. Hamburg (in Vorbereitung).

Krogh, Peter Gall/Koskinen, Ilpo: Drifting by intention. Four epistemic traditions from within constructive design research. Cham 2020.

McKenney, Susan/Revees, Thomas (Hg.): Conducting Educational Design Research. 2. Auflage. London 2019.

McKenney, Susan/Reeves, Thomas: ›Educational design research: Portraying, conducting, and enhancing productive scholarship‹, in: *Medical Education* 2020/55, S. 82–92.

Plomp, Tjeerd: ›Educational Design Research: An Introduction‹, in: Plomp, Tjeerd/Nieveen, Nienke (Hg.): *Educational Design Research.* Enschede 2013, S. 10–51.

Reinmann, Gabi: Design-based Research: Auftakt für eine methodologische Diskussion entwicklungsorientierter Bildungsforschung. Schriftfassung des gleichnamigen Online-Vortrags auf e-teaching.org. in: Reinmann, Gabi: Reader zum Thema entwicklungsorientierte Bildungsforschung, 2014, S. 93–100, verfügbar unter: https://tinyurl.com/yu9ukbs4 [21.02.2023].

Reinmann, Gabi: Design-Based Research am Beispiel hochschuldidaktischer Forschung. Redemanuskript vom 18.11.2016, verfügbar unter: https://gabi-reinmann.de/wp-content/uploads/2016/11/Vortrag_Berlin_Nov2016.pdf [21.02.2023].

Reinmann, Gabi: ›Design-based Research‹, in: Schemme, Dorothea/Novak, Hermann (Hg.): *Gestaltungsorientierte Forschung – Basis für soziale Innovationen. Erprobte Ansätze im Zusammenwirken von Wissenschaft und Praxis.* Bielefeld 2017, S. 49–61.

Reinmann, Gabi: ›Was macht Design-Based Research zu Forschung? Die Debatte um Standards und die vernachlässigte Rolle des Designs‹, in: *EDeR – Educational Design Research* 2022/6 (2), S. 1–22.

Schwartz, Daniel L./Chang, Jammie/Martin, Lee: Instrumentation and Innovation in Design Experiments: Taking the Turn towards Efficiency. Stanford University 2005.

Van den Akker, Jan/Gravemeijer, Koeno/McKenney, Susan/Nieveen, Nienke: ›Introduction to educational design research‹, in: Van den Akker, Jan/Gravemeijer, Koeno/McKenney, Susan/Nieveen, Nienke (Hg.): *Educational design research.* London 2006, S. 1–8.

Zheng, Lanqin: ›A systematic literature review of design-based research from 2004 to 2013‹, in: *Journal of Computers in Education* 2015/2 (4), S. 399–420.

Magdalena Jaszczyk-Grzyb

Zu den Potenzialen der Korpuslinguistik für die empirische Fremdsprachenunterrichtsforschung

Abstract

Corpora contain abundant collections of mainly authentic texts that can be searched and analysed in a rapid manner using the available query tools (e.g. Sketch Engine, SKELL, AntConc, DWDS). In this way, corpus data indicates linguistic variance and change, which are recorded in special rubrics (cf. Storjohann 2021). This article primarily illustrates the potential of the use of corpus techniques for empirical foreign language teaching research. In this regard, the following corpus techniques are demonstrated with examples exclusively related to foreign language teaching research: frequency lists, concordances, co-occurrence as well as collocations and keyword lists.

Keywords: empirical foreign language teaching research, corpus linguistics, corpus techniques, co-occurrence and collocations, concordances, keyword lists, frequency lists

Korpora enthalten ausgiebige Sammlungen vor allem authentischer Texte, die sich mit den zur Verfügung stehenden Tools, sog. Abfragetools (z.B. Sketch Engine, SKELL, AntConc, DWDS), in kurzer Zeit durchsuchen und analysieren lassen. Dabei deuten Korpusdaten auf sprachliche Varianz und Wandel hin, die in speziellen Rubriken festgehalten werden (Vgl. Storjohann 2021). In dem vorliegenden Beitrag wird primär das Potenzial der Vermittlung von Korpustechniken für die empirische Fremdsprachenunterrichtsforschung veranschaulicht. Näher gebracht werden in diesem Bezug die folgenden Korpustechniken mit Beispielen ausschließlich in Bezug auf die Fremdsprachenunterrichtsforschung: Frequenzlisten, Konkordanzen, Kookkurrenz und Kollokationen und Schlüsselwortlisten.

Schlüsselwörter: empirische Fremdsprachenunterrichtsforschung, Korpuslinguistik, Korpustechniken, Kookkurrenz und Kollokationen, Konkordanzen, Schlüsselwortlisten, Frequenzlisten

1 Theoretische Grundlagen der Korpuslinguistik in der empirischen Fremdsprachenunterrichtsforschung

Im vorliegenden Beitrag[1] wird die Korpuslinguistik (KL) nicht nur als methodologischer, sondern auch als theoretischer Ansatz betrachtet. Ein Markenzeichen der KL[2] ist die Untersuchung von Mustern (eng. *patterns*) des Sprachgebrauchs. Um dies besser zu verdeutlichen, unterstützen korpuslinguistische Methoden die Erforschung der Muster in der Sprache, die in den Sammlungen natürlichsprachlicher Daten beobachtbar sind. Ein Muster ist nach Hunston und Francis (2000 S. 3) »phraseology frequently associated with (a sense of) a word, particularly in terms of the prepositions, groups and clauses that follow the word«. Nach Mahlberg (2022) bezieht sich KL hauptsächlich auf:
1) die Quantifizierung der sprachlichen Phänomene;
2) den Vergleich verschiedener Arten der linguistischen Daten;
3) die Identifizierung der sprachlichen Muster.

In diesem Beitrag wird der Fokus auf alle drei Punkte gelegt. Die Korpora eignen sich bei der Fremdsprachenunterrichtsforschung (FUF) sowohl für einen induktiven[3] Ansatz (*bottom-up*), bei dem die Forschenden auf »pattern-hunting« und »pattern-defining« sind, als auch für einen deduktiven Ansatz (*top-down*), bei dem die Forschenden anhand der Korpora und Korpustechniken ihre theoretische Annahmen bestätigen oder entkräften können. Die Quantifizierung von sprachlichen Phänomenen anhand der Frequenzlisten oder der Vergleich verschiedener Arten von linguistischen Daten anhand der Konkordanzen oder Kollokationen kann genutzt werden, um das Bewusstsein der Forschenden für sprachliche Muster in dem bestimmten Bereich zu schärfen. Es ist dabei zu unterstreichen, dass der Begriff »empirische Fremdsprachenunterrichtsforschung« in dieser Arbeit im weiteren Sinne betrachtet wird. Es handelt sich nicht nur um Erforschung innerhalb des Unterrichts stattfindender Prozesse, sondern auch um variierte sprachdidaktisch motivierte Forschungsfragen, die mit Hilfe von Korpusanalysen bearbeitet werden können. Der Beitrag stellt keine eigenen Forschungsergebnisse vor, sondern die Beschreibung korpuslinguistischer Potenziale für den Fremdsprachenunterricht (FU).

Korpora sind in elektronischem Format verfügbar, enthalten ausgiebige Sammlungen meist authentischer Texte und bestehen in der Regel aus einer

---

1 An dieser Stelle möchte ich Marcel Knorn für das Korrekturlesen meines Beitrages herzlich danken.

2 Mehr zu den theoretischen Grundlagen der KL siehe Jaszczyk-Grzyb 2021, S. 164–169.

3 In der KL haben sich stattdessen die Termini korpusgestützt (eng. corpus-driven) – induktiv – und korpusbasiert (eng. corpus-based) – deduktiv – ausgeprägt, mehr dazu siehe Tognini-Bonelli (2001, S. 84f.).

endlichen Anzahl geschriebener und/oder gesprochener Texte (Ausnahme: Monitorkorpora), die sich mit den zur Verfügung stehenden Tools (sog. Abfragetools) aber auch Abfragesysteme in kurzer Zeit durchsuchen lassen und analysiert werden können (vgl. Becker 2013, S. 192). Wie das bekannte Zitat von John Sinclair lautet (1991, S. 100) »the language looks rather different when you look at a lot of it at once«. Abfragetools bzw. Abfrageprogramme[4] ermöglichen das erweiterte Spektrum diverser Nutzungsszenarien, vor allem Möglichkeiten unterschiedlicher Arten der Recherche u. a. zu Wortbildungen oder Worthäufigkeitszählungen. Datensammlungen lassen sich unter verschiedenen Kategorien verknüpfen, die das diversifizierte Potenzial für die empirische Unterrichtsforschung ermöglichen. Mit der Nutzung der Korpora kann man sich u. a. auf die Phraseologie und die Bedeutung sowie den Zusammenhang zwischen der Lexik und der Grammatik fokussieren.

Nach Helmke (2012) wird der Unterricht, im Rahmen der Unterrichtsforschung, mit seinen Voraussetzungen, Prozessen, Strukturen und Ergebnissen zum Gegenstand wissenschaftlicher Analysen. KL gibt zahlreiche Möglichkeiten in Bezug auf die methodische Umsetzung bei der FUF. Die empirische Erfassung des Unterrichtsgeschehens kann nicht nur in Form einer Befragung der am Unterricht Beteiligten oder durch die Beobachtung des Unterrichtsgeschehens im Klassenraum direkt oder durch Unterrichtsvideos erfolgen, sondern auch durch die Analyse der Korpora ersetzt/gestützt sein. Korpora eignen sich insbesondere bei der Untersuchung der Lernendensprache, der Lehrersprache oder der Interaktion zwischen Lehrkraft und Lernenden. Das Lernendenkorpus wird in der KL als die Sammlung von geschriebener oder gesprochener Sprache verstanden, oder als Sammlung der Texte, die annotiert[5] werden, z.B. in der Perspektive der Fehleranalyse. Die klassische Aufteilung der Korpora lautet: schriftliche und mündliche Korpora. Abhängig vom Korpustyp bietet sie für Forschende eine Möglichkeit, sich zielgemessen sowohl mit der Schriftsprache als auch mit der mündlichen Kommunikation auseinanderzusetzen (vgl. Flinz et al. 2021, S. 1).

Zur Veranschaulichung der im Rahmen der FUF möglichen methodischen Ansätze sind folgende beispielhafte thematische Felder (u. a. nach Hunston 2022a) zu präsentieren:

1. die Analyse der Lernenden-/Lehrpersonensprache (Fehleranalyse inbegriffen, siehe dazu Lüdeling und Hirschmann 2015, z.B. anhand der Analyse des fehlerannotierten Lernendenkorpus FALKO. Mehr zu diesem Korpus siehe Kap. 3.1),

---

4 Die Termini Tools und Programme werden synonymisch verwendet.
5 Mit dem Begriff Annotation wird in der Korpuslinguistik das Hinzufügen von linguistischen Informationen bezeichnet.

2. der Vergleich verschiedener Sprachregister, z.B. der Sprache der Muttersprachler und der Fremdsprachenlernenden (z.B. Alharbi 2019) oder der Sprache der Lernenden mit verschiedenen L1,
3. Lehrwerkanalyse (z.B. Kabatnik 2021, Mohamad et al. 2012 siehe dazu Kap. 2.1 oder kritische Diskursanalyse des Lehrwerks anhand von Kookkurrenz oder Kollokationen),
4. Erwerbsforschung (z.B. Selmani 2022, Schlauch 2022, Schwendemann 2022, Wisniewski 2022 oder anhand der Analyse des LeaP-Korpus[6] (eng. Learning Prosody in a Foreign Language Corpus), mehr zu diesem Lernendenkorpus siehe Kap. 3).

Auch kann im Kontext der KL und FUF anhand der verschiedenen Typen der Korpora (mehr zu den Typen der Korpora siehe nächste Abschnitte) zwischen fächerübergreifender und fachspezifischer (vgl. Schmidt 2022, Nardi/Farroni 2022) Unterrichtsforschung differenziert werden. In diesem Aspekt kann z.B. Sprache auf verschiedenen Ebenen verglichen werden, z.B.
1. die Sprache der Muttersprachler und der Lernenden,
2. die Sprache der Lernenden mit verschiedenen L1,
3. die Sprache der fortgeschrittenen und weniger fortgeschrittenen Lernenden,
4. Sprechen oder Schreiben in verschiedenen Kontexten (siehe Abulmajeed 2017),
5. aber auch auf der multimodalen Ebene wie z.B. bei Hoffmann 2021, die anhand der Korpora zu den Zwecken der universitären DaF-Lehrerausbildung das Potenzial der Gestikanalyse erforscht.

Zu manchen der oben angedeuteten Forschungspotenzialen kann der Forschende zwei vergleichende Korpora zusammenstellen, anhand der Abfragetools bzw. -programme durchsuchen und analysieren – das Referenzkorpus und das Fokuskorpus. Ein Referenzkorpus ist ein Korpus, mit dem das Fokuskorpus verglichen wird – je nach dem Forschungsziel kann dies variieren. Wenn im Zentrum z.B. die Analyse der Muttersprachler- und Lernendensprache steht (vgl. z.B. Alharbi 2019), kann das Referenzkorpus das allgemeine Korpus (z.B. DeReKo) sein und das Fokuskorpus kann das Lernendenkorpus sein.

---

6 Es wurden vier Arten des Sprechens aufgezeichnet: Listen mit Nonsenswörtern, das Vorlesen einer Kurzgeschichte, das Nacherzählen der Geschichte und freies Sprechen in einer Interviewsituation.

Zu den Potenzialen der Korpuslinguistik 97

2 Korpustechniken zur Fremdsprachenunterrichtsforschung

Die Liste der unten beschriebenen Korpustechniken, die sich zur FUF eignen, ist nicht abgeschlossen. Die Liste, welche Frequenzlisten, Konkordanzen, Kookkurrenz und Kollokationen sowie Schlüsselwortlisten enthält, wurde von der Autorin im Hinblick auf die subjektive Relevanz konzipiert.

2.1 Frequenzlisten

Die Frequenzliste[7] ermöglicht die Ermittlung der Häufigkeit eines bestimmten Wortes im Korpus (vgl. Waliński 2005, S. 34), und, je nach verwendeter Software, das Aufzeigen des Prozentsatzes seines Auftretens. Es ist ein grundlegendes Werkzeug in der korpusgestützten Forschung (vgl. Kamasa 2014, S. 104). Die Frequenzliste wird u. a. von solchen Tools bzw. Programmen automatisch erstellt, wie dem frei zugänglichen AntConc (Anthony 2005), WordSmith (Scott 1998a, 1998b), SketchEngine (Kilgarriff et al. 2014) sowie Programmen aus der Sprachtechnologiegruppe der Technischen Universität in Wrocław (CLARIN, Polen): SuperMatrix (Broda/Piasecki 2008, 2013) und Inforex (Marcińczuk, Kocoń/Broda 2012).

Mohamad et al. (2012) nutzten das Potenzial von Frequenzlisten in ihrer Forschung. Sie erstellten Frequenzlisten für zwei Subkorpora von Texten aus Mathematiklehrbüchern. Anschließend verglichen sie die Darstellung der Geschlechter in englischsprachigen, in Katar und im Ausland veröffentlichten Lehrbüchern. Das Ziel der Frequenzanalyse ausgewählter Pronomen, Berufsbezeichnungen und Bezeichnungen von Affinitäten war es, den Grad des Sexismus' in beiden Gruppen von Schulbüchern zu untersuchen (vgl. dazu auch Kamasa 2014, S. 104). In der Abbildung 1 wird die beispielhafte Frequenzliste präsentiert.

Alharbi (2019) hat den Gebrauch von Signalnomen[8] in schriftlichen Texten von Arabischsprechern, die Englisch lernen, und von englischen Muttersprachlern untersucht. Eines der Ziele dieser Doktorarbeit war es, die Häufigkeit von Token und Types von Signalnomen in den beiden Korpora zu vergleichen. Es

---

7 Frequenzlisten werden u. a. auch in der Lexikografie bei der Erstellung von Sprachwörterbüchern verwendet (z. B. Collins COBUILD English Dictionary); die einzelnen Einträge innerhalb eines Stichworts sind in ihnen nach der Häufigkeit der Verwendung in der Sprache auf der Grundlage des Korpus angeordnet. Frequenzlisten werden auch in der FSU verwendet, z. B. in Frequenzwörterbüchern, d. h. Wörterbüchern des Grundwortschatzes der jeweiligen Fremdsprache (vgl. Waliński 2005, S. 34–35).

8 Ein Signalnomen ist potenziell jedes abstrakte Nomen, dessen Bedeutung nur durch Bezugnahme auf seinen Kontext konkretisiert werden kann. Beispiele für Signalnomen sind Einstellung, Hilfe, Schwierigkeit, Ausdauer, Prozess, Grund, Ergebnis usw.

WORDLIST British Academic Written English Corpus (BAWE)
noun

Noun	Frequency ↓	Noun	Frequency ↓	Noun	Frequency ↓	Noun	Frequency ↓
time	10,795	year	5,873	change	5,074	rate	4,573
system	9,235	level	5,829	effect	5,055	factor	4,540
value	7,563	law	5,797	society	5,040	child	4,379
people	7,335	figure	5,685	data	4,961	form	4,376
result	7,278	process	5,684	country	4,929	information	4,333
woman	6,976	problem	5,660	use	4,875	university	4,324
way	6,879	power	5,492	research	4,830	language	4,283
group	6,718	study	5,477	company	4,817	p.	4,281
world	6,688	market	5,410	life	4,669	management	4,262
case	6,537	development	5,388	area	4,663	point	4,148
theory	6,158	product	5,343	man	4,626	fact	4,085
number	6,038	model	5,261	analysis	4,608		
state	5,964	method	5,081	part	4,577		

Abb. 1: Frequenzliste im Korpus British Academic Written English (BAWE) (in Sketch Engine zugänglich).

wurde festgestellt, dass die Lernenden kausale Signalnomen deutlich weniger und weniger variiert verwenden als die Muttersprachler, z.B.

- das einizge Signalnomen in dem Lernendenkorpus ist »reason«, wobei in dem Muttersprachlerkorpus verwenden die Proband:innen auch die Signalnomen »result«, »effect« und »cause«,
- die Konjunktion »because« tritt in dem Lernendenkorpus 620 mal auf, wobei in dem Muttersprachlerkorpus fast die Hälfte weniger (347)

Die Arbeit diskutiert die Ergebnisse anhand der einschlägigen Literatur und bietet pädagogische Implikationen an.

Die unten angegebene Tabelle (Tab. 1) wurde von Gablasova et al. (2017) übernommen. Sie ist das Ergebnis einer Untersuchung, bei der die Anzahl der Marker der epistemischen Haltung gemessen wurde, die von Lernenden in vier Sprechaufgaben produziert wurden. Nach Gablasova et al. (2017, S. 614) »epistemic stance marking fulfils three major interconnected functions in the interaction: (i) expressing opinion, (ii) maintaining relations between the interlocutors, and (iii) discourse organization.« Den Untersuchungsgegenstand bildeten u. a. averbiale Ausdrücke wie *maybe, kind of, actually, probably, sort of* und *perhaps*; adjektivische Ausdrücke wie z. B. *I * sure, possible* und *impossible* und verbale Ausdrücke wie *seem/s, appear/s* u. Ä. Die Forschungsfragen waren folgend (vgl. Gablasova et al. 2017, S. 617–618):

RQ1: Gibt es einen Einfluss verschiedener Sprechaufgaben auf die Verwendung von Markern der epistemischen Haltung durch L2-Sprecher?

RQ2: Gibt es Anhaltspunkte für den individuellen Sprecherstil bei der Verwendung von Markern der epistemischen Haltung in verschiedenen Sprechaufgaben?

PRES steht für *presentation: monologue, formal*; DISC = *discussion: dialogue, semi-formal*; INT = *interactive task: general topic, dialogue, semi-formal*; CONV = *conversation: dialogue, semi-formal*, Mean = *mean score across learners*; SD = *standard deviation: variation between learners.*

	ADV		ADJ		VERB		TOTAL MARKERS	
TASK	Mean	SD	Mean	SD	Mean	SD	Mean	SD
PRES	3.25	3.67	0.57	1.18	4.59	5.05	8.40	6.73
DISC	7.45	7.31	0.47	1.19	14.27	8.69	22.19	11.74
INT	8.81	7.77	0.66	1.45	16.27	9.90	25.74	11.84
CONV	7.05	5.82	0.47	0.91	15.82	7.99	23.34	10.61

Tab. 1: Epistemische Marker in gesprochenem L2-Englisch: der Effekt von Aufgabe und Sprecherstil von Gablasova et al. (2017).

Die Ergebnisse zeigten eine systematische Variation in den Entscheidungen von L2-Sprechern über die vier Aufgaben hinweg. Der größte Unterschied wurde zwischen der monologischen und der dialogischen Aufgabe festgestellt, aber auch bei den drei interaktiven Aufgaben wurden Unterschiede in der Verteilung der epistemischen Marker gefunden. Die Unterschiede wurden mit den interaktionellen Anforderungen der einzelnen Aufgaben erklärt. Die Studie fand auch Hinweise auf beträchtliche Variationen zwischen den Sprechern, was auf die Existenz eines individuellen Sprecherstils bei der Verwendung von epistemischen Markern hindeutet. Durch die Fokussierung auf den sozialen Sprachgebrauch war das Ziel dieses Artikels, zu dem Verständnis der kommunikativen Kompetenz fortgeschrittener L2-Sprecher beizutragen. Diese Forschung ist laut den Autoren für Lehrer, Materialentwickler und Sprachtester, die sich für die pragmatischen Fähigkeiten von Zweitsprachlern interessieren, von Bedeutung.

2.2 Konkordanzen

Konkordanzen (eng. *concordances*) bezeichnen »eine Sammlung von Beispielen für die Verwendung einer bestimmten Wortform, die jeweils in ihrem eigenen textuellen Umgebung präsentiert wird« (Waliński 2005, S. 37). Ein unverzichtbares Instrument zur Erstellung von Konkordanzen sind Konkordanzprogramme (eng. concordancers). Sie erzeugen Schlüsselwörter an zentraler Stelle mit links- und rechtsseitigem Kontext (siehe Abb. 2). Programme zur Erstellung von Konkordanzen sind z. B. AntConc, Sketch Engine oder WordSmith. Die folgende Abbildung zeigt ein Beispiel von Konkordanzen für ein Wort »Lehrer« im Sketch Engine (Korpus German Web 2020, deTenTen20).

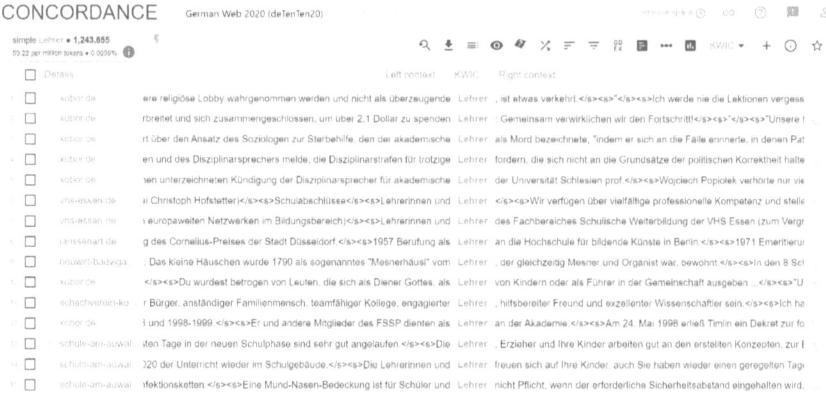

Abb. 2: Beispiele der Konkordanzen zum Wort »Lehrer« im Korpus German Web 2020.

Edwards (2012) hat die Analyse der Manifeste der British National Party durchgeführt, in der er sich auf die Konkordanzen für die Wörter »our« und »British« konzentriert hat. Der Autor bestätigt dadurch eine wachsende Tendenz, Rassismus zu verbergen und die Eigengruppe auf der Grundlage der scheinbar umfassenderen Kategorie der Nationalität zu konstruieren. Konkordanzen als Korpustechnik eignen sich gut bei der Diskursanalyse, die auch Gegenstand der FUF sein kann (vgl. Volkmann 1999 zur diskursanalytischen Lehrwerkevaluation).

In der empirischen FUF könnte man je nach Forschungsziel und nach Forschungsfragen die Konkordanzen in verschiedenen Themenbereichen anwenden. Ein Beispiel könnte die Fehleranalyse und Erwerbsforschung sein, wie im Fall des weiter beschriebenen CLV-Projekts. Bei der Fehleranalyse könnte man das FALKO-Korpus benutzen, das vor allem authentische fehlerannotierte Essays von Studenten beinhaltet und frei unter dem folgenden Link zugänglich ist: https://korpling.german.hu-berlin.de/falko-suche/. Im Forschungsprojekt *Crosslingual Language Varieties* (CLV)[9] werden zum Beispiel solche »sprachlichen Phänomene untersucht, bei denen in der Mehrsprachigkeit grammatische Konflikte auftreten können« (Hirschmann et al., 2022, S. 145). Ein Analyseziel des Projektes ist »Reflexivität auf verschiedene semantisch-lexikalische Ursachen zurückzuführen, so dass anschließend der Sprachgebrauch von Fremdsprachlernenden auf Spezifika bei der Verwendung reflexiver Strukturen ana-

---

9 »The overarching goal of this project is to investigate the characteristics of language production that is influenced by the existence of another linguistic system.« Mehr dazu siehe: https://hu-berlin.de/clv [11.01.2023].

lysiert werden kann« (Hirschmann et al., 2022, S. 145). Um die fehlerhaften Anwendungen des beispielhaften Schlüsselwortes »Meinung« (siehe Abb. 3) zusammenzustellen, könnte man sich dem Tool ANNIS bedienen (das mit dem FALKO-Korpus verbunden ist), das den linken und rechten Kontext des oben genannten Suchwortes abruft und visualisiert. Auch die Erweiterung des linken und rechten Kontextes bis zu 25 Wörtern ist möglich. Die Ergebnisse einer solchen Analyse könnten dann für das Erstellen eines Lehrwerkes relevant sein.

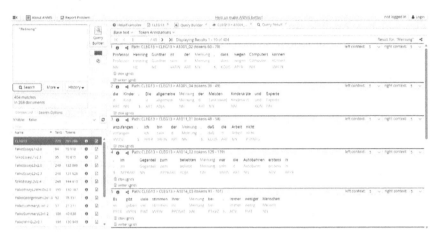

Abb. 3: Beispiele der Konkordanzen zum Wort »Meinung« in dem FALKO-Korpus.

2.3 Kookkurrenz und Kollokationen

Kollokationen (eng. collocations) sind laut dem korpuslinguistischen Glossar von Baker, Hardie und McEnery (2006, S. 36) »Phänomene, die die Tatsache bezeichnen, dass einige Wörter in bestimmten Kontexten häufiger in Kombination mit anderen auftreten«. Wortlisten, die auf der Grundlage der vom Forscher gewählten Parameter erstellt werden, werden automatisch von Programmen wie AntConc (das sie als wiederkehrende Wortkombinationen definiert), Kollokator (eine Kollokationssuchmaschine für NKJP-Daten, NKJP ist Nationalkorpus des Polnischen), DiaCollo (für diachrone Daten im Deutschen), WordSmith und Sketch Engine (die Komponente Word Sketches) und anderen erzeugt. Mithilfe der Software Sketch Engine werden in der folgenden Grafik (siehe Abb. 3) Beispiele für die häufigsten Kollokationen für das Wort »teacher« im British Academic Written English (BAWE) Korpus mit einer Spanne[10] von –10

---

10 Die Anzahl der Wörter links und rechts des ausgewählten Wortes, innerhalb derer Kollokationen extrahiert werden sollen.

bis +10 Wörtern dargestellt. Wie die Autoren (2006, S. 37) feststellen: »[…] LK-Techniken ermöglichen die Untersuchung der Häufigkeit und Exklusivität einzelner Kollokationen durch den Einsatz statistischer Methoden wie *mutual information*, Z-Score (Berry-Rogghe 1973), M13 (Oakes 1998: 171–172), log-log (Kilgarriff und Tugwell 2001) oder log-likelihood (Duning 1993) Scores«. Jede dieser Methoden demonstriert die Potenziale in Bezug auf die Kollokationen, unterscheidet sich aber in den Kriterien für die Datenauswahl. Kamasa (2014, S. 107) beschreibt zwei unterschiedliche Modelle des Forschungsverfahrens für die qualitative Analyse, wobei zunächst eine Liste von Wörtern erstellt wird, »die innerhalb eines bestimmten Bereichs signifikant häufiger vorkommen als das Basiswort«:

1. Konzentration nur auf die Kollokationen: Wörter aus der erhaltenen Liste werden zu thematischen Gruppen zusammengefasst, die es ermöglichen, die Funktion des Schlüsselbegriffs im Diskurs zu bestimmen, indem die wichtigsten Bereiche rekonstruiert werden, mit denen er assoziiert ist oder in deren Umfeld er auftritt. Diese Strategie wurde zum Beispiel von Freake et al. (2010) in ihrer Studie über die Identität der Quebecer gewählt. So konnten die Forscher bestätigen, dass Quebec für die französischsprachigen Einwohner dieser Provinz in erster Linie mit einer Nation verbunden ist, die als eine bestimmte historische Gemeinschaft verstanden wird.

2. Analyse des Kontexts, der die erhaltenen Kollokationen enthält: Für die erhaltenen Wörter werden Listen ihrer Vorkommen im Text erstellt – zusammen mit dem nächstgelegenen Kontext. Dann werden die erhaltenen Auszüge auf der Suche nach Mustern analysiert. So stellen Forchtner und Kolvraa (2012) fest, dass der Schlüssel zur Konstruktion einer europäischen Identität in dem von ihnen untersuchten Material in gemeinsam getragenen Werten liegt, die in den Kontext einer gemeinsamen schwierigen Vergangenheit gestellt werden.

Nach Steyer (2004, S. 99) ist »Kookkurrenz« das »statistisch erhobene Potenzial«, ›Kollokation‹ ist »ein interpretiertes Teilphänomen«. Laut der Autorin wären »Kollokationsrelationen (z. B. »Kopf – schütteln«) als eine – interpretierte – Teilmenge eines Kookkurrenzpotenzials zu verstehen, die im Bereich der Textproduktion vor allem für Fremdsprachenlernenden von Relevanz ist«. Ein Beispiel für die Anwendung der Kookkurrenzanalyse zu den Zwecken der FUF liefert Kabatnik 2021, die eine Lehrwerkanalyse (DaF-Lehrwerke *studio d* und *klipp und klar*) durchführt. Die Autorin konzentriert sich erstens auf ein Verfahren zur Ermittlung statistisch signifikanter Funktionsverbgefüge des Deutschen. Anschließend veranschaulicht sie unter Anwendung des korpusbasierten und quantitativ-qualitativen Ansatzes das Gefüge »(eine) Frage stellen« in seinem Gebrauch im Kontext. Die Datengrundlage bildet das Deutsche Referenzkorpus

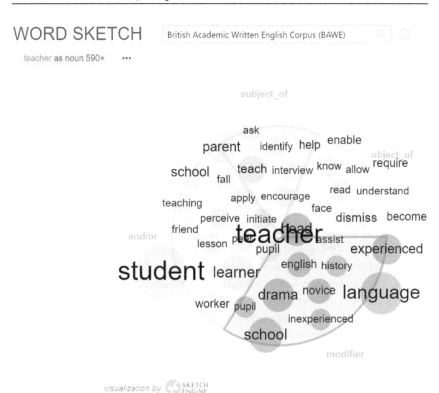

Abb. 4: Kollokationen zu dem Wort »teacher« im Korpus British Academic Written English (BAWE) (im Sketch Engine zugänglich).

(DeReKo 2020) und das Wikipedia-Artikel-Korpus (2015) des Leibniz-Instituts für Deutsche Sprache. Die Ergebnisse der Untersuchung zeigten, dass die Funktionsverbgefüge »Frage stellen«, »Grund geben«, »Entscheidung treffen«, »Beitrag leisten«, »Antrag stellen«, »Antwort geben«, »Platz nehmen«, »Arbeit leisten«, »Ziel setzen« und »Kritik üben« nach dem DeReKo (2020-I) statistisch signifikante Nomen-Verb-Verbindungen sind. Laut den Forschungsergebnissen von Kabatnik (2021) und Kambers Untersuchung von 2008 ist »(eine) Frage stellen« das häufigste Gefüge (vgl. Kamber 2008, S. 107), es kommt jedoch in den von Kabatnik untersuchten DaF-Übungen zu Nomen-Verb-Verbindungen nicht vor. In dem Beitrag wird diskutiert, wie die Untersuchungsergebnisse zur Verbesserung von Lern- und Lehrmaterialien beitragen können.

Malloggi (2021) hat die Untersuchung zur Förderung der Kollokationskompetenz bei italophonen Lernenden des Deutschen als Fremd- bzw. Zweitsprache für den Tourismus anhand von DWDS-Korpora durchgeführt. Er hat die zwei folgenden Forschungsfragen (Malloggi 2021, S. 7) gestellt:

1. Welche Vorteile hat die Anwendung von Korpora für Lehrende bzw. für Lernende bei der Vermittlung bzw. dem Erwerb von Kollokationen?
2. Welche korpusgestützten Lernaktivitäten eignen sich gut zur Förderung sprachrezeptiver bzw. sprachproduktiver Kollokationskompetenz?

Abschließend wird als Ergebnis der Lehrwerkanalyse unter anderem hervorgehoben (Malloggi 2021, S. 21), dass trotz der theoretischen Erkenntnisse zur Relevanz kollokativer Sprachkompetenz Kollokationen im italienischen DaF-/DaZ-Unterricht laut dem Autor nicht explizit genug behandelt werden.

2.4 Schlüsselwörter

Stubbs (2001, S. 188) weist darauf hin, dass Schlüsselwörter (eng. key words) »als Punkte definiert werden, um die ideologische Schlachten geschlagen werden«. Bei der Erstellung einer Schlüsselwortliste (eng. key word list) stößt man nach Kamasa (2014, S. 105) im Wesentlichen auf zwei Ansätze, die man als *top-down* und *bottom-up* Ansatz bezeichnen kann. Der erste Ansatz (*top-down*) basiert, wie die Linguistin schreibt, auf dem Wissen, über das der Forscher verfügt. Auf dieser Grundlage wählt er die Schlüsselwörter aus, deren Vorkommen und Funktionen im Korpus anschließend analysiert werden (ein Beispiel ist die Forschung Mautners 2005, nach Kamasa 2014, S. 105). Der zweite Ansatz (*bottom-up*) besteht in der Analyse von Schlüsselwörtern, die in einem Korpus signifikant häufiger vorkommen als in einem anderen, das zum Vergleich dient und als Referenzkorpus definiert wird. Dieser Ansatz gewährleistet die Konzentration auf Schlüsselwörter, die für den untersuchten Diskurs spezifisch sind, z. B. werden für das British Academic Written Corpus (BAWE) folgende Schlüsselwörter im Sketch Engine erzeugt:
1. punc
2. according
3. terms
4. ibid
5. including
6. increased
7. regarding
8. increasing
9. depending
10. expected

Am maßgeblichsten wirkt das Wort »punc«, das im Englischen für *punctuation* steht.

Perkuhn (2021, S. 123) beschreibt Schlüsselwörter im Kontext der DaF-Unterrichtsforschung, indem man anhand der Schlüsselwörter Hinweise auf die Relevanz für einen bestimmten, evtl. auch im weitesten Sinne »thematisch« motivierten Teilwortschatz erstellen kann. Der Autor benutzt den Termin »keyness« und definiert ihn (Perkuhn 2021, S. 123) auf folgende Art und Weise:

> Keyness als Eigenschaft einzelner Terme, gute Prädiktoren für bestimmte Textgruppen zu sein, wird seit einiger Zeit in einem weiteren Sinne verwendet, um evtl. neue Themen und/oder Diskurse (ggf. auch deren Wandel) aufzuspüren.

Als Beispiel nennt Perkuhn die Ergebnisse der Schlüsselwortanalyse anhand des Referenzkorpus DeReKo und des Fokuskorpus deWAC (visualisiert in Tab. 2).

DeReKo-Keywords		deWaC-Keywords	
Mark	Franken	ich	Ich
Prozent	Samstag	und	Klägerin
gestern	SPD	...	...
Millionen	...	du	BGB
sei	CDU	Sie	...
Schilling	...	Du	Kläger
sagte	Jahr	mir	...
...	fünf	kann	Gottes
Sonntag	Trainer	mich	...
...	Dollar	Hallo	Beklagte
vergangenen	Polizei	wir	...
Milliarden	Jahren	Gott	Jesus

Tab. 2: Top-Keywords anhand der Vergleichanalyse von DeReKo und deWAC (Perkuhn 2021, S. 123).

Der Schwerpunkt des Beitrages von Perkuhn ist die Erforschung von möglichen Kriterien, anhand derer Lehrmaterial strukturiert werden kann. Der Autor erforschte außer Schlüsselwörtern auch Frequenzlisten, Kookkurrenzen und Kollokationen.

3 Deutsche Korpora und Tools

Korpora können sowohl schriftliche als auch mündliche und multimodale Daten enthalten. Sie können einsprachig, zweisprachig oder mehrsprachig sein, parallel oder vergleichbar, und sie können die Allgemeinsprache oder Varietäten darstellen.

Eine strukturierte Typologie der Korpora stellt Becker (2013, S. 192f.) vor. Demzufolge werden die Korpora auf folgende Art und Weise aufgeteilt:

- nach der Sprachauswahl:
  - einsprachige (monolinguale),
  - zwei- oder mehrsprachige (bi-, multilinguale) Korpora,
  - mehrsprachige Korpora:
    - Parallelkorpora (ein Text in einer bestimmten Sprache und seine Über-setzung(en) in eine oder mehrere Sprachen),
    - Vergleichskorpora (Texte erscheinen in mehreren Sprachen).
- nach dem Medium:
  - geschrieben,
  - gesprochen,
  - oder multimodal – multimodale Korpora verbinden Text und Ton mit stehenden oder bewegten Bildern.
- nach der Größe,
- nach der Annotation: Korpora unterscheiden sich danach, welche sprachlichen Informationen zu den einzelnen Ebenen der Sprache gegebenen werden. So kann den einzelnen Wörtern morphosyntaktische, semantische, pragmatische oder auch syntaktische Information beigefügt werden. Es gibt auch Korpora, die nicht annotiert werden.
- nach der Persistenz: Die meisten Korpora sind abgeschlossene Korpora; es gibt aber auch Korpora, die kontinuierlich weiter ausgebaut werden, sodass sich deren Größe verändert (sog. Monitorkorpora).
- nach der Zielsetzung: Ein Referenzkorpus dokumentiert bzw. repräsentiert eine Sprache in einem bestimmten Zeitraum möglichst in ihrer Komplexität und Vielschichtigkeit; ein Spezialkorpus möchte demgegenüber eine spezifische Varietät (z. B. einen Dialekt) bzw. Modalität der Sprache abbilden.

Die deutschsprachige Korpuslandschaft ist vielfältig (siehe Tab. 3 mit den allgemeinen deutschsprachigen Korpora).

Korpustyp	Korpusname	Größe in Wörter	Zugang
schriftliche Korpora	DeReKo – Das Deutsche Referenzkorpus	50 Mrd.	IDS Mannheim, über Plattformen COSMAS II und KorAP kostenlos abfragbar
	German Web 2020 (im Sketch Engine zugänglich, vgl. Kilgarriff et al. 2014)	17 Mrd.	nur online und Abonnement erforderlich
	DWDS	4,8 Mrd.	kostenlos, https://www.dwds.de/
mündliche Korpora	FOLK	keine Angaben	IDS Mannheim, https://agd.ids-mannheim.de/folk.shtml

Zu den Potenzialen der Korpuslinguistik **107**

(Fortsetzung)

Korpustyp	Korpusname	Größe in Wörter	Zugang
	GeWiss	1,4 Mio.	Kostenlos erhältlich nach Anmeldung: https://gewiss.uni-leipzig.de/

Tab. 3: Deutschsprachige Korpuslandschaft, eigene Darstellung.

3.1 Lernendenkorpora

Man kann die Lernendenkorpora (außer der Differenzierung im Blick auf gesprochene und geschriebene Sprache) in zwei grundlegende Typen aufteilen:

1) *vorgefertigte Korpora*[11], z. B.
   - *CHILDES German Corpus*. CHILDES-Korpora sind vergleichbare Korpora, die aus Transkripten von Kindersprache bestehen. Die meisten dieser Transkripte zeichnen spontane Gesprächsinteraktionen auf. Oft handelt es sich bei den Sprechern um junge einsprachige Kinder, die sich mit ihren Eltern oder Geschwistern unterhalten. Die Korpora umfassen auch Transkripte von zweisprachigen Kindern, älteren Kindern im Schulalter, erwachsenen Zweitsprachlern, Kindern mit verschiedenen Arten von Sprachbehinderungen und Aphasikern, die versuchen, sich von ihrem Sprachverlust zu erholen. Die aktuellen CHILDES-Korpora umfassen 24 Sprachen.
2) *selbst erstellte Korpora*, d. h. die Korpora, die selbst von den Lernenden oder den Forschern erstellt sein können z. B. Korpora von PhD-Studenten/Promotionsstudenten. Beim Korpusaufbau können folgende Tools behilflich sein, die immer intuitiver werden, z. B. Sketch Engine (Kilgarriff et al. 2014) oder CLARIN-Tools (http://clarin-pl.eu/ [21.10.2022]).

Das Centre for English Corpus Linguistics von der Université catholique de Louvain hat eine umfassende Liste der Lernendenkorpora erfasst, folgend wird die Liste nur zu den deutschsprachigen Lernendenkorpora veranschaulicht (W steht für »written«, S für »spoken«).

---

11 Alle genannten Korpora sind im Sketch Engine (Kilgarriff et al. 2014) zugängig.

Corpus	Target language	L1	W or S	Text type / task type	Project director
The Aachen Corpus of Academic Writing (ACAW)	English	German	W	Academic research writing	Elma Kerz (RWTH Aachen University, Germany)
The Corpus of Academic Learner English (CALE)	English	German	W	Various academic text types that are typically produced in university courses of English (e.g. term papers, reading reports, research plans, abstract, reviews, and summaries)	Marcus Callies (University of Bremen, Germany)
The Cologne-Hanover Advanced Learner Corpus (CHALC)	English	German	W	Term papers and essays	Ute Römer (University of Michigan, USA)
DISKO (Deutsch im Studium: Lernendenkorpus/German at university: Learner Corpus)	German	Various	W	Standardized writing task from university admission language test (TestDaF), app. 400 tokens per text	Katrin Wisniewski (University of Leipzig, Germany)
The Gesprochene Wissenschaftssprache konstrastiv/Multi-lingual corpus of spoken academic language (GeWiss)	German	Various	S	Academic papers, student presentations and academic oral examinations in German philology / Applied Linguistics / Language pedagogy as well as in Polish, English, and Italian philology	Christian Fandrych (Leipzig University, Germany)
The GICLE corpus (German component of ICLE)	English	German	W	Mainly non-academic argumentative essays	Sylviane Granger (University of Louvain)
The Giessen-Long Beach Chaplin Corpus (GLBCC)	English	German	S	Transcribed interactions between native English speakers, ESL and EFL speakers	Andreas Jucker, Sara Smith (University of Giessen, Germany)

Zu den Potenzialen der Korpuslinguistik

(Fortsetzung)

Corpus	Target language	L1	W or S	Text type / task type	Project director
The ISLE speech corpus	English	German Italian	S	Recorded sentences from several blocks of differing types (reading simple sentences, using minimal pairs, giving answers to multiple choice questions)	ecisle@nats.in formatik.uni-hamburg.de (University of Hamburg, Germany)
Korpus slovenščine kot tujega jezika (KOST)	Slovene	German and others	W	Essays (homework assignments and exams)	Mojca Stritar Kučuk Email: mojca.stritarfucuk@ ff.uni-lj.si
Learner Corpus of Latvian (LaVA)	Latvian	German and others	W	Student essays	Ilze Auziņa
The LeaP (Learning Prosody in a Foreign Language) Corpus	English	German	S	Four types of speech styles were recorded: nonsense word lists, readings of a short story, retellings of the story, free speech in an interview situation	Ulrike Gut (Albert-Ludwigs-University Freiburg)
The Longitudinal LEarner COrpus iN Italiano, Deutsch, English (LEONIDE)	Italian German English	Italian German	W	Written productions from secondary school pupils (narrative and opinion texts)	
The MERLIN Corpus	Italian German Czech	Various	W	Various (informal and formal email/ letter for different purposes, opinion text on different topics), based on standardised language tests	

(Fortsetzung)

Corpus	Target language	L1	W or S	Text type / task type	Project director
The Telecollaborative Learner Corpus of English and German Telekorp	English	German	W	Bilingual, longitudinal database comprising computer-mediated NS-NNS interactions between approximately 200 Americans and Germans collected during six different telecollaborative partnerships from 2000–2005	Julie Belz (Pennsylvania State University)
Tracking Written Learner Language (TRAWL)	English French German Spanish	Norwegian	W	Texts written as part of regular class work (tests, in-school writing, homework)	Hildegunn Dirdal (University of Oslo)
The AleSKO corpus	German	Chinese also German L1 data from the FALKO corpus	W	Argumentative essays	Heike Zinsmeister (University of Konstanz) Margrit Breckle (Vilnius Pedagogical University)
Analyzing Discourse Strategies: A Computer Learner Corpus	German	English (mainly AmE)	W	Threaded discussion, chat, essays – longitudinal data	Christina Frei, Edward Nixon (University of Pennsylvania)
The Corpus of Learner German (CLEG13)	German	English	W	Argumentative, free compositions Longitudinal over 4 years, undergraduate students	Ursula Maden-Weinberger (Edge Hill University)
The deL1 L2IM corpus	German	Russian-Belorussian bilinguals	W	Instant messaging dialogues	Sviatlana Höhn (University of Luxembourg)

(Fortsetzung)

Corpus	Target language	L1	W or S	Text type / task type	Project director
The Fehlerannotiertes Lernendenkorpus (FALKO)	German	Learner subcorpus: various Native subcorpus: German	W	1. Summaries 2. Essays 3. Letters, fiction writing, journal articles, book reviews (= longitudinal data from American learners)	Anke Lüdeling, Maik Walter (Humboldt-Universität zu Berlin) falko-korpus @hu-berlin.de

Tab. 4: Beispiele der Korpora Deutsch als Zielsprache und L1 [adaptiert von der Autorin], Quelle: Centre for English Corpus Linguistics von der Université catholique de Louvain https://uclouvain.be/en/research-institutes/ilc/cecl/learner-corpora-around-the-world.ht ml [06.10.2022].

Das Korpus kann auch selbständig gebildet werden, wie bei Schlauch (2022), die eine Fallstudie aus dem eigenen[12] DaZ-Lernendenkorpus präsentiert. Die Autorin untersucht im Rahmen von DaZ den Erwerb grammatischer Kompetenzen und nähert sich damit dem Forschungsdesiderat in Bezug auf den Zweitspracherwerb von drei neu zugewanderten Lernenden (Seiteneinsteigenden genannt) im Kontext einer Intensivklasse. Im Fokus steht die Verbstellung im Deutschen und insbesondere diese Erwerbsstufen, die sich über zentrale Verbstellungsstrukturen wie Separation, Subjektinversion oder die Verbendstellung im Nebensatz beschreiben lassen. Schlauch (2022) vergleicht sie Erwerbsgeschwindigkeit der genannten Untersuchungsgruppe mit neu zugewanderten Lernenden in anderen Erwerbskontexten. Die zwei Forschungsfragen sind folgend:

1) Wie verläuft der Erwerb der Verbstellungsregeln (für SEP, INV und V-END) bei den untersuchten Seiteneinsteigenden in Intensivklassen der Sekundarstufe?
2) Welche Gemeinsamkeiten und Unterschiede lassen sich in Bezug auf die Erwerbsgeschwindigkeit zu bisher untersuchten Lernenden in anderen Erwerbskontexten feststellen?

Die erhobenen Daten werden zuerst automatisch transkribiert und danach auch automatisch mit den Wortarten versehen. Die Annotation wird manuell durchgeführt. Sie umfasst folgende Elemente:

---

12 Das *Seiteneinsteiger:innenkorpus SeiKo* entsteht aktuell an der Justus-Liebig-Universität Gießen und ist Teil des Dissertationsprojekts der Autorin (vgl. Schlauch, 2022, S. 50).

Satzart und ggf. das Satzgefüge,
- den kommunikativen Modus (Wiederholung von Interviewendenäußerungen, direkte Rede etc.),
- die Position des Verbs im Verhältnis zu anderen Konstituenten und
- eine Zuordnung zu verschiedenen an den Erwerbsstufen orientierten Verbstellungsmustern.

4 Abschließende Bemerkungen, Implikationen und weiterführende Literatur

In diesem Beitrag wurde primär auf das methodologische Design hingewiesen, näher gebracht wurden in diesem Bezug die Korpustechniken, die in der FUF angewendet werden können: Frequenzlisten, Konkordanzen, Kookkurrenz und Kollokationen und Schlüsselwortlisten. Das Ziel bestand darin, das Potenzial von Korpusanalysen (präziser von korpusanalytischer Instrumente, die hier als Korpustechniken genannt werden) anhand der Veranschaulichung von Studien für Forschende im Kontext der Fremdsprachenvermittlung aufzuzeigen. Die Anwendungsmöglichkeiten hängen vom dem Forschungsziel/den Forschungsfragen bei der FUF ab. Wenn zur Korpusanalyse andere Variablen als Frequenzen, Konkordanzen, Kookkurrenz und Kollokationen und Schlüsselwörter notwendig sind, kann man auch selbstständige Annotation durchführen (wie bei Schlauch 2022). Dazu steht eine Reihe von Tools zur Verfügung, z. B. das UAM Corpus Tool[13] oder das Programm Inforex[14] (CLARIN Polen, http://clarin-pl.eu/ [21. 10. 2022]).

Es bestehen auch Forschungspotenziale im Bereich der KL und Fremdsprachendidaktik, vgl. dazu[15]: Römer 2006; 2011; Ellis 2017; Callies 2019; Hunston 2022b; im Bereich von DaF/DaZ[16]: Fandrych/Tschirner 2007; Lüdeling/Walter 2009; Abel/Zanin 2011; Wallner 2013; Imo/Weidner 2018; Dietz 2021; Kaiser/Schedl 2021; Flinz 2021; Flinz und Hufeisen 2021; Bertollo 2021; Perkuhn (2021); Meißner/Wallner (2022) und im Bereich von Englisch als Zweit- und Fremdsprache: Mukherjee 2002; 2009; Mahlberg 2006; Karpenko-Secombe 2020; Charles/Hadley 2022. Es wurde in der englischsprachigen Literatur der Begriff DDL (Data-Driven-Learning) geprägt. DDL wurde von Tim Johns (1986; 1991)

---

13 http://www.corpustool.com/index.html [17. 10. 2022].

14 https://inforex.clarin-pl.eu/ [17. 10. 2022].

15 Die Beiträge sind in Bezug auf Sprachen allgemein aufgeteilt, es werden keine Fachsprachen angedeutet, obwohl es z. B. für ESP/LSP (English for Specific Purposes/Language for Specific Purposes) viele Bearbeitungen im Zusammenhang mit der KL gibt.

16 Es ist in der heutigen Forschung auch zu bemerken, dass man korpuslinguistische Verfahren auch im Bereich von Deutsch als Erstsprache erforscht (Vgl. dazu Flinz et al. 2021).

entwickelt, um internationale Universitätsstudenten bei der Verbesserung des akademischen Schreibens zu unterstützen. Nach Johns (1991, S. 2) »[...] the language learner is also essentially a research worker whose learning needs to be driven by access to linguistic data – hence the name ›data-driven learning‹«. DDL ist nach Benet und Nesi (2018, S. 2) »a method of language teaching and learning which encourages learners to investigate corpus data and apply it in their own language learning« (mehr zu DDL siehe Boulton 2010; Chambers 2010; Vyatkina 2016; Benet/Nesi 2018; Boulton/Vyatkina 2021; O'Keeffe 2021; Charles/Hadley 2022; Hunston 2022ab).

2021 wurde die Zeitschrift Korpora Deutsch als Fremdsprache (KorDaF) von Carolina Flinz (Università degli Studi di Milano) und Britta Hufeisen (Technische Universität Darmstadt) gegründet, die sich auf die Verwendung von Korpora in Forschung und Lehre sowie in institutionellen Lehr- und Lernkontexten (z.B.: Universität, Schule oder andere Bildungseinrichtungen) fokussiert. Themenschwerpunkte sind auch »Korpusaufbau und -verwendung für DaF, DaF-Didaktik und DaF-Erwerb, Bildungssprache / Wissenschaftssprache / Fachsprache oder korpusbasierte / korpusgestützte Fremd- und Zweitsprachenvermittlung«, https://kordaf.tujournals.ulb.tu-darmstadt.de/ [07. 07. 2022].

Literaturverzeichnis

Abdulmajeed, Haveen: An integrated approach to achievement: Measuring the development of writing skills in Kurdish learners of English as a foreign language. Dissertation, University of Birmingham: 2017.

Abel, Andrea/Zanin, Renata (Hg.), Korpora in Lehre und Forschung. Bolzano: 2011.

Alharbi, Abdulrahman Mohammed: Signalling nouns in corpora of learner and native speaker English. Dissertation, University of Birmingham: 2019.

Anthony, Laurence: AntConc: Design and development of a freeware corpus analysis toolkit for the technical writing classroom. International Professional Communication Conference (IPCC), 2005, S. 729–737.

Baker, Paul/Hardie, Andrew/McEnery, Tony: A glossary of corpus linguistics. Edinburgh: 2006.

Becker, Martin: ›Korpuslinguistik‹ in: Martin Becker (Hg.), *Einführung in die spanische Sprachwissenschaft*. Stuttgart: 2013, S. 192–205.

Benet, Vincent/Nesi, Hilary: ›The BAWE Quicklinks project: a new DDL resource for university students‹. *Revue de Linguistique et de Didactique des Langues (Lidil),* 2018/ 58, o. S.

Bernardini, Silvia: ›Exploring new directions for discovery learning‹. In: Kettemann, Bernard/Marko, Georg (Hg.), *Teaching and learning by doing corpus analysis*. Rodopi: 2002, S. 165–182.

Bertollo, Sabrina: ›Der Atlas zur deutschen Alltagssprache für DaF: ein praxisbezogener Vorschlag zur Einführung der regionalen Sprachvariation im Unterricht‹, in: *Korpora Deutsch als Fremdsprache* 2021/1, S. 54–73.

Boulton, Alex/Vyatkina, Nina: ›Thirty years of data-driven learning: Taking stock and charting new directions over time‹, in: *Language Learning & Technology* 2021/25, S. 66–89.

Boulton, Alex: ›Data-Driven Learning. On paper, in practice‹, in: Harris, Tony/Moreno Jaén, Maria (Hg.), *Corpus Linguistics in Language Teaching*. Bern 2010, S. 17–52.

Broda, Bartosz/Piasecki, Maciej: ›Parallel, massive processing in SuperMatrix – a general tool for distributional semantic analysis of corpora‹, in: *International Journal of Data Mining, Modelling and Management* 2013/5, S. 1–19.

Broda, Bartosz/Piasecki, Maciej: SuperMatrix: ›A general tool for lexical semantic knowledge acquisition‹, in: *Speech and Language Technology* 2008, S. 239–254.

Callies, Marcus: ›Integrating corpus literacy into language teacher education‹, in: Götz, Sandra/Mukherjee, Joybrato (Hg.): *Learner corpora and language teaching*. Amsterdam 2019, S. 245–263.

Chambers, Angela: ›What Is Data-Driven Learning?‹, in: O'Keeffe, Anne/McCarthy, Michael (Hg.), *The Routledge Handbook of Corpus Linguistics*. London 2010, S. 345–358.

Charles, Maggie/Hadley, Gregory: ›Autonomous corpus use by graduate students: A long-term trend study (2009–2017)‹, *Journal of English for Academic Purposes*, 2022/56, o. S.

Charles, Maggie (2022): Vorlesung »Student Autonomy and Data-driven Learning in English for Academic Purposes«, verfügbar unter: https://languages-cultures.uq.edu.au/event/session/8803 [21. 10. 2022].

Dietz, Gunther: ›Korpora gesprochener Sprache als Quelle für die Erstellung von Mikro-Hörübungen mit authentischen Hörmaterialien im DaZ-/DaF-Unterricht‹, in: *Korpora Deutsch als Fremdsprache* 2021/1, S. 97–123.

Edwards, Geraint O.: ›A comparative discourse analysis of the construction of ›in-groups‹ in the 2005 and 2010 manifestos of the British National Party‹, in: *Discourse & Society* 2012/ 23, S. 245–258.

Ellis, Nick: ›Cognition, Corpora, and Computing: Triangulating Research in Usage-Based Language Learning‹, in: *Language Learning* 2017/67, S. 40–65.

Fandrych, Christian/Meißner, Cordula/Wallner, Franziska: ›Korpora gesprochener Sprache und Deutsch als Fremd- und Zweitsprache: Eine chancenreiche Beziehung‹, in: *Korpora Deutsch als Fremdsprache* 2021/1:2, 5–30. DOI: 10.48694/tujournals-76.

Fandrych, Christian/Tschirner, Erwin: ›Korpuslinguistik und Deutsch als Fremdsprache. Ein Perspektivenwechsel‹, in: *Deutsch als Fremdsprache* 2007/44, S. 195–204.

Flinz, Carolina/Hufeisen, Britta/Luppi, Rita/Mell, Ruth: ›Zeit für eine neue Zeitschrift? – Die elektronische Zeitschrift KorDaF – Korpora Deutsch als Fremdsprache stellt sich vor‹, in: *Korpora Deutsch als Fremdsprache* 2021/1, S. 1–5.

Flinz, Carolina/Hufeisen, Britta (Hg.), *Korpora Deutsch als Fremdsprache*. 2021/1.

Flinz, Carolina: ›Korpora in DaF und DaZ: Theorie und Praxis‹, in: Flinz, Carolina/Hufeisen, Britta (Hg.): *Korpora in DaF und DaZ: Theorie und Praxis*. Darmstadt 2021, S. 1–43.

Forchtner, Bernhard/Kølvraa, Christoffer: ›Narrating a »new Europe«: From ›bitter past‹ to self-righteousness?‹, in: *Discourse & Society* 2012/23, S. 377–400.

Freake, Rachelle/Gentil, Guillaume/Sheyholislami, Jaffer: ›A bilingual corpus-assisted discourse study of the construction of nationhood and belonging in Quebec‹, in: *Discourse & Society* 2010/22, S. 21–47.

Gablasova, Dana/Brezina Vaclav/McEnery Tony/Boyd, Elaine: ›Epistemic stance in spoken L2 English: the effect of task and speaker style‹, *Applied Linguistics* 2017/38, S. 613–637.

Helmke, Andreas: ›Unterrichtsforschung international‹, in: Tenorth, Heinz-Elmar/Tippelt, Rudolf (Hg.), *Lexikon Pädagogik*. Weinheim und Basel 2012, S. 734–737.

Hirschmann, Hagen/Lüdeling, Anke/Shadrova, Anna/Bobeck, Dominique/Klotz, Martina/Akbari, Roodabeh/Schneider, Sarah/Wan, Shunjun: ›FALKO. Eine Familie vielseitig annotierter Lernerkorpora des Deutschen als Fremdsprache‹, *Korpora Deutsch als Fremdsprache* 2022/2, S. 139–148.

Hunston, Susan/Francis, Gill: Pattern grammar. A corpus-driven approach to the lexical grammar of English. Amsterdam/Philadelphia: 2000.

Hunston, Susan (2022a). Vorlesung während *Corpus Linguistics Summer School Birmingham.*

Hunston, Susan (Hg.): Corpora in applied linguistics. Cambridge: 2022b.

Imo, Wolfgang/Weidner, Beate: ›Mündliche Korpora im DaF- und DaZ-Unterricht‹, in: Schmidt, Thomas/ Kupietz, Marc (Hg.): *Korpora in der Linguistik*. Berlin 2018, S. 231–251.

Jaszczyk-Grzyb, Magdalena (2021). Mowa nienawiści ze względu na przynależność etniczną i narodową w komunikacji internetowej. Analiza porównawcza języka polskiego i niemieckiego. Poznań: Wydawnictwo Naukowe UAM.

Johns, Tim: ›Micro-Concord: A language-learner's research tool‹, in: *System* 1986/14, S. 151–162.

Johns, Tim: ›Should you be persuaded: Two examples of data-driven learning‹, in: Johns, Tim/King, Paul (Hg.), *English Language Research Journal* 1991/4, S. 1–16.

Kabatnik, Susanne: ›Statistisch signifikante Funktionsverbgefüge im Gebrauch – eine korpusbasierte Untersuchung für den DaF-Unterricht‹, *Korpora Deutsch als Fremdsprache* 2021/1, S. 95–115.

Kaiser, Julia/Schedl, Evi: ›Das Forschungs- und Lehrkorpus Gesprochenes Deutsch als Ressource für den handlungsorientierten DaF-Unterricht – Potentiale und Herausforderungen‹, in: *Zeitschrift für Interkulturellen Fremdsprachenunterricht* 2021/26, S. 45–83.

Kamasa, Victoria: ›Techniki językoznawstwa korpusowego wykorzystywane w krytycznej analizie dyskursu‹, in: *Przegląd Socjologii Jakościowej* 2014/10, S. 100–117.

Kamber, Alain: Funktionsverbgefüge – empirisch: eine korpusbasierte Untersuchung zu den nominalen Prädikaten des Deutschen. Tübingen: 2008.

Karpenko-Seccombe, Tatyana (Hg.): Academic writing with corpora: A resource book for Data-Driven Learning. London: 2020.

Kilgarriff, Adam/Baisa, Vít/Bušta, Jan/Jakubicek, Miloš/Kovař, Vojtěch/Michelfeit, Jan/Rychly, Pavel/Suchomel, Vít: ›The Sketch Engine: ten years on‹, in: *Lexicography* 2014/1, S. 7–36.

Lee, David/Swales, John: ›A corpus-based EAP course for NNS doctoral students: Moving from available specialized corpora to self-compiled corpora‹, in: *English for Specific Purposes* 2006/25, S. 56–75.

Leibniz-Institut für Deutsche Sprache: Was ist Korpuslinguistik?, 2021, verfügbar unter: https://www.ids-mannheim.de/digspra/kl/ [06.07.2022].

Lüdeling, Anke/Walter, Maik: ›Korpuslinguistik für Deutsch als Fremdsprache‹, *Sprachvermittlung und Spracherwerbsforschung*, 2009 S. 1–37.

Lüdeling, Anke/Hirschmann, Hagen: ›Error annotation systems‹, in: Granger, Sylviane/Gilquin, Gaëtanelle/Meunier, Fanny (Hg.), *Cambridge Handbook of Learner Corpus Research*. Cambridge 2015, o. S.

Mahlberg, Michaela: ›Lexical cohesion: Corpus linguistic theory and its application in English language teaching‹, in: *International Journal of Corpus Linguistics* 2006/11, S. 363–383.

Mahlberg, Michaela (2022), Vorlesung während *Corpus Linguistics Summer School Birmingham*.

Malloggi, Patrizio: ›Zur Förderung der Kollokationskompetenz in der DaF-DaZ-Didaktik für den Tourismus anhand von DWDS-Korpora‹, in: *Korpora Deutsch als Fremdsprache* 2021/1, S. 6–24.

Marcińczuk, Michał/Kocoń, Jan/Broda, Bartosz: ›Inforex – a web-based tool for text corpus management and semantic annotation‹, In: Calzolari, Nikoletta/Choukri, Khalid/Declerck, Thierry/Dogan, Mehmet/Ugur, Maegaard/Bente, Marani Joseph/Odijk, Jan/Piperidis, Stelios (Hg.), *Proceedings of the Eighth International Conference on Language Resources and Evaluation (LREC 2012)*. Istanbul: 2012.

McCarthy, Michael (Hg.) Issues in Applied Linguistics. Cambridge: 2001.

Meißner, Cordula/Lange, Daisy/Fandrych, Christian: ›Korpusanalyse‹. in: Caspari, Daniela/Klippel, Friederike/Legutke, Michael/Schramm, Karen (Hg.): *Forschungsmethoden in der Fremdsprachendidaktik. Ein Handbuch*. Tübingen 2016, S. 306–319.

Meißner, Cordula/Wallner, Franziska: ›Korpora gesprochener Sprache als virtuelle Lernräume der Mündlichkeitsdidaktik: Affordanzen eines außerunterrichtlichen Sprachlernsettings‹. in: Feick, Diana/Rymarczyk, Jutta (Hg.): *Fremdsprachenunterricht im virtuellen Raum*. Würzburg 2022, S. 215–239.

Mohamad, Subakir M. Y./Bahiyah, Abdul H./Yuen Chee, Keong/Othman, Zarina/Azhar, Jaludin: ›Linguistic sexism in Qatari primary mathematics textbooks‹, in: *GEMA Online™ Journal of Language Studies* 2012/12, 53–68.

Mukherjee, Joybrato: Anglistische Korpuslinguistik – Eine Einführung. Berlin: 2009.

Mukherjee, Joybrato: Korpuslinguistik und Englischunterricht. Eine Einführung. Berlin u. a.: 2002.

Nardi, Antonella/Farroni, Cristina: ›Wissenschaftssprachliche Kompetenz beim Schreiben in Deutsch als fremde Wissenschaftssprache. Eine korpusbasierte Untersuchung‹, *Korpora Deutsch als Fremdsprache* 2022/1, S. 61–80.

O'Keeffe, Anne: ›Data-driven learning – a call for a broader research gaze‹. *Language Teaching* 2021/54, S. 259–272.

Perkuhn, Rainer: ›Korpusfrequenzen und andere Metriken zur Strukturierung von DaF-Lehrmaterial‹, *Korpora Deutsch als Fremdsprache* 2021/1, S. 116–136.

Römer, Ute: ›Corpus research applications in second language teaching‹, in: *Annual Review of Applied Linguistics* 2011/31, S. 205–225.

Römer, Ute: ›Corpora and Language teaching‹, In: Lüdeling, Anke/Merja Kytö (Hg.): *Corpus Linguistics. An International Handbook*. Berlin/New York 2008, S. 112–131.

Schlauch, Julia: ›Erwerb der Verbstellung bei neu zugewanderten Seiteneinsteiger:innen in der Sekundarstufe. Eine Fallstudie aus dem DaZ-Lerner:innenkorpus SeiKo‹, in: *Korpora Deutsch als Fremdsprache* 2022/2, S. 43–62.

Schmidt, Christina: ›Korpuslinguistik und Mündlichkeit. Methodische und technische Herausforderungen bei der Erstellung eines fachspezifischen Korpus zur Verständigung über Literatur im Deutschunterrichtsdiskurs auf der Grundlage archivierter Transkripte‹, *Korpora Deutsch als Fremdsprache* 2022/1, S. 81–94.

Schwendemann, Matthias: ›Variabilität als Faktor in der zweitsprachlichen Entwicklung syntaktischer Strukturen – Teilergebnisse einer longitudinalen Einzelfallstudie‹, in: *Korpora Deutsch als Fremdsprache* 2022/2, S. 63–92.

Scott, Michael: WordSmith software language tools. Oxford: 1998a.

Scott, Michael: WordSmith tools manual. Oxford: 1998b.

Selmani, Lirim: ›Lokalpräpositionen im L2-Erwerb – Albanischsprachige DaZ-Lerner in Aktion‹, in: *Korpora Deutsch als Fremdsprache* 2022/2, S. 93–121.

Sinclair, John (Hg.): Corpus, concordance, collocation. Oxford: 1991.

Sinclair, John (Hg.): How to use corpora in language teaching. Amsterdam/Philadelphia: 2004.

Steyer, Katrin: ›Kookkurrenz. Korpusmethodik, linguistisches Modell, lexikografische Perspektiven‹, in: Katrin Steyer (Hg.), *Wortverbindungen – mehr oder weniger fest*. Berlin, Boston: 2004, S. 87–116.

Storjohann, Petra: ›Lerner*innen und ihre neuen Nachschlagemöglichkeiten bei Unsicherheiten mit leicht verwechselbaren Ausdrücken‹, in: *Korpora Deutsch als Fremdsprache* 2021/1, S. 25–50.

Stubbs, Michael: Words and phrases. Corpus studies of lexical semantics. Oxford: 2001.

Vincent, Benet: ›Investigating academic phraseology through combinations of very frequent words: A methodological exploration‹, in: *Journal of English for Academic Purposes* 2013/12, S. 44–56.

Volkmann, Laurenz ›Kriterien und Normen bei der Evaluation von Lehrwerken: Grundzüge eines diskursanalytischen Modells‹, in: Vogel, Klaus/Börner, Wolfgang (Hg.), *Lehrwerke im Fremdsprachenunterricht. Lernbezogene, interkulturelle und mediale Aspekte*. Bochum: 1999. S. 117–144.

Vyatkina, Nina: ›Data-driven learning of collocations: Learner performance, proficiency, and perceptions‹, in: *Language Learning & Technology* 2016/20, S. 159–179.

Waliński, Jacek: ›Typologia korpusów oraz warsztat informatyczny lingwistyki korpusowej‹, in: Barbara Lewandowska-Tomaszczyk (Hg.), *Podstawy językoznawstwa korpusowego*. Łódź: 2005, S. 27–40.

Wallner, Franziska: ›Korpora im DaF-Unterricht – Potentiale und Perspektiven am Beispiel des DWDS‹, *Revista Nebrija de Lingüística Aplicada* 2013/13, o. S.

Wisniewski, Katrin: ›Grammatikerwerb in DaF und DaZ: Lernerkorpuslinguistische Zugänge. Einleitung in die Themenausgabe‹, *Korpora Deutsch als Fremdsprache* 2022/2, S. 1–12.

Laura Levstock

Ethnografie und Interaktionale Diskursanalyse: Ein Vorschlag für einen holistischen Zugang zu Feld und Analyse

Abstract

Conversation analyses are established methods in (applied) linguistics for analyzing conversations in different contexts. It is often applied to data from institutional communication such as classroom interaction. However, due to its strong focus on the data, classic conversation analysis often reaches its limits when social aspects such as resources, identity, group membership etc. are addressed. As a possible solution, this paper proposes interactional discourse analysis (*Interaktionale Diskursanalyse*) as a conversation-analytical approach embedded in an ethnographic epistemology. This combination makes it possible to proceed creatively in a fundamentally conversation-analytical way, but also create a more flexible research process. In addition, by reflecting on supposedly objective science, the researchers own positionality and its effects on the field, data and analysis can be suggestively addressed.

Keywords: ethnography, conversation analysis, interactional discourse analysis, classroom communication, discursive practices, interaction

Gesprächsanalytische Vorgehensweisen gelten in der (Angewandten) Sprachwissenschaft als etablierte Methoden, um Gespräche in unterschiedlichen Kontexten zu analysieren. So werden Gesprächsanalysen häufig an Daten aus institutioneller Kommunikation wie etwa der Unterrichtskommunikation angewandt. Klassische Gesprächsanalysen stoßen aufgrund ihrer starken Fixierung auf die Daten aber oft an ihre Grenzen, wenn soziale Aspekte wie Ressourcen, Identität, Gruppenzugehörigkeit etc. thematisiert werden. Als möglicher Lösungsweg wird in diesem Beitrag die Interaktionale Diskursanalyse als gesprächsanalytisch geprägter Ansatz in eine ethnografische Epistemologie eingebettet vorgeschlagen. Durch diese Kombination ist es möglich, auf flexible Art und Weise grundsätzlich gesprächsanalytisch vorzugehen, den gesamten Forschungsprozess aber flexibler zu gestalten. Zudem kann durch die Reflexion über vermeintlich neutrales wissenschaftliches Vorgehen die eigene Positioniertheit und deren Auswirkungen auf Feld, Daten und Analyse in das eigene Arbeiten einbezogen werden.

Schlüsselwörter: Ethnografie, Gesprächsanalyse, Interaktionale Diskursanalyse, Unterrichtskommunikation, diskursive Praktiken, Interaktion

1 Einleitung

Wasim trägt sich wie jeden Morgen durch die große Eingangstür der Mittelschule in die Aula. Mit einem leisen »Morgen«, den Blick gesenkt, huscht er am Schulwart vorbei. Schnell die Treppe hoch. *Wieso wirkt der erste Stock um 8 Uhr morgens immer so weit weg?* Um die Kurve, den Gang gerade aus und da ist das Klassenzimmer der 4B. Lächeln aufsetzen, klopfen, Türe öffnen, »Entschuldigung, der Bus war verspätet«. Frau A., die Klassenvorständin und Englischlehrerin, nickt ihm leicht genervt, aber akzeptierend, zu. Wasim weiß, er darf sich setzen.

Fast alle Schülerinnen und Schüler sind müde. Aus dem Grund ist es ziemlich ruhig. Die gemeinsame Energie wacht besonders erst in der ersten Pause nach der zweiten Stunde auf. Wasim ist ein Jahr älter als für die vierte Klasse vorgesehen. Er wurde aufgrund der Einschätzung seiner Deutschkenntnisse als unzureichend ein Jahr zurückgestuft. Wegen seines Alters aber ist er unter den Schülerinnen und Schülern als einer der Großen akzeptiert. Das gilt für die gesamte Schule in seiner Position als Schulsprecher, und natürlich auch für seine Klasse, in deren Gemeinschaft von ihm erwartetet wird, Witze zu machen, die Stimmung und manchmal die Lehrerinnen und Lehrer aufzulockern. Das klappt allerdings nicht immer. Heute hat es Frau A. aufgrund seiner Verspätung und seiner Blicke zu seinem besten Freund Zoran auf ihn abgesehen.

Die Englischstunde geht voran. Es wird gemeinsam ein Text gelesen. Immer wieder stoppt die Lehrerin das gemeinsame Lesen und stellt Nachfragen. »Now, what does *carpet* mean, Wasim?« Das weiß er doch ganz genau. *Es ist das ähh ... mit den ...* »Wasim.« »Ähh, ja, das Ding für den Boden mit den Fransen.« »Und wie heißt das?« »Weiß ich jetzt nicht.« »Ja, bei der Schularbeit ist das halt falsch.«

Gelebte Mehrsprachigkeit im Klassenzimmer stellt ein Thema fortwährender gesellschaftlicher und politischer Relevanz dar (vgl. dazu Cichon/Cichon 2009). Sprachen werden selten vollkommen voneinander getrennt benutzt, vielmehr wird je nach Ziel und Zweck der Interaktion auf das sprachliche Repertoire zurückgegriffen[1]. Kinder haben unterschiedliche und unterschiedlich viele Erstsprachen, die nicht unbedingt mit den Unterrichtssprachen übereinstimmen müssen. Im Fall des Fremdsprachenunterrichts kommt zu dieser Dynamik hinzu, dass neben den Erstsprachen der Schüler:innen und der Unterrichtssprache, die für viele die Zweitsprache darstellt, eine Fremdsprache als zusätzliche Unterrichtssprache verwendet wird.

In diesem Beitrag wird eine Möglichkeit erörtert, an diese Dynamik aus sprachwissenschaftlicher Perspektive heranzutreten, indem die Interaktionale Diskursanalyse in eine linguistisch informierte Ethnografie eingegliedert wird.

---

1 Siehe auch den Terminus *translanguaging* (vgl. dazu Garcia 2009; Lin 2013).

Dazu werden die beiden Ansätze kurz umrissen, bevor aufgezeigt wird, in welcher Hinsicht sich die Annahmen der Interaktionalen Diskursanalyse und Ethnografie überschneiden, wo Schwächen bei dieser Synthese auftreten und wie diese überwunden werden könnten. Die Implikationen davon werden besonders für Datensammlung und -analyse besprochen und so aufzeigt, dass die Synthese dieser beiden Ansätze eine sinnvolle Schlussfolgerung für den Kontext der Unterrichtsforschung ist. Die Vignette von Wasim leitet dabei exemplarisch durch den Text.

2 Interaktionale Diskursanalyse als gesprächsanalytisch geprägter Ansatz

Grundsätzlich wird in Gesprächsanalysen Sprache in Interaktion oder vielmehr Sprechen in Interaktion analysiert (vgl. Seedhouse 2005, S. 166). Durch die Analyse wird die Organisation von Gesprächen aufgedeckt, beschrieben und erklärt (ebd.).

Versucht man die Interaktionale Diskursanalyse in gesprächsanalytische Ansätze einzuordnen, so ist sie wohl zwischen den ethnomethodologischen und soziokulturell-theoretischen Zugängen zu verorten. Einerseits liegt ihr Hauptfokus zwar auf dem Bestimmen interaktionaler (diskursiver) Fähigkeiten und den damit zusammenhängenden Ressourcen (vgl. Quasthoff/Heller/Morek 2021a, S. 2). Das spricht für eine soziokulturell-theoretische Verortung, in der Sprachenlernen als sozialer Prozess angenommen wird: »learning is situated; learning is social; and knowledge is located in communities of practice« (Brouwer/Wagner 2004, S. 33). Andererseits werden die institutionellen Bedingungen durchaus mitgedacht bzw. wird sogar von ihrer Existenz ausgegangen (vgl. etwa Quasthoff/Heller/Morek 2021b, S. 24ff.), besonders wenn es um Unterrichtskommunikation geht. Ein Beispiel dafür ist, dass die Lehrperson eine institutionell gefestigte Rolle innehat, die es ihr erlaubt den Unterricht kommunikativ zu reglementieren (vgl. Quasthoff/Heller/Morek 2021b, S. 26ff.). Dies spricht für eine Verortung unter den ethnomethodologischen Zugängen gesprächsanalytischer Ansätze (vgl. Seedhouse 2005, S. 175). Im Mittelpunkt des Forschungsinteresses befinden sich Menschen als handelnde Akteur:innen sowie die Art und Weise, wie sie ihre soziale Welt konstituieren und sich darin orientieren (vgl. Abels 2009, S. 87).

Die Interaktionale Diskursanalyse, besonders im Sammelband *Diskurserwerb in Familie, Peergroup und Unterricht: Passungen und Teilhabechancen* (Quasthoff/Heller/Morek 2021) geprägt, bietet eine Perspektive, die auf ethnomethodologischen Grundannahmen basiert und ethnografisch, rekonstruktiv sowie analytisch stark gesprächsanalytisch vorgeht (vgl. Quasthoff/Heller/Morek 2021a, S. 2). Ihr Ziel ist es, soziale Gegebenheiten (wie etwa mögliche Ungleichbehandlung, Benachteiligung, Bevorzugung etc.), die durch Interaktionsprozesse zum Vorschein kommen, zu erkennen, zu analysieren und aufzuzeigen. Dazu wird gemäß gesprächsanalytischen Ansätzen hauptsächlich mündliche Interaktion zur Analyse herangezogen.

Die Grundannahme der Interaktionalen Diskursanalyse ist, dass diskursive Praktiken die meisten unserer Interaktionen strukturieren (vgl. Quasthoff/Heller/Morek 2017, S. 86ff.). Diskursive Praktiken sind »interaktiv vollzogene sprachliche Aktivitäten«, »die oftmals den Status verfestigter kommunikativer Gattungen bzw. Genres haben, z.B. Berichten, Erzählen, Erklären und Argumentieren« (vgl. Quasthoff/Heller/Morek 2021b, S. 16). Es sind also Standardlösungen für wiederkehrende gesellschaftliche Zwecke, denen man so kommunikativ effektiv begegnen kann. Diskursive Fähigkeiten sind in weiterer Folge das Wissen, die jeweiligen diskursiven Praktiken zu deuten, zu verstehen und angemessen anzuwenden (vgl. Quasthoff/Stude 2018, S. 253). Nun sind in unterschiedlichen Diskursgemeinschaften verschiedene diskursive Praktiken vorhanden und überhaupt von Relevanz. Da ein Individuum in der Regel im Laufe seines Lebens mit unterschiedlichen und unterschiedlich vielen Diskursgemeinschaften im Austausch steht, folgt daraus, dass diskursive Fähigkeiten auf unterschiedliche Weise und durch variable Interaktionen erworben werden. Der Erwerb diskursiver Fähigkeiten beginnt zuallererst in der Familie. Später beeinflusst verstärkt die Interaktion in *Peergroup*, Kindergarten und Schule, wobei die Rolle des Unterrichts im Zusammenhang mit diskursiven Fähigkeiten noch nicht exhaustiv erforscht wurde (vgl. Quasthoff/Heller/Morek 2021b, S. 20). Die Interaktionale Diskursanalyse legt ein so großes Augenmerk auf die Rolle der Unterrichtskommunikation für den Erwerb diskursiver Fähigkeiten, weil diese Fähigkeiten ausschlaggebend für individuelle Möglichkeiten der Teilhabe an Bildung sind, jedes Kind aber unterschiedliche Fähigkeiten bei Schulantritt besitzt (vgl. Morek/Heller/Quasthoff 2017, S. 37).

Eine kleine Analyse anhand der Interaktionalen Diskursanalyse des in der Einleitung präsentierten Ausschnitts könnte wie folgt aussehen:

[1]

	0	1	2	3
Frau A. [v]	Now, what does carpet mean, Wasim?		Wasim.	
Wasim [v]		((Zungenschnalzen))		Ähja, das Ding
Wasim [k]		*zögernd*		

Ethnografie und Interaktionale Diskursanalyse

[2]

..	4	5	6
Frau A. [v]	Und wie heißt das?		Ja, bei der
Wasim [v] für den Boden mit den Fransen.		Weiß ich jetzt nicht.	

[3]

..
Frau A. [v] Schularbeit is das halt falsch.

Frau A. konstituiert einen Impuls zum Übersetzen und wählt gleichzeitig einen prospektiven Sprecher. Wasim weiß, dass von ihm erwartet wird, das deutsche Wort für *carpet* zu finden und zu sagen. Durch sein Zögern und Zungenschnalzen wird gleichzeitig deutlich, dass ihm seine aktuelle Sprecherrolle bewusst ist und dass er nachdenkt. Es könnte ebenfalls eine Art Unzufriedenheit oder Ungeduld bedeuten. Nach dem lehrseitigen Ermahnen um- und beschreibt Wasim den zu übersetzenden Gegenstand auf Deutsch. Auf Nachfrage macht Wasim deutlich, die Aufgabe nicht durchführen zu können. Frau A. schließt die Sequenz ab, indem sie zwar kurz ratifiziert, aber deutlich macht, dass die Lösung den konkreten Anforderungen nicht entspricht.

3 Linguistisch informierte Ethnografie

Das Ziel ethnografischer Untersuchungen besteht grundsätzlich darin, die Prozesse und die Bedeutung sozialer Praktiken von Gemeinschaften zu verstehen (vgl. Hymes 1972, S. 41). Keineswegs soll durch angeblich unbeeinflusste Daten eine vermeintlich objektive Wirklichkeit rekonstruiert werden (vgl. Agar 1980, S. 41).

Ethnografisches Vorgehen ist grundsätzlich versatil, d.h. es kann methodisch (*using ethnographic tools*), methodologisch (*adopting an ethnographic perspective*) oder epistemologisch (*doing ethnography*) sein (Green/Bloome 2005, S. 183). Ich vertrete hier den Standpunkt der Ethnografie als Epistemologie und schließe mich somit u.a. an Blommaert/Dong (2010, S. 5) an. Es handelt sich dabei also um Grundannahmen über Erkenntnis und Wissensproduktion, um bestimmte Haltungen, die bestimmte Konsequenzen haben. Ethnografie ist die gesamte Forschungsarbeit, die schon beginnt, bevor die aktive Arbeit anfängt, und die aus einem Kontinuum zwischen Prozess und Produkt besteht (vgl. Green/Bloome 2005, S. 181; Sanjek 2014, S. 59). Objektivität wird als Unmöglichkeit abgelehnt (vgl. Hammersley/Atkinson 2007, S. 6f.). Situiertheit, Positioniertheit, Perspektivierung rücken in den Mittelpunkt (vgl. Rampton/Maybin/Roberts 2014, S. 5). Es kann immer nur eine Perspektive auf einen Sachverhalt beleuchtet werden, diese Tatsache kann aber auch produktiv genutzt werden (vgl. Agar 1980, S. 48). Damit geht einher, dass den Forschenden eine größere Bedeutung zugeschrieben wird, da durch die Interpretation ihrer Erfahrungen Wissen produziert wird (vgl. Agar 1980, S. 49). Ethnograf:innen haben unterschiedliche Rollen: Sie sind einerseits Feldteilnehmer:innen, andererseits Analytiker:innen und alles dazwischen (vgl. Pfadenhauer 2017). Aus dem Grund soll das *Ich* auch nicht gescheut werden (vgl. Jordan 2001, S. 45). Es existiert nämlich hinter jedem Text.

Es lässt sich argumentieren, dass die Soziolinguistik seit ihrer Geburtsstunde ethnografisch beeinflusst war: Dell Hymes und John Gumperz, zwei prägende Figuren der modernen Soziolinguistik, haben selbst ethnografisch gearbeitet und sich für die Weiterentwicklung der Sprachforschung aus ethnografischer Perspektive eingesetzt (vgl. dazu Gumperz/Hymes 1972). Wenn man einen Blick in das Inhaltsverzeichnis ihres Sammelbands *Directions in Sociolinguistics: The Ethnography of Communication* (1972) wirft, so erkennt man einige bekannte Namen, die gesprächsanalytisch beeinflusst und ethnomethodologisch vorgegangen sind. Dazu zählen etwa Harvey Sacks, Emanuel Schegloff oder Harold Garfinkel.

Mit Blick auf die seit den 1980ern steigenden linguistischen Publikationen in ethnografischem Rahmen, macht sich wieder ein Trend in diese Richtung auf (vgl. Eishart 2001, S. 18f.). Das scheint besonders für den angloamerikanischen Raum zu gelten, wo die Disziplin der linguistischen Anthropologie prominenter ist (vgl. Gumperz/Cook-Gumperz 2008). Dabei kommt auch immer wieder der Terminus der *linguistic ethnography* auf, der besonders von Ben Rampton als eine Art *label* verwendet wird (vgl. dazu Rampton 2007, S. 585). Die Annahmen Ramptons *linguistic ethnography* stimmen sehr stark mit dem überein, was generell von einer ethnografischen Epistemologie angenommen wird (vgl. Rampton/Maybin/Roberts 2014, S. 1f.). Natürlich fokussiert er in seiner Beschreibung aber besonders sprachliche Komponenten: Wird etwa sprachliches Material erhoben, so bietet die linguistische Ethnografie nicht nur die Möglichkeit Inhalt auszuwerten, sondern auch die Bedeutung der Gesprächsstruktur oder der Wahl der spezifischen sprachlichen Form (vgl. Blommaert/Dong 2010, S. 81f.).

In Anbetracht der Offenheit ethnografischer Zugänge, der methodologischen Flexibilität und des Grundinteresses an sozialen Praktiken ist es keine Überraschung, dass gerade institutionalisierte Situationen wie Unterricht interessant für Ethnograf:innen sind. Blommaert (2018, S. 6) ist sogar der Meinung, dass »some of the most critical studies on education have been produced by scholars using an ethnographic perspective«. Dazu zählen Linguist:innen wie Jenny Cook-Gumperz (2006), Monica Heller (2006) oder Ben Rampton (2006).

Werfen wir einen ethnografischen Blick auf Wasims Lösung für die Übersetzungsübung, so erfahren wir, dass er nicht nur aufgrund des unmittelbaren Kontexts weiß, welchen Anforderungen er genügen muss, sondern vor allem, weil Übersetzungsübungen eine etablierte Praxis dieser Diskursgemeinschaft darstellen. Durch sein Zungenschnalzen zeigt er sich unzufrieden, weil er den Anforderungen nicht genügen wird. Frau A. erkennt das zwar an, aber mahnt, dass eine solche Lösung für die Schularbeit nicht genügen würde. Dieses ethnografische Wissen steht mir nur deshalb zur Verfügung, weil ich mehrere Monate mit der Klasse verbracht habe und mit vielen der Unterrichtspraktiken der Gemeinschaft vertraut geworden bin.

4 Epistemologische Logik von Ethnografie und Interaktionaler Diskursanalyse

Wie eben ausgeführt haben gesprächsanalytisch Forschende schon früh ethnografische Perspektiven eingenommen. Eine Synthese aus ethnografischer Epistemologie und der Interaktionalen Diskursanalyse scheint mir jedoch noch nicht vorgenommen worden zu sein. Inwiefern haben nun die Ethnografie und die Interaktionale Diskursanalyse grundlegend überschneidende Annahmen?

Zuallererst lässt sich erkennen, dass die Bourdieu'sche Soziologie einen wichtigen Bezugspunkt für beide Ansätze darstellt (vgl. Blommaert 2005 und Quasthoff, Heller/Morek 2021a, S. 1 f.). Wie folgend illustriert wird, stützen sich ethnografische Grundannahmen (z.B. zur Positioniertheit der Forschenden, zum Umgang mit Daten etc.) auf Bourdieu'sche Überlegungen, während sich die Interaktionale Diskursanalyse maßgeblich auf Bourdieu'sche Konzepte beruft (z.B. Sprache als Kapital, die Abhängigkeit diskursiver Fähigkeiten von Ressourcen etc.). Insofern zeigt sich dadurch eine Kompatibilität von theoretischen Annahmen und Ideen zur Wissensproduktion. So berühren sich die Auffassungen sich überschneidender Modelle, wie ich anhand des Terminus *Passung* und dem Verständnis der sozialen Bedeutsamkeit von Sprache illustrieren will.

Ethnografische Herangehensweisen ziehen sich in Bourdieus Arbeiten durch den gesamten Forschungsprozess (vgl. Wacquant 2004, S. 388 ff.): die Wichtigkeit von Feldarbeit, die Reflexionen zu Objektivität und Subjektivität, die Positioniertheit der eigenen Arbeit sowohl im wissenschaftlichen Feld als auch in historischer Bedingtheit, die Reflexionen über die Rolle der Forschenden und die Art und Weise mit den erhobenen Daten immer anders kontextualisiert umzugehen (vgl. Blommaert 2005, S. 224 ff). Es lässt sich nicht bestreiten, dass Bourdieu wichtige Überlegungen angestellt hat, die sich für Reflexionen über die Entstehung ethnografischen Wissens als fruchtbar erwiesen haben (vgl. Blommaert 2005, S. 223). Ein gewisser Bourdieu'scher Einfluss lässt sich auch bei den Vertreter:innen der Interaktionalen Diskursanalyse erkennen: So behandeln sie prominent etwa, welche Auswirkungen der sozioökonomische Hintergrund von Kindern auf ihre sprachlichen Fähigkeiten hat (vgl. dazu Quasthoff/Krah 2012, Steinig 2016 oder Wild et al. 2012). Zudem wird Bourdieu als wichtiger Vorreiter des Ansatzes immer wieder explizit und seine Konzepte für den Kontext der Unterrichts- und Diskurserwerbsforschung herangezogen (vgl. Quasthoff/Heller/Morek 2021b, S. 14). So wird etwa Sprache oder vielmehr Sprechen als Kapital gesehen, das die Teilhabe an Bildungsprozessen zu einem gewissen Grad bestimmt und abhängig von gewissen Ressourcen ist (ebd.).

Anhand des Begriffs der *Passung* zeigt sich, wie sich die Interaktionale Diskursanalyse Bourdieu'scher Konzepte bedient. Von einer Passung wird besonders im Kontext des angemessenen Einsetzens diskursiver Fähigkeiten gesprochen: »[E]ine Passung (*Fit*) resultiert, wenn Fähigkeiten, Motivation, Verhaltensstil des Individuums und die Erwartungen und Anforderungen der Umwelt im Einklang miteinander sind« (Altmeyer-Müller 2015, S. 24). Eine Passung gelingt dann, wenn sich Schüler:innen an Bildungsanforderungen anpassen (vgl. Mundwiler 2020, S. 146). Im Bourdieu'schen Sinne ist hier an die Feldillusio anzuknüpfen, denn bei Passung geht es genau darum, dass Akteur:innen das Feld und das Feldinteresse annehmen und möglicherweise verinnerlichen (vgl. Altmeyer-Müller 2015, S. 24). Ein Feld ist nach Bourdieu ein gesellschaftlicher Raum mit einem bestimmten Gegenstand, durch und an den das Verhalten der Akteur:innen angepasst wird (vgl. Lépine 2014, S. 33). Dieser bestimmte Gegenstand, das sogenannte Feldinteresse, ist so zentral, dass dadurch die Akteur:innen in Konkurrenz treten (vgl. Bourdieu 1998, S. 149). Beispiele für soziale Felder sind Justiz, Medizin, Wissenschaft oder Kunst. Im Feld der Medizin beispielsweise wäre das Feldinteresse die Gesundheit. Dabei ist es wichtig, dass die Akteur:innen das Feldinteresse wahrnehmen und es als sinnvoll annehmen: »*Interesse* heißt ›dabeisein‹, teilnehmen, also annehmen, daß das Spiel das Spielen lohnt« (Bourdieu 1998, S. 141). Verinnerlichen Akteur:innen das Feldinteresse, sehen sie es als sinnstiftend, identifizieren sie sich damit und vergessen sie, dass es sich dabei nicht um objektive Verhältnisse handelt, so wird von einer Illusio gesprochen (vgl. Bourdieu 1990, S. 115ff.). Daraus folgt, dass das Eigeninteresse mit dem Feldinteresse gleichgesetzt wird (vgl. Bourdieu 1998, S. 142f.). Das gilt natürlich auch für das soziale Feld *Schule*. Die konkurrierenden Akteur:innen darin sind u. a. die Schüler:innen und das Feldinteresse die *Bildung*. Hier kommen wir wieder zum Begriff der Passung zurück: Verinnerlichen Schüler:innen das Feldinteresse, passen sie ihr Verhalten erfolgreich danach an und genügen demnach den konkreten Anforderungen, die das Feldinteresse materialisieren, so spricht man von Passung. Wenn sich Schüler:innen aber nicht entsprechend verhalten (z. B. durch Fernbleiben, Stören oder Verweigern der Teilnahme), so wird dieses Verhalten in der Regel sanktioniert. Es entspricht dann nicht dem Feldinteresse. Auch wenn Wasim sich durch sein Verhalten bei der Fragebeantwortung grundsätzlich dem Feldinteresse anpasst – er geht motiviert auf die Frage ein, denkt nach, versucht die Frage zu beantworten und beantwortet sie dann auch –, genügt er einer zentralen Anforderung der konkreten Unterrichtssituation nicht. Er hat zwar das Wissen um den Gegenstand, kann ihn aber nicht auf Deutsch benennen. Da sein Verhaltensstil und Motivation angepasst sind, seine Fähigkeiten aber nur zum Teil, ist wohl von einer mittleren bis höheren Passung zu sprechen, nicht aber von einer vollständigen.

Ethnografie als Epistemologie bringt auch gewisse Perspektiven auf Sprache mit sich: Sprache wird als Ressource gesehen, die Menschen zur Verfügung steht und Teil menschlicher Verhaltensweisen ist (vgl. Blommaert 2018, S. 4f.). Sie wird dabei nicht als statifiziertes Produkt, sondern als Prozess gesehen (vgl. Blommaert 2018, S. 5). Es geht um die Performanz, die immer in bestimmte historische, politische und soziale Kontexte eingebunden ist, womit Ungleichheiten und Möglichkeiten einhergehen (vgl. Blommaert/Dong 2010, S. 8). Da sie nicht isolierbar ist, bedeutet das Erforschen von Sprache aus einer ethnografischen Perspektive das Erforschen von Diskursgemeinschaften (vgl. Hymes 1996, S. 60). Die Interaktionale Diskursanalyse trifft daran anknüpfende Aussagen: durch diskursive Praktiken wird gesellschaftliches Leben geregelt und für die jeweilige Gemeinschaft relevante Probleme bearbeitet (vgl. Morek/Heller/Quasthoff 2017, S. 19). Daraus folgt, dass diskursive Praktiken als Prozess im Zusammenleben (oder in diesem Fall als für den Unterricht relevante Verfahren) angenommen werden, deren Fähigkeit an unterschiedliche Ressourcen geknüpft sind, bewertet werden und mit Gruppenzugehörigkeit assoziiert werden (vgl. Quasthoff/Heller/Morek 2021b, S. 14). Hier wird also die übergreifende Idee davon deutlich, dass Sprache oder vielmehr Sprechen immer nur im Kontext möglich ist, immer mit sozialen Verhältnissen einhergeht und immer Konsequenzen mit sich bringt.

4.1 Bedeutung für die Datensammlung

In der Beziehung zwischen Daten und Theoriebildung findet sich eine potenzielle Konfliktlinie zwischen Ethnografie und Interaktionaler Diskursanalyse. Letztere folgt in der Theoriebildung und Analyse nämlich den Daten, sie geht also grundsätzlich induktiv vor (Quasthoff/Heller/Morek 2021b, S. 23). Ethnografische Ansätze hingegen sind von abduktivem Vorgehen geprägt, d.h. die Beziehung zwischen Theorie und Empirie – wobei es sich dabei nicht um vollkommen voneinander trennbare Bereiche handelt – wird als dynamisch, rekursiv und als sich immer wieder aufeinander abstimmend verstanden (vgl. dazu Agar 2006). Stimmen die Erfahrungen aus dem Feld etwa nicht mit Vorannahmen überein, so gilt das Schaffen neuer Wege als notwendig (vgl. Ellingson/Sotirin 2020, S. 11). Der Vorteil einer ethnografischen Herangehensweise ist das Ermutigen zur Flexibilität (vgl. Agar 2006, Abs. 81). Aus dem Grund plädiere ich in der Synthese aus Ethnografie und Interaktionaler Diskursanalyse für ein abduktives Vorgehen. Gerade im Bereich der DaZ-Forschung ist es wichtig zu erkennen, dass Schüler:innen und Lehrende mit ständig neuen und vielschichtigen Herausforderungen konfrontiert sind. Ein an diese Tatsache angepasstes Vorgehen beim Versuch, diese komplexen Situationen zu verstehen, empfinde ich als zielführend.

In weiterer Folge stellt sich die Frage, was denn überhaupt als Daten gilt. Aus dem starken Fokus der Gesprächsanalyse auf Sprechen in Interaktion folgt logisch, dass für die Analyse gesprochener Sprache Audioaufnahmen der sinnvollste Weg sind (vgl. Seedhouse 2005, S. 167). Allerdings zeigen gesprächsanalytische Arbeiten ab den 1980ern, dass in Interaktion nicht nur durch Sprache Bedeutung hergestellt wird (vgl. dazu Goodwin 1984 oder Heath 1986). Hier wurden zur Datenerhebung auch Videoaufnahmen erstellt, wodurch Modi wie Blick, Körperhaltung, Mimik, Gestik, Proxemik etc. in die Analyse miteinbezogen werden konnten (vgl. Heath 1986, S. 5f.). Die Ansicht, dass Daten über Audioaufnahmen hinausgehen können und sollen, wird auch von der Interaktionalen Diskursanalyse vertreten (vgl. Quasthoff 2021, S. 47). Ethnografische Perspektiven hier einzubringen, führt zu einer noch größeren Öffnung: Ethnografische Daten kann nämlich fast alles sein, was als Daten interpretiert wird (vgl. Ellingson/Sotirin 2020, S. 5). Ethnografisches Vorgehen bei der Datensammlung begrenzt sich nicht auf eine Form von Daten (z. B. Audioaufnahmen), sondern eröffnet die Möglichkeit, alles, was erhoben werden kann, zu sammeln (vgl. Blommaert/Dong 2010, S. 29f.). Im Zentrum dieser Art der Datensammlung befindet sich die tatsächliche Anwesenheit der Forschenden im Feld. Die Sammlung diverser Daten bezeichne ich angelehnt an Blommaert/Dong (2010, S. 31) als Archiv. Das Archiv aus meiner Zeit in einer Mittelschule besteht etwa aus Audioaufnahmen vom Englischunterricht der 4B mit der Lehrerin Frau A. und ihrem *Native Speaker* Mr H. sowie von zwei Interviews bzw. Gesprächen mit Frau A., Feldnotizen von jeder einzelnen Unterrichtsstunde der 4B mit Frau A. sowie der Pausen und von supplierten Stunden, Reflexionen über meine Zeit im Feld und interessante Erfahrungen, Kopien so gut wie aller Unterrichtsmaterialien, von Tests, Schularbeiten und den Texten, die die Kinder im Zuge der Englischschularbeit schreiben mussten und schließlich Fotos von der Umgebung, dem Klassenzimmer und von sonstigen, vereinzelten Momenten. Für die Analyse mit der Interaktionalen Diskursanalyse in einer ethnografischen Epistemologie bilden die Audioaufnahmen die primäre Quelle. Das Miteinbeziehen aller anderen zur Verfügung stehenden Daten bei der Interpretation der Ergebnisse stellt aber ein entscheidendes Merkmal für die hier besprochene Herangehensweise dar.[2]

Auf diese Art und Weise konnte ich beispielsweise auch Wasim so gut kennenlernen. Allein aus den Audioaufnahmen wüsste ich nicht, dass er in Afghanistan geboren wurde, in Tirol aufgewachsen ist und seine große Familie dann nach Wien gezogen ist. Ich wüsste nicht, dass er früher oft von einer Gruppe Mädchen geärgert wurde und sich dann in der Schulgemeinschaft durch seine Position als Schulsprecher behaupten konnte. Ich wüsste nicht, dass er es sich teilweise selbst zur Aufgabe macht, den Klassenclown zu spielen und dass die Schule einen großen Teil seines sozialen Netzwerks ausmacht. Ich wüsste nicht, dass seine besten Freunde Zoran, Dragan und Gabir sind. Ich wüsste nicht über seinen Charakter und sein Verhalten außerhalb der Englischstunden Bescheid. Das sind alles Informationen, die von großer Bedeutung sind, um das Verhalten und die Antwort von Wasim zu kontextualisieren. Dennoch gilt es in Erinnerung zu behalten, dass die Daten nicht materialisierte Abbildungen der Wirklichkeit sind (vgl. Ellingson/Sotirin 2020, S. 5). Wie im vorhergehenden Abschnitt beschrieben, ist das Archiv immer durch die Aufmerksamkeit und Priorisierung, wie auch durch die Positioniertheit der Forschenden bestimmt (vgl. Emerson/Fretz/Shaw 2011, S. 9). Das Festlegen einer Erfahrung im Feld, sei es durch Schreiben oder Aufnehmen, ist immer auch ein Einschränken (vgl. Dicks/Soyinka/Coffey 2006, S. 78).

Zudem kann natürlich nicht alles einfach aufgenommen, fotografiert, gefilmt, aufgeschrieben oder auf sonstige Weise erhoben werden, denn abgesehen von institutionellen und inhaltlichen Beschränkungen, müssen auch ethische Aspekte berücksichtigt werden (vgl. Ellingson/Sotirin 2020, S. 11 ff.). Dazu zählt die Reflexion über die Konsequenzen, die der Feldaufenthalt der Forschenden für die Beforschten hat (vgl. Heller/Pietikäinen/Pujolar 2018, S. 30 f.). Das ist für die Interaktionale Diskursanalyse relevant, gerade weil ihr Forschungsziel ein normatives Unternehmen ist, nämlich die Unterrichtstransformation hin zu gleichen Teilhabechancen für alle Schüler:innen.

Durch die Perspektive, dass jede Erfahrung das Potenzial hat, zu Daten zu werden, führt die Kombination der Ethnografie mit der Interaktionalen Diskursanalyse zu einer Öffnung der letzteren.

---

2 Eine festgelegte Reihenfolge oder Art des Aufeinanderbeziehens kann nicht empfohlen werden, da dies im Sinne der Ethnografie an jedes einzelne Projekt sorgfältig angepasst werden sollte.

4.2 Implikationen für die Analyse

Hinsichtlich der Analyse interpretiere ich die Beziehung zwischen Ethnografie und Interaktionaler Diskursanalyse genau umgekehrt. Hier ist es möglich, die oft überwältigende und abstrakt scheinende Offenheit der Ethnografie zu konkretisieren und durch die Analyse von Transkripten zu materialisieren.

Für Gesprächsanalysen charakterisierend ist das Ziel, durch die Analyse eine emische Perspektive anzunehmen (vgl. Seedhouse 2005, S. 166). Aus der hier vertretenen Perspektive abduktiven Vorgehens und der Reflexion der eigenen Positioniertheit resultiert eine Uneinigkeit mit diesem Ziel: Die Ethnografie nimmt an, dass man als Forschende:r nie vollständiges Mitglied der Gemeinschaft wird, die man untersucht (vgl. Schensul/LeCompte 2013, S. 25). Auch wenn man im Alltagsleben tatsächlich Teil der Gemeinschaft ist, die man beforscht, so hat die eigene Präsenz als Ethnograf:in doch Auswirkungen auf die Akteur:innen im Feld (vgl. Blommaert/Dong 2010, S. 27). Zudem verändert man mit der eigenen Anwesenheit das Geschehen im Feld, die Akteur:innen passen sich an: »There is always an observer's effect, and it is important to realise that: you are never observing an event as if you were not there« (ebd.).

Als ich Wasim an meinem ersten Tag in der Schule kennen gelernt habe, habe ich neben ihm gesessen. An diesem Tag war er ruhig, beinahe schüchtern, hat Abstand von mir gehalten und seinen Kopf fast nicht in meine Richtung zu drehen gewagt. Nachdem Frau A. und ich nach der Englischstunde gemeinsam die Klasse verlassen haben, erwähnte sie, als wir weit genug entfernt von den Schüler:innen waren: »Gott sei Dank bist du da, dann sind die Kinder etwas angenehmer.« Tatsächlich konnte ich die 4B und somit Wasim auch noch auf ganz andere Weisen kennenlernen. Zuerst dachte ich etwa, Wasim hat sich den Platz in der ersten Reihe ausgesucht, weil es ihm wichtig ist, das Unterrichtsgeschehen genau verfolgen zu können. Ein paar Wochen danach habe ich erfahren, dass ihn Frau A. in die erste Reihe gesetzt hat, damit sie ihn besser im Blick behalten kann und er den Unterricht weniger stört.

Mit der ethnografischen Brille, die man sowohl im Feld als auch bei der Analyse aufsetzt, kommt eine Möglichkeit der Entfremdung einher (vgl. Amann/Hirschauer 1997). Hier zeigt sich ein Vorteil der Zusammenführung eines ethnografischen Zugangs mit einem gesprächsanalytischen Ansatz. Durch das für Gesprächsanalysen übliche Transkribieren der Aufnahmen ist es möglich, einen mikroskopischen Blick auf das Erlebte im Feld zu gewinnen (vgl. Amann/Hirschauer 1997, S. 13). Das ist genau, was bei ethnografischen Analysen geschieht: Man entfremdet sich von einer Situation, um das Besondere daran zu erkennen.

Wie viel Außer-Sprachliches und v. a. Außer-Mündliches soll nun in die Analyse mitaufgenommen werden? Anders ausgedrückt: Wie viel Kontext darf miteinbezogen werden? Nachdem nun Kontexteinflüsse schwierig quantifizierbar sind, aber natürlich dennoch maßgeblich Gespräche beeinflussen, haben Gesprächsanalysen den Anspruch zu zeigen, welche dieser Einflüsse nun tatsächlich relevant für die Gesprächsteilnehmenden in einer konkreten Gesprächssituation sind (vgl. Seedhouse 2005, S. 180). Gesprächsanalysen vertreten aber oft ein enges Kontextverständnis und legen einen sehr starken Fokus auf Mündlichkeit. Hier erweist sich die Interaktionale Diskursanalyse als Ansatz, der zwar gesprächsanalytisch vorgeht, aber dennoch flexibel in Bezug auf das Miteinbeziehen von Kontexteinflüssen ist (vgl. Quasthoff 2021, S. 47). So stellt die Interaktionale Diskursanalyse zwar mündliche Kommunikation in den Vordergrund (vgl. Quasthoff/Heller/Morek 2021a, S. 1), regt aber dennoch dazu an, die Grenzen gesprächsanalytischer Prinzipien aufzuweichen und zu überschreiten (vgl. Quasthoff 2021). Immerhin stellt die Interaktionale Diskursanalyse Fragen zu Ressourcen und Erwerbskontexten, womit auch Unterrichtssituation und soziale Umfelder gemeint werden (vgl. Quasthoff/Heller/Morek 2021b, S. 20). Die Schwierigkeit, diesem Anspruch durch strikt gesprächsanalytische Daten gerecht zu werden, wird auch in der Interaktionalen Diskursanalyse reflektiert (vgl. Quasthoff 2021, S. 47). Ethnografische Ansätze sehen es als nicht zweckmäßig, Sprache von Kontext zu isolieren, wie Blommaert/Dong (2010, S. 7) forcieren, wenn sie ihr Verständnis von Sprache selbst erarbeiten: »To language, there is always a particular function, a concrete shape, a specific model of operation, and an identifiable set of relations between singular acts of language and wider patterns of resources and their functions. Language is context.« In dem Sinne plädiere ich in einer Zusammenführung dieser beiden Ansätze für ein flexibles Kontextverständnis, das sowohl situationelle als auch sozio-politische und historische Einflüsse miteinbezieht.

Um das am Beispiel aus der Einleitung zu verdeutlichen, wissen wir nur durch die ethnografische Arbeit, dass es sich bei der Übersetzungsübung um eine etablierte Praxis dieser Diskursgemeinschaft handelt und dass die Antwort von Wasim deshalb kein Missverständnis sein kann. Das ist bedeutsames Wissen für die Interaktionale Diskursanalyse, durch die wir auch erfahren, dass das Zungenschnalzen und Zögern Indikatoren für das schülerseitige Bewusstsein ist den Erwartungen nicht ganz entsprechen zu können. Im folgenden Abschnitt wird gezeigt, wie bei der Interpretation der Analyse auch sozio-politisches Kontextwissen miteinbezogen werden kann. Das flexible Einbeziehen von Kontextwissen in die Interaktionale Diskursanalyse ist hier zentral, da sonst andere Schlussfolgerungen gezogen werden könnten.

5 Conclusio

Die Kombination gesprächsanalytischer Ansätze mit ethnografischen Vorgehensweisen erlaubt Kreativität in jedem Abschnitt des Projekts. Dafür bietet sich die Interaktionale Diskursanalyse an, da es sich dabei um einen gesprächsanalytisch orientierten Ansatz handelt, der durch sein Interesse an globalen Einheiten in Interaktionen offen gegenüber Abänderungen starrer methodologischer Grenzen ist (vgl. Quasthoff 2020, S. 44ff.).

Forcieren möchte ich hier noch einmal, dass die Beziehung zwischen den beiden Ansätzen deshalb so fruchtbar ist, weil ethnografische Zugänge die Möglichkeiten der Interaktionalen Diskursanalyse öffnen, die Interaktionale Diskursanalyse die Ethnografie hingegen konkretisiert. Dabei steht den Forschenden die Flexibilität zur Verfügung, die sie für jede Situation als jeweils angemessen empfinden. Um also nachhaltige Lösungen für kommunikative Probleme in diversen Unterrichtssituationen zu finden, plädiere ich für eine abduktive Vorgehensweise mit ethnografischen Grundannahmen und einer rekonstruktiven Analyse diskursiver Praktiken von Diskursgemeinschaften. Dafür bietet sich meiner Ansicht nach eine Synthese aus gesprächsanalytisch-orientiertem und ethnografischem Vorgehen an. Die Vorteile davon sind zusammenfassend folgende:

- Das Hinterfragen der eigenen Positioniertheit führt dazu, den Einfluss auf die Forschungsarbeiten reflektieren und transparent machen zu können.
- Das Forschen wird als reziproker Lernprozess bzw. als Zusammenarbeit mit denjenigen gesehen, mit denen man seine Zeit im Feld verbringt. Man lernt über sich gegenseitig sowie über die Geschichte der Gemeinschaft und Individuen.
- Nicht nur sozialen Praktiken wird Beachtung gegeben, sondern vor allem, wie sie welche Bedeutung für eine Gemeinschaft schaffen.
- Die Interaktionale Diskursanalyse bietet bereits einen mehr oder weniger fixen Rahmen, innerhalb dessen das Projekt durchgeführt werden kann.
- Ethnografie bedeutet für die Analyse vor allem Kreativität und Flexibilität in Datensammlung, -aufbereitung, Analyse und Interpretation im sinnvollen Ermessen für das eigenen Projekt.

Auf diese Art und Weise kann auch das Problem von Wasim besser verstanden werden. Die Lehrerin bewertet die Passung von Wasim auf zweierlei Arten. Sie signalisiert ihm, zu verstehen, dass er weiß, was ein *carpet* ist. Gleichzeitig verdeutlicht sie ihm, dass es sich in einer Testsituation dabei nicht um angemessene Passung handeln würde. Dabei wird nämlich nicht getestet, ob die Schüler:innen wissen, was das Konzept *Teppich* ist, sondern ob sie das Wissen um dieses Konzept in die deutschen Zeichen *Teppich* übersetzen können. Hier zeigt sich der

Ethnografie und Interaktionale Diskursanalyse

monolinguale Habitus an österreichischen Schulen sehr deutlich (vgl. Fleck 2013, S. 17.), und zwar auch im Fremdsprachenunterricht. Wasim weiß also, was ein Teppich ist. Er kann es nur in dem bestimmten Moment und in der bestimmten Sprache nicht verbalisieren. Wasim weiß auch, was für diesen Fall, die richtige Antwort ist: »Weiß ich jetzt nicht«. سجادة[3] oder غالى[4] sind in dieser hochinstitutionalisierten Unterrichtssituation – in der es eine klare Moderation gibt, eine Passungsagentin, die entscheidet, was richtig und falsch ist – nicht nur inkorrekt, sondern werden möglicherweise sanktioniert. Es handelt sich dabei nämlich einerseits um die falschen Sprachen für den Englischunterricht und andererseits um die falschen Sprachen für das Schulgebäude. Wasim weiß das. Alle Kinder wissen das. Es ist besser, die Antwort nicht zu wissen, anstatt sie durch die falschen Zeichen zu verlautbaren.

Literaturverzeichnis

Agar, Michael: The Professional Stranger: An Informal Introduction to Ethnography. Orlando et al. 1980.

Agar, Michael: ›An Ethnography By Any Other Name …‹, in: *Forum: Qualitative Social Research* 2006/4f., Art. 36.

Altmeyer-Müller, Simona: Beurteilung von Verhalten und Lernen von Schulkindern durch Lehrpersonen: Eine Frage der Passung. Zürich 2015.

Amann, Klaus/Hirschauer, Stefan: ›Die Befremdung der eigenen Kultur: Ein Programm‹, in: Hirschauer, Stefan/Amann, Klauss (Hg.): *Die Befremdung der eigenen Kultur: Zur ethnographischen Herausforderung soziologischer Empirie.* Frankfurt am Main 1997, S. 7–52.

Blommaert, Jan: ›Bourdieu the Ethnographer: The ethnographic Grounding of Habitus and Voice‹, in: *The translator* 2005/11 (2), S. 219–236.

Blommaert, Jan/Dong, Jie: Ethnographic fieldwork: A beginner's guide. Bristol 2010.

Blommaert, Jan. Dialogues with Ethnography: Notes on Classics, and How I Read Them (Encounters 10). Bristol 2018.

Bourdieu, Pierre: In Other Words: Essays Towards a Reflexive Sociology. Stanford 1990.

Bourdieu, Pierre: Praktische Vernunft: Zur Theorie des Handelns. Frankfurt am Main 1998.

Cichon, Peter/Cichon, Ludmila (Hg.): Didaktik für eine gelebte Mehrsprachigkeit. Wien 2009.

Cook-Gumperz, Jenny: ›The social construction of literacy‹, in: Cook-Gumperz, Jenny (Hg.): *The Social Construction of Literacy* (2. Aufl.). Cambridge 2006, S. 1–18.

Dicks, Bella/Soyinka, Bambo/Coffey, Amanda: ›Multimodal ethnography‹, in: *Qualitative Research* 2006/6 (1), S. 77–96, verfügbar unter: https://doi.org/10.1177/1468794106058876 [08.10.2022].

---

3 Arabisch für *Teppich.*
4 Paschtu für *Teppich.*

Ellingson, Laura L./Sotirin, Patty: Making Data in Qualitative Research: Engagements, Ethics, and Entanglements. London 2020.

Emerson, Robert M./Fretz, Rachel I./Shaw, Linda L.: Writing Ethnographic Fieldnotes (2. Aufl.). Chicago 2011.

Fleck, Elfie: ›Zur Situation von lebensweltlich mehrsprachigen SchülerInnen: aktuelle Lage und neuere Entwicklungen in der Bildungspolitik‹, in: de Cillia, Rudolf/Vetter, Eva (Hg.): *Sprachenpolitik in Österreich*. Frankfurt am Main 2013, S. 9–28.

Garcia, Ofelia: ›Education, multilingualism and translanguaging in the 21st century‹, in: Skutnabb-Kangas, Tove/Phillipson, Robert/Mohanty, Ajit K./Panda, Minati (Hg.): *Social justice through multilingual education*. Clevedon 2009, S. 140–158.

Goodwin, Charles: ›Notes on Story Structure and the Organization of Participation‹, in: Atkinson, J. Maxwell/Heritage, John (Hg.): *Structures of Social Action*. Cambridge 1984, S. 225–246.

Green, Judith/Bloome, David: ›Ethnography and Ethnographers of and in Education: A situated Perspective‹, in: Flood, James/Lapp, Diane/Heath, Shirley Brice (Hg.): *Handbook of Research on Teaching Literacy Through the Communicative and Visual Arts*. London/New York 2005, S. 181–202.

Gumperz, John J./Hymes, Dell (Hg.): Directions in Sociolinguistics: The Ethnography of Communication. New York et al. 1972.

Gumperz, John J./Cook-Gumperz, Jenny: ›Studying language, culture, and society: Sociolinguistics or linguistic anthropology?‹, in: *Journal of Sociolinguistics* 2008/12 (4), S. 532–545.

Hammersley, Martyn/Atkinson, Paul: Ethnography: Principles in Practice (3. Aufl.). London 2007.

Heath, Christian: Body movement and speech in medical interaction. Cambridge et al. 1986.

Heller, Monica: Linguistic Minorities and Modernity: A Sociolinguistic Ethnography (2. Aufl.). London/New York 2006.

Heller, Monica/Pietikäinen, Sari/Pujolar, Joan: Critical Sociolinguistic Research Methods: Studying Language Issues That Matter. New York 2018.

Hymes, Dell: ›Models of the interaction of language and social life‹, in: Gumperz, John J./Hymes, Dell (Hg.): *Directions in Sociolinguistics: The Ethnography of Communication*. New York et al. 1972, S. 35–71.

Hymes, Dell: Ethnography, Linguistics, Narrative Inequality: Toward an Understanding of Voice. London/Bristol 1996.

Jordan, Shirley Ann: ›Writing the Other, Writing the Self: Transforming Consciousness Through Ethnographic Writing‹, in: *Language and Intercultural Communication* 2001/1 (1), S. 40–56, verfügbar unter: https://doi.org/10.1080/14708470108668062 [22.10.2022].

Lépine, René/Lorenz, Ansgar: Pierre Bourdieu: Philosophie für Einsteiger. Paderborn 2014.

Lin, Angel: ›Classroom code-switching: Three decades of research‹, in: *Applied Linguistics Review* 2013/4 (1), S. 195–218.

Morek, Miriam/Heller, Vivien/Quasthoff, Uta: ›Argumentieren und Erklären: Konzepte, Modellierungen und empirische Befunde im Rahmen der linguistischen Erwerbs- und Unterrichtsforschung‹, in Meißner, Iris/Wyss, Eva L. (Hg.): *Begründen – Erklären – Argumentieren: Konzepte und Modellierungen in der Angewandten Linguistik*. Tübingen 2017, S. 11–45.

Mundwiler, Vera: ›(An-)Passung von Selbst- und Fremdbeurteilungen im Kontext schulischer Beurteilungsgespräche‹, in Kotthoff, Helga/Heller, Vivien (Hg.): *Ethnografien und Interaktionsanalysen im schulischen Feld*. Tübingen 2020, S. 143–164.

Pfadenhauer, Michaela: ›Grenzziehungen, Grenzverläufe, GrenzgängerInnen: Zum kulturanalytischen Potenzial der Ethnografie‹, in: *Forum Qualitative Sozialforschung* 2017/ 18 (1), Art. 12.

Quasthoff, Uta/Krah, Antje: ›Familiale Kommunikation als Spracherwerbsressource: das Beispiel argumentativer Kompetenzen‹, in Neuland, Eva (Hg.): *Sprache der Generationen* (Thema Deutsch 12). Mannheim 2012, S. 115–132.

Quasthoff, Uta/Heller, Vivien/Morek, Miriam: ›On the sequential organization and genreorientation of discourse units in interaction: An analytic framework‹, in: *Discourse Studies* 2017/19 (1), S. 84–110.

Quasthoff, Uta/Stude, Juliane: ›Narrative Interaktion: Entwicklungsaufgabe und Ressource des Erzählerwerbs‹, in: *Zeitschrift für Literaturwissenschaft und Linguistik* 2018/48, S. 249–275, verfügbar unter: https://doi.org/10.1007/s41244-018-0092-8 [22.10.2022].

Quasthoff, Uta: ›Methodische Überlegungen zur Datenbasis in der Interaktionalen Diskursanalyse: Grundlegendes zur Erhebung von Stichproben und Korpora‹, in: Quasthoff, Uta/Heller, Vivien/Morek, Miriam (Hg.): *Diskurserwerb in Familie, Peergroup und Unterricht: Passungen und Teilhabechancen*. Berlin/Boston 2021, S. 43–75.

Quasthoff, Uta/Heller, Vivien/Morek, Miriam (Hg.): Diskurserwerb in Familie, Peergroup und Unterricht: Passungen und Teilhabechancen. Berlin/Boston 2021.

Quasthoff, Uta/Heller, Vivien/Morek, Miriam: ›Zur Einführung in den Band‹, in: Quasthoff Uta/Heller, Vivien/Morek, Miriam (Hg.): *Diskurserwerb in Familie, Peergroup und Unterricht: Passungen und Teilhabechancen*. Berlin/Boston 2021a, S. 1–9.

Quasthoff, Uta/Heller, Vivien/Morek, Miriam: 2021b. ›Diskurskompetenz und diskursive Partizipation als Schlüssel zur Teilhabe an Bildungsprozessen: Grundlegende Konzepte und Untersuchungslinien‹, in: Quasthoff, Uta/Heller, Vivien/Morek, Miriam (Hg.): *Diskurserwerb in Familie, Peergroup und Unterricht: Passungen und Teilhabechancen*. Berlin/Boston 2021b, S. 13–34.

Rampton, Ben: Language in Late Modernity: Interaction in an Urban School (Studies in Interactional Sociolinguistics 22). Cambridge 2006.

Rampton, Ben: ›Neo-Hymesian linguistic ethnography in the United Kingdom‹, in: *Journal of Sociolinguistics* 2007/11 (5), S. 584–607.

Rampton, Ben/Maybin Janet/Roberts, Celia: ›Methodological foundations in linguistic ethnography‹, in: *Tilburg Papers in Culture Studies* 2014/102, S. 1–24.

Sanjek, Roger: Ethnography in Today's World: Color Full Before Color Blind. Philadelphia 2014.

Schensul, Jean J./ LeCompte, Margaret D.: Essential Ethnographic Methods: A Mixed Methods Approach (Ethnographer's Toolkit 3) (2. Aufl.). Lanham 2013.

Seedhouse, Paul: ›Conversation Analysis and language learning‹, in: *Language Teaching* 2005/38 (4), S. 165–187.

Steinig, Wolfgang: ›Sprache, Bildung und soziale Herkunft‹, in: Kilian, Jörg/Brouër, Birgit/ Lüttenberg, Dina (Hg.): *Handbuch Sprache in der Bildung*. Berlin 2016, S. 68–98.

Wacquant, Loïc: ›Following Pierre Bourdieu into the field‹, in: *Ethnography* 2004/5 (4), S. 387–414, verfügbar unter: https://doi.org/10.1177/1466138104052259 [05.10.2022].

Wild, Elke/Quasthoff, Uta/Hollmann, Jelena/Otterpohl, Nantje/Krah, Antje/Ohlhus, Sören: ›Die Rolle familialer Unterstützung beim Erwerb von Argumentationskompetenz in der Sekundarstufe I‹, in: *Diskurs Kindheits- und Jugendforschung* 2012/1, S. 101–112.

Jennifer Müller

Theoretische Sensibilität, Kodieren und *all is data*: Das Potenzial der Grounded Theory Methodology für die empirische Unterrichtsforschung

Abstract
This given paper is about the potential of Grounded Theory Methodology for research in the context of teaching. The main spotlights in this article are the growing theoretical sensitivity of the researcher during the research process, the coding and categorizing for insights and knowledge gain as well as the dictum *all is data* to consider multiple perspectives. An interdisciplinary PhD project about the challenges of German as a Second Language learners in history classes will be used for illustration purposes.
Keywords: Grounded Theory Methodology, Theoretical Sampling, Theoretical Sensitivity, coding, German as a second language learners in German mainstream classrooms

Im vorliegenden Beitrag wird das Potenzial der Grounded Theory Methodology im Kontext (fremd- und zweitsprachen-)didaktischer Forschung vorgestellt. Dabei werden insbesondere die zunehmende theoretische Sensibilität des bzw. der Forschenden während des Forschungsprozesses, das Kodieren und Kategorisieren als Möglichkeit des Erkenntnisgewinns und das Diktum *all is data* zur Berücksichtigung vielfältiger Perspektiven fokussiert. Zur Veranschaulichung werden Auszüge einer interdisziplinären Dissertation zu den Herausforderungen von ehemaligen Intensivklassenschüler*innen im Geschichtsunterricht herangezogen.
Schlagwörter: Grounded Theory Methodologie, Theoretical Sampling, Theoretische Sensibilität, kodieren, DaZ-Lernende in Regelklassen an deutschen Schulen

1 Einleitung

Die Grounded Theory Methodology (GTM) wurde erstmals 1967 von Glaser/ Strauss vorgestellt und ist heute einer der meistverwendeten qualitativen Forschungsansätze weltweit (vgl. Bielefelder Arbeitsgruppe Forschungsmethodik DaF/DaZ 2021, S. 272). GTM ist dabei nicht bloß eine Methode zur Auswertung von Daten, sondern kann als Forschungsrahmen einer Studie verstanden werden, da sie u. a. auch Einfluss auf das Design, die forschungspraktische Umsetzung und den Umgang mit (theoretischem) Vorwissen nimmt. In diesem Artikel soll am Beispiel einer interdisziplinären Dissertation im Bereich Deutsch als Zweitsprache und Geschichtsdidaktik exemplarisch der Forschungsweg bei der Anwendung der Grounded Theory Methodology (vor allem orientiert an Strauss/Corbin 1996[1]) aufgezeigt werden.

Wird GTM angewandt, ist das Ziel des Forschungsprozesses eine gegenstandsverankerte Theorie (*grounded theory*), die aus einer fokussierten qualitativen Analyse von Daten generiert wird. Dabei wird abwechselnd induktiv und deduktiv analysierend vorgegangen, indem aus dem erhobenen Datenmaterial Hypothesen generiert werden, welche anschließend anhand weiterer Materials verifiziert oder verworfen werden. Auf diese Weise entsteht eine das untersuchte Phänomen abbildende konzeptionell dichte Theorie mit zahlreichen Querverbindungen (vgl. Strauss/Corbin 1996, S. 7).

Bei der Herstellung dieser Querverbindungen sind vor allem die Theoretische Sensibilität (Kap. 2), der Umgang mit und die Integration von vielfältigen Datenquellen (Kap. 3) sowie die Analyse und Interpretation der Daten durch Kodieren und Kategorienbildung (Kap. 4) wichtig, weshalb diese in diesem Beitrag näher vorgestellt werden. Ziel des Beitrags ist das Aufzeigen des Potenzials der GTM für empirische Unterrichtsforschung, insbesondere im Kontext von (fremd- und zweitsprachen-)didaktischer Forschung.

2 Theoretische Sensibilität – oder: Die Rolle der Forschenden in der GTM

Der Begriff Theoretische Sensibilität beschreibt das im Laufe des Forschungsprozesses immer größer werdende Bewusstsein »für die Feinheiten in der Bedeutung von Daten« (Strauss/Corbin 1996, S. 25). Da GTM-Studien grundsätzlich explorativ ausgerichtet sind, stehen die aus den Daten emergierenden Themen bzw. Phänomene im Vordergrund und beeinflussen die nächsten Schritte in Datengenerierung und -auswertung (vgl. Kap. 3).

Die Ausprägung der Theoretischen Sensibilität zu Beginn einer empirischen Studie hängt sowohl von den beruflichen und persönlichen Vorerfahrungen der Forschenden[2] als auch vom Vorwissen durch die theoretische Auseinandersetzung mit der entsprechenden Forschungsliteratur ab (vgl. Truschkat et al. 2011, S. 358). Diese Ausgangspunkte können als Anregung zum Nachdenken verstanden werden (vgl. Strübing 2014, S. 60) und entwickeln sich im Laufe des Forschungsprozesses kontinuierlich weiter.

---

1 In dieser Arbeit wird der deutschsprachige Diskurs der GTM fokussiert. Für einen Überblick über die internationalen Entwicklungen der Methodologie siehe bspw. Mey/Mruck 2011.

2 Für einen Überblick über den Zusammenhang von GTM und theoretischem Vorwissen sowie unterschiedliche Positionen zu der Thematik siehe Strübing (2014, S. 58–60).

Die Perspektive der Forschenden wird damit nicht als Störvariable verstanden[3], stattdessen fließen die Erfahrungen und eigenen Bezüge zum Feld in den Forschungsprozess mit ein und werden reflektiert in Beziehung zu den Daten gesetzt. In Auseinandersetzung mit den konkreten Daten und unterstützt durch das forschungsbegleitende Schreiben von Memos (Kap. 3.2) sowie systematisches Kodieren (vgl. Kap. 4) werden Forschende zunehmend sensibler für Auffälligkeiten, Muster und potenzielle Unstimmigkeiten.

Im Folgenden werden zunächst die vor Beginn der Studie vorhandene Theoretische Sensibilität für den Themenkomplex transparent gemacht sowie die Entwicklung des konkreten Forschungsinteresses erläutert (Kap. 2.1). Anschließend werden der Weg zur Präzisierung der Forschungsfrage sowie die ersten Schritte der Datengenerierung vorgestellt (Kap. 2.2).

2.1 Vorhandene Theoretische Sensibilität vor Beginn der Studie

Für Early Career Researchers beginnt empirische Unterrichtsforschung oft mit einem konkreten Problem, auf welches sie in ihrer eigenen Praxis, im Kontext von Praktika, Nebenjobs oder anderen Formen der Interaktion mit dem zu untersuchenden Feld gestoßen sind. Dies trifft auch in dem hier vorzustellenden Forschungsprojekt zu: Im Rahmen von Nachhilfestunden mit Seiteneinsteiger*innen[4] am Ende der Sekundarstufe I fiel mir auf, dass die Lernenden nicht nur Schwierigkeiten damit hatten, Texte aus dem Geschichtsunterricht zu verstehen, sie waren auch meist nicht in der Lage, bei Problemen um Hilfe zu bitten.

Ein im Rahmen des Studiums gelesener Text zum Scaffolding als Möglichkeit, sprachsensiblen Fachunterricht umzusetzen (vgl. Kniffka 2013), bildete den Ausgangspunkt für die Recherche weiterer Beiträge zu diesem Themenkomplex und offenbarte eine konkrete Lücke im aktuellen Forschungsstand: Zu diesem Zeitpunkt (2017) gab es zwar schon einige konkrete Handlungsempfehlungen für sprachsensiblen Fachunterricht aus der Perspektive der MINT-Fächer (vgl. v. a. Leisen 2013), allerdings begann eine systematische Erforschung der fachspezifischen sprachlichen Herausforderungen in den Geisteswissenschaften gerade erst (vgl. bspw. Handro 2015; Hartung 2018).

Das Makro-Scaffolding (vgl. Kniffka 2013; Gibbons 2015) bot einen konkreten Ansatzpunkt für weitere Überlegungen. Meine bisherigen praktischen Erfah-

---

3 Vgl. auch Strübing (2002) zur Rolle der ›klassischen‹ Gütekriterien, hier der Objektivität, in Bezug auf die GTM: Der subjektive Blick der Forschenden ist inhärenter Teil der Erkenntnisgewinnung – es ist »weder damit zu rechnen, noch gar zu wünschen [...], dass alle Interpreten zu gleichen Schlüssen kommen« (Strübing 2002, S. 336).

4 Schüler*innen, die nicht seit der ersten Klasse in Deutschland zur Schule gegangen, sondern erst später in das deutsche Schulsystem eingestiegen sind (z. B. jugendliche Geflüchtete).

rungen im Umgang mit Seiteneinsteiger*innen und die Ausbildung zur Lehrerin für die Fächer Deutsch, Geschichte und Deutsch als Fremd- bzw. Zweitsprache verdichteten sich so zu dem empirisch greifbaren Erkenntnisinteresse, welchen Herausforderungen Seiteneinsteiger*innen beim Lesen von Geschichtstexten begegnen und welche Unterstützungsmöglichkeit ihnen ggf. helfen könnten.

2.2 Forschungsgegenstand und Forschungsfrage

Nach Helfferich (2014, S. 27) sollte eine Forschungsfrage so formuliert werden, dass eine Antwort darauf gegeben werden kann. Der Forschungsprozess sollte entsprechend als ein Weg verstanden werden, an dessen Ende ein Beitrag zu dieser Antwort steht – »und sei es auch nur die Erkenntnis, dass die Frage anders und neu zu formulieren ist« (ebd.). Im Kontext der GTM-Forschung wird die Forschungsfrage allerdings eher als »Ausgangspunkt für die Interpretation« verstanden, »die sich dann in der für die GT typischen Form entlang der Daten weiterentwickelt« (Demirkaya 2014, S. 273). Der Unterschied liegt hier in der Blickrichtung: In der GTM wird zu Beginn der Studie nur formuliert, »was man schwerpunktmäßig untersuchen und was man über den Gegenstand wissen möchte« (Strauss/Corbin 1996, S. 23). Es wird also nicht davon ausgegangen, dass sich zu Beginn des Forschungsprozesses schon voraussehen lässt, was sich im Feld als zentral für das entsprechende Forschungsinteresse herausstellen wird. So beginnt eine GTM-Studie üblicherweise mit einer sehr offenen Forschungsfrage, die im Laufe der Studie basierend auf in den Daten erkannten Zusammenhängen zugespitzt und nach und nach eingeschränkt werden sollte (vgl. Truschkat et al. 2011, S. 356, 374).

Für diese Untersuchung bedeutete dies, dass das Forschungsinteresse bezüglich der Herausforderungen von Seiteneinsteiger*innen beim Lesen von Geschichtstexten zunächst nicht weiter hinsichtlich eines Schwerpunktes wie den sprachlichen Strukturen, Lesestrategien oder emotional-motivationalen Aspekten konkretisiert, sondern stattdessen offen gehalten wurde. Erst im Laufe des Forschungsprozess ergaben sich aus der Analyse der Daten spezifische Kategorien und damit konkrete Schwerpunkte der Untersuchung. Um das Forschungsinteresse greifbarer zu machen, wurden zunächst wissenschaftlich begründete Konzepte wie Lesekompetenz oder linguistische Schwierigkeit für eine genauere Eingrenzung in Betracht gezogen. Diese Überlegungen sind bis heute im Forschungsdesign sichtbar, stellen allerdings nun nur noch eine von mehreren Perspektiven dar. Denn während der Planungsphase des Forschungsprojekts wurde immer deutlicher, dass die durch die gestiegene Aufnahme von Geflüchteten veränderte Situation an Schulen seit Sommer 2015 als Einflussfaktor auf die Lesesituationen im Geschichtsunterricht berücksichtigt werden sollte.

Eine meiner Vorannahmen war, dass je nach Situation (d. h. z. B. nach gelesenem Text, Zeitpunkt in der Unterrichtseinheit, Aufgabenstellung) von den Lernenden auch jeweils ein unterschiedliches Set an Herausforderungen zu bewältigen sei, um den Text zu verstehen. Entsprechend könnten möglicherweise auch linguistisch schwierige Textstellen je nach Situation in unterschiedlichem Ausmaß Einfluss auf das Verständnis nehmen.[5] Diese Vorannahmen und Erkenntnisse aus der Literaturrecherche führten einerseits zur Erstellung eines Textanalyserasters (siehe Müller 2019), welches den Ausgangspunkt für die Auswertung der Unterrichtsmaterialien darstellte und zugleich dazu diente, das Vorwissen der Forschenden explizit zu machen. Andererseits wurde deutlich, dass außerdem Befragungen von Akteur*innen im Feld nötig waren, um mehr über die Einflussfaktoren auf das Lesen von Geschichtstexten zu erfahren. Für das Design der Studie bedeutete dies, dass sowohl in den entsprechenden Unterrichtsstunden hospitiert und die in den Schulen tatsächlich verwendeten Unterrichtsmaterialien erhoben, aber auch Lernende und Lehrkräfte nach den von ihnen wahrgenommenen Herausforderungen befragt wurden.

Die beschriebenen Überlegungen und Schlussfolgerungen zeigen, wie Theoretische Sensibilität den Beginn des empirischen Forschungsprozesses beeinflusst hat und dabei zeitgleich durch die Forschung weiter zunimmt. Truschkat et al. (2011, S. 356) bezeichnen die Theoretische Sensibilität in diesem Zusammenhang auch als »Schlüssel zum Feld«, da sie u. a. auch hilfreich sein kann, um Gatekeeper für die Datengenerierung auszumachen. Dabei hilft beispielsweise die Kenntnis der Abläufe in einem konkreten Forschungsfeld auch dabei, nach der Person mit einer bestimmten ›Rolle‹ im Feld Ausschau zu halten, die z. B. der Zusammenarbeit mit Forschenden eher positiv gegenübersteht.

In Bezug auf die hier vorgestellte Studie waren diese Gatekeeper vor allem die DaZ-Lehrkräfte, welche die Intensivklassen in den jeweiligen Schulen unterrichten. Diese Lehrkräfte sind es meist bereits gewohnt, sich mit Personen außerhalb ihrer Schulen auszutauschen, auch aufgrund der besonderen Position im Kollegium, die sie mit anderen DaZ-Lehrkräften an Schulen im Umkreis verbindet. Zudem hatte sich (zumindest in dem hier untersuchten Landkreis) gerade nach 2015 recht schnell eine Zusammenarbeit zwischen Universität und verschiedenen Schulen etabliert. In den Intensivklassen wurden händeringend

---

5 Die Vermutung der Forschenden war an dieser Stelle, dass nicht jedes Wort und jede Formulierung in jedem Text verstanden werden müssen, um fachlich mit einem Text weiterarbeiten zu können, sondern dass es relevantere und weniger relevante Textstellen gibt (siehe auch Müller 2019).

ehrenamtliche Helfende gesucht, welche in vielen Fällen aus den Studierenden der DaF-/ DaZ- oder anderer Lehramtsfächer gewonnen wurden.

Die DaZ-Lehrkräfte waren dementsprechend einerseits sehr offen für eine Forschungskooperation, andererseits hatten sie Zugang zu für die Erforschung von Herausforderungen von Seiteneinsteiger*innen relevanten Situationen. So stellten sie im Fall der hier vorgestellten Studie den Kontakt zu Geschichtslehrkräften her, informierten diese im Vorfeld über die Studie und stellten sicher, dass sie mit den Rahmenbedingungen der Zusammenarbeit einverstanden waren. Sobald ein erster Zugang auf diese Weise ermöglicht wurde, konnte die Datengenerierung beginnen, welche im folgenden Kapitel näher beschrieben werden soll.

3   *All is data* – Datengenerierung

Das Diktum *all is data* wurde von Handro (1998) geprägt, der damit »jegliches Material« beschreibt, »das helfen kann, die Theoriebildung voranzubringen« (Mey/Mruck 2011, S. 28). Es bezieht sich damit einerseits auf die Offenheit hinsichtlich möglicher Gesprächspartner*innen und zu beobachtender Situationen im Feld, andererseits aber auch auf die verschiedenen Datentypen, die einbezogen werden können (z. B. Gesprächsdaten, Hospitationsnotizen, Curricula oder Unterrichtsmaterialien).

Die Offenheit, die mit dieser Haltung einhergeht, stellt zweifellos für manche Forschende keine Ent-, sondern eher eine Belastung dar: Insbesondere in öffentlichen Institutionen wie Krankenhäusern oder Schulen sind die Möglichkeiten für die Datengenerierung sehr groß. Es gibt oft zahlreiche potenziell spannende Gesprächspartner*innen, unzählige ggf. nützliche Dokumente oder beobachtbare Situationen, die möglicherweise für die Studie relevant sein könnten. Damit hier keine unüberschaubare Menge von Daten generiert wird, die für die Studie möglicherweise nicht relevant sind, lohnt es sich zyklisch vorzugehen. Das bedeutet, dass die Daten, wenn möglich, gleich nach ihrer Generierung aufbereitet und interpretiert werden sollten. Anhand der dort gefundenen Phänomene kann dann gezielt ausgewählt werden, welcher Gruppe von Personen, Ereignissen oder Handlungen man sich bei der Datengenerierung als nächstes zuwenden sollte (vgl. Strauss 1991, S. 70) – oder auch welche Datentypen (z. B. Interviews, Hospitationsnotizen oder offizielle Dokumente) ggf. für die weitere Forschung interessant sein könnten. Ersteres wird als Theoretical Sampling bezeichnet und soll im Folgenden näher erläutert werden, bevor in Kapitel 3.2 ausführlich auf das Herstellen von Beziehungen zwischen verschiedenen Datensätzen eingegangen wird.

3.1 Theoretical Sampling

Je nach Phase des Forschungsprozesses erfolgt das Theoretical Sampling nach verschiedenen Strategien. So wird zu Beginn ›offen‹ gesampelt, d. h. innerhalb des festgelegten Forschungsbereiches gehen die Forschenden suchend vor und richten den Fokus auf Personen, Plätze und Situationen, »die die größte Chance bieten, die relevantesten Daten über das untsuchte Phänomen zu gewinnen« (Strauss/Corbin 1996, S. 153). Gleichzeitig machen Strauss und Corbin (ebd.) deutlich, dass auch zufälliges Sampling hier seine Berechtigung haben kann, da man eben (z. B. aufgrund noch geringer Vorerfahrungen und entsprechend niedriger Theoretischer Sensibilität) ggf. noch gar nicht genau wissen kann, welche Plätze, Personen oder Dokumente günstig sind, um mehr über das entsprechende Phänomen zu erfahren.

Weitere Samplingstrategien orientieren sich an den Analysemethoden der GTM, dem offenen, axialen und selektiven Kodieren (vgl. Kap. 4). Während beim offenen Sampling die Suche nach potenziell relevanten Kategorien im Vordergrund steht, zielt das axiale Sampling darauf ab, Beziehungen und Variationen zwischen den zuvor gefundenen Kategorien zu erkennen, um diese entsprechend besser zu verstehen. Wenn schließlich mehrere Kategorien gefunden und deren Eigenschaften durch das axiale Sampling näher bestimmt wurden, sollte sich schlussendlich eine Kernkategorie bestimmen lassen, die durch selektives Sampling und Kodieren zu den übrigen in den Daten gefundenen Kategorien in Beziehung gesetzt und validiert werden kann (vgl. Strauss/Corbin 1996, S. 148). Auf diese Weise nähert man sich immer weiter dem Ziel der GTM-Forschung an, eine konzeptionell dichte Theorie zu entwickeln, die ein zentrales Phänomen unter Berücksichtigung vieler Konzepte mit ihren Querverbindungen beschreibt (vgl. Strauss 1991). Das Sampling ist idealerweise dann abgeschlossen, sobald eine Theoretische Sättigung erreicht wurde, also durch das Heranziehen neuer Vergleichseinheiten keine weiteren Erkenntnisse über das Phänomen gewonnen werden können (Strauss/Corbin 1996, S. 159). Dabei macht Dey (1999) deutlich, dass die Erfassung des sozialen Phänomens immer nur eine Momentaufnahme sei, da es sich stetig verändere und deshalb nie abschließend schriftlich fixiert werden könne. Forschende sollten stattdessen überprüfen, ob die eigenen Erkenntnisse über eine hinreichende Konsistenz und Dichte verfügen und das Theoretical Sampling auf Basis einer eigenen begründeten Entscheidung abgebrochen werden sollte (vgl. Demirkaya 2014, S. 223).

Truschkat et al. (2011, S. 373) verweisen an dieser Stelle darauf, »Vertrauen in die Daten bzw. in die emergierende Theorie zu haben« und dass sich in ihren Forschungen bisher immer gezeigt habe, »dass sich soziale Phänomene viel eher wiederholen« als sie im Vorfeld annahmen (ebd.). Allerdings sei es notwendig, die Daten tatsächlich aufzubrechen und »die dahinter stehende Logik zu begreifen« (ebd.). Auch in dieser Studie traten zentrale Phänomene und Kategorien immer wieder in den Daten auf, so dass sich recht schnell Bezüge und Erklärungsansätze formulieren ließen, die anhand weiterer Daten überprüft bzw. dimensionalisiert werden konnten. So ließen sich regelmäßig Hinweise für Einflüsse von Faktoren wie Konzentration, Motivation und sozial-affektive Beziehungen (Klassenklima, Beziehung zur Lehrkraft bzw. zu einer zusätzlichen Lehrkraft) auf das Lesen im Geschichtsunterricht finden, auch wenn die Zusammenhänge erst im Laufe der Datenauswertung allmählich herausgearbeitet werden konnten.

Ein weiterer Aspekt, der für Early Career Researchers (insbesondere in der empirischen Unterrichtsforschung) zu Schwierigkeiten führen könnte, ist das Missverständnis, dass Theoretical Sampling ausschließlich auf die Erhebung der nächsten Daten im Feld bezogen werden müsste. Strauss/Corbin (1996, S. 164) adressieren dies explizit und machen deutlich, dass auch innerhalb bereits erhobener Daten Theoretical Sampling durchgeführt werden kann (und sollte), da es sich oftmals lohnt, zu Beginn erhobene Daten später noch einmal mit der nun größeren Theoretischen Sensibilität und unter Einbezug neu entwickelter Kategorien zu untersuchen. Zudem ist auch aus forschungsorganisatorischen Gründen das Aufrechterhalten des Feldzugangs bzw. die Rückkehr in das Forschungsfeld nicht immer ohne Weiteres möglich (vgl. Strübing 2014, S. 31 f.). Aus diesem Grund wählen Forschende hier ggf. ein Vorgehen, bei dem sie z. B. systematisch Daten während einer Unterrichtsreihe generieren (vgl. z. B. Ballweg 2015), um diese anschließend anhand des Theoretical Samplings auszuwerten.

In der hier vorgestellten Studie wurde als Erstes die Rolle des Lesens im Geschichtsunterricht näher beleuchtet, auch um die Interviews mit Lehrkräften und Lernenden entsprechend an den im ersten Schritt gewonnen Erkenntnissen ausrichten zu können. Zugang zu diesen Informationen erhielt ich über die Hospitation in Geschichtsstunden. Dieser systematisch[6] geplante Zugang wurde in der konkreten Durchführung der Datengenerierung durch eine ursprünglich nicht vorgesehene Datenquelle ergänzt, nämlich Gespräche mit den jeweiligen Lehrkräften am Rande der Unterrichtsstunden. Viele der Lehrenden berichteten in diesen Situationen von sich aus über vergangene Unterrichtseinheiten, Klassenarbeiten und die Fähigkeiten der Schüler*innen, sobald sie vom Thema der

---

6 Das Systematische Sampling wird bei Truschkat et al. (2011, S. 363) auch als forschungspragmatische Vorgehensweise bezeichnet. Da Zeit und Ressourcen begrenzt sind, folgt man einer konkreten Strategie und beginnt beispielsweise mit einem bestimmten Ort bzw. mit einer bestimmten Person, bevor das Vorgehen sukzessiv ausgeweitet wird. Dieses Vorgehen ist besonders in einem schwer zugänglichen oder zeitlich begrenzten Forschungsfeld sinnvoll – als Forschende*r trifft man zwar auf der Grundlage von Theoretischer Sensibilität eine Vorauswahl, richtet die weitere Forschung dann aber auch an den Möglichkeiten des Feldzuganges aus.

Studie erfuhren. Die von der GTM empfohlene offene Haltung gegenüber dem Feld, den dort auftretenden Phänomenen und Datensätzen, ermöglichte es hier, auch diese Äußerungen in Form von Feldnotizen z. B. durch Gedächtnisprotokolle oder Zusammenfassungen im Anschluss an die Gespräche aufzubereiten und anschließend zu interpretieren.

Im Laufe der Studie ergaben sich (u. a. durch die zunehmende Theoretische Sensibilität) auch Hinweise darauf, mit welchen Akteur*innen im Feld man als nächstes sprechen bzw. welche Situationen man beobachten sollte, um mehr über das interessierende Phänomen zu erfahren. Viele der Lehrkräfte bezogen sich beim Gespräch über Herausforderungen beim Lesen im Geschichtsunterricht beispielsweise auf einzelne Lernende und ihre Einschätzung zu deren Leseverstehen im Geschichtsunterricht. Um nicht unverhältnismäßig durch diese Äußerungen beeinflusst zu werden, wurde die von den Lehrkräften beschriebene Perspektive den eigenen Beobachtungen während der Hospitation und in den Arbeitssitzungen mit den Lernenden gegenübergestellt und reflektiert. Dies erfolgte vor allem durch das regelmäßige Schreiben sogenannter Memos (vgl. Strauss 1991, S. 151 ff.), die – wann immer möglich – parallel zur Datengenerierung angefertigt und in denen Eindrücke, Ideen und Analyseansätze festgehalten wurden. Im Folgenden soll näher auf das Herstellen von Beziehungen zwischen verschiedenen Datensätzen und insbesondere der Rolle von Memos eingegangen werden.

3.2   Beziehungen zwischen verschiedenen Datensätzen herstellen

Da sich der Aufbereitungs- und Interpretationsprozess der Daten in GTM-Studien über einen vergleichsweise langen Zeitraum hinziehen und z. B. durch zusätzliche Phasen der Datengenerierung unterbrochen werden kann, ist das schriftliche Festhalten von Ideen, Einsichten und offenen Fragen auch aus organisatorischen Gründen sehr wichtig. Das Führen eines Forschungstagebuchs kann beispielsweise hilfreich sein, um zu dokumentieren, was bereits erledigt wurde bzw. welche Schritte noch anstehen. Dies schließt beispielsweise Notizen dazu ein, welche Daten bereits aufbereitet wurden oder welche neuen Aufgaben sich entsprechend dem Theoretical Sampling nach der Auswertung eines Datensatzes ergeben haben.

Andererseits können im Forschungstagebuch Ideen festgehalten werden, die der*dem Forschenden z. B. bei der Transkription eines Interviews gekommen sind, oder es können Bezüge zu vorhandenen Kategorien notiert werden, die man bei der Hospitation in einer neuen Unterrichtssituation hatte. Hier ist es wichtig, zwischen eigenen Interpretationen und Ansichten der Akteur*innen im Feld zu unterscheiden, vor allem wenn Feldnotizen als Datensatz herangezogen werden, damit ggf. die eigenen Schlussfolgerungen später überprüft und nachvollzogen werden können (vgl. Strauss/Corbin 1996, S. 171–174). Die Textsorte, mit der diese Reflexion unterstützt werden kann, wird in der GTM als Memo bezeichnet. Als Faustregeln für das Schreiben von Memos betont Strauss (1991, S. 151), dass Memos als laufende Aufzeichnung zu verstehen sind, die regelmäßig während des Forschungsprozesses angefertigt werden sollten – bestenfalls vom ersten Tag an.

Diese regelmäßigen Schreibanlässe veranlassen Forschende dazu, die eigenen Gedanken immer wieder auszuformulieren und damit zugleich einen Schritt von den Daten zurückzutreten. Strauss und Corbin (vgl. 1996, S. 169–192) sprechen hier vom Herstellen von Zusammenhängen zwischen verschiedenen Aussagen und dem Ausbuchstabieren von Mustern, die sich in den Daten abzeichnen.[7] In der GTM gibt es ausgewiesene Bereiche, »in denen jeweils die Perspektivübernahme oder die analytische Distanzierung im Vordergrund stehen« (Unterkofler 2015, S. 303). So ist während der Datengenerierung im Feld eher das Nachvollziehen der Perspektiven der Akteur*innen zentral, während bei der Datenanalyse eher Abstraktion und analytische Distanz im Fokus stehen sollten. Dieser Prozess des Wechselns zwischen Perspektivübernahme und kritischer Distanz sollte bestenfalls durch das Verfassen reflektierender Memos begleitet werden, um u. a. den Einbezug eigener Erfahrungen und theoretischen Wissens, aber auch Irritationsmomente und das Eintauchen in die Daten zu dokumentieren und damit transparent zu machen.

In der hier vorgestellten Studie wurden Memos sowohl handschriftlich in einem Notizbuch angefertigt, vor allem während der Aufenthalte im Feld, aber auch mithilfe der Memo-Funktion der Analysesoftware MAXQDA.[8] Die Memos in MAXQDA dienten beispielsweise dazu, während des Transkribierens Anmerkungen zu mehrdeutigen Textpassagen oder zur besonderen Intonation bzw. Sprechweise der Interviewpartner*innen zu notieren, aber auch Fragen, Irritationsmomente oder Erkenntnisse während der Dateninterpretation festzuhalten.

Die verschiedenen Funktionen von Memos zu verschiedenen Zeitpunkten des Forschungsprozesses sollen kurz exemplarisch an einer Arbeitssitzung mit zwei Schülern einer 7. Klasse gezeigt werden. Das erste Memo zu diesem Datenauszug

---

7 Neue Erkenntnisse basieren dabei auch wesentlich auf einer kreativen Eigenleistung der Forschenden, von Strübing (2014, S. 54) als ›abduktive Blitze‹ bezeichnet. Ein induktives Zuordnen der Daten zu bekannten Regeln und Begriffen reicht nach diesem Verständnis zum Umgang mit Unbenanntem nicht aus. In einem Wechsel aus Induktion und Abduktion wird aus der Analyse eines Phänomens neu entwickeltes Wissen in den bereits verfügbaren Bestand an alltäglichem oder wissenschaftlichem Wissen integriert, um eine zunehmend konzeptuell dichtere Theorie zu entwickeln (vgl. Strübing 2002, 2014, S. 51).

8 Die Analysesoftware wurde sowohl für die manuelle Transkription der Interviews als auch für das Kodieren der aufbereiteten Daten (Interviews, Feldnotizen und Unterrichtsmaterialien) verwendet (vgl. https://www.maxqda.com/de/).

Theoretische Sensibilität, Kodieren und *all is data* **147**

wurde direkt im Anschluss an die Arbeitssitzung mit den Lernenden[9] handschriftlich angefertigt und bezieht sich sowohl auf beobachtete Herausforderungen für die Lernenden, die während der gemeinsamen Arbeit am Text auffällig waren (in diesem Fall überliest einer der beiden Schüler den Punkt am Ende eines Satzes), als auch auf forschungsmethodische Überlegungen (z. B. inwieweit sich die Zusammenarbeit mit zwei Lernenden von der mit nur einer Person unterscheidet und welche Auswirkungen dies ggf. auf die Interpretation hat). Es wurden allerdings auch Einschätzungen zur Atmosphäre während des Gesprächs festgehalten – hier fiel auf, dass die Lernenden sich scheinbar sehr über die Fragen zu ihrer Schulkarriere oder ihren Sprachen freuten und gerne davon berichteten.

63   I: Okay (.) Wie sind denn die Texte so, die ihr lesen müsst für (.) GL?

64   **Person 1:** Manchmal (.) manchmal sind die schwer und wenn ich Hilfe brauche dann ist das eigentlich manchmal auch nicht (..) weil vielleicht/ weil (.) halt manchmal sind die Lehrer halt/ die haben keine gute Laune (Person 2: Ja) und (schnell:) das hier kann ich nicht und immer die Lehrer sind dann halt (.)/ die Lehrer sind/ weil ich ähm/ weil ich hab halt zu viel Probleme gemacht halt und Lehrer sind immer so anstrengend. Und die sind sauer irgendwie deswegen trau ich mich die nicht zu fragen.

Abb. 1: Auszug Transkript des Interviews mit Schüler M & L (7. Klasse).

Bei der Transkription der Audioaufnahme wurde dann u. a. an Position 64 (etwa 5 Minuten nach Beginn der Arbeitssitzung, vgl. Abb. 1) ein Vermerk zur Sprechweise eines Schülers notiert: »beginnt direkt nach der Frage, spricht sehr schnell«. Dieselbe Textstelle wurde einige Zeit später im Rahmen eines Promovierendenkolloquiums diskutiert und die dort angesprochenen Interpretationsansätze und Fragen mit Bezügen zu anderen Textstellen in einem weiteren Memo stichpunktartig festgehalten (vgl. Abb. 2).

Wie in Abb. 2 zu erkennen ist, tauchen im Memo auch Auszüge aus dem Interview mit der Geschichtslehrkraft Herr G auf, die zur entsprechenden Situation in dieser Arbeitssitzung mit zwei Schülern (M und L) in Beziehung gesetzt werden. Die Verweise auf die jeweiligen Textstellen können in MAXQDA direkt unter »Verknüpfte codierte Segmente« abgelegt werden.

Das Memo enthält zudem einige Fragen, anhand denen die Daten aufgebrochen und möglichst tiefgehend und unter Einbezug verschiedener Perspektiven verstanden werden sollen. Insbesondere die Frage danach, was geschieht, wenn Lernende keinen Zugang zu Hilfe erhalten, hat sich zu einer zentralen Kategorie entwickelt und wird nun auch an andere Textstellen herangetragen, um mehr über dieses Phänomen zu erfahren. Die letzte Zeile des Memos (»sehr unsicheres

---

9 Der Begriff Arbeitssitzung bezieht sich in diesem Projekt auf ein Interview mit Lernenden, welches zur Sichtbarmachung des Leseprozesses an eine Nachhilfesituation angelehnt wurde und sich vor allem durch die gemeinsame Arbeit an einem Geschichtstext und der Beantwortung der von der Lehrkraft zugeordneten Aufgabe auszeichnet.

> ### Zugang zu Hilfe, Laune der Lehrer & unsicheres Arbeitsbündnis
>
> Erstellt: J.Müller, 25.02.2022 09:05   Bearbeitet: J.Müller, 04.07.2023 13:10
>
> *Notizen durch & nach Austausch im ProfiDoc zu Textstststellen 64 & 65 in Interview mit M & L*
>
> welche Auswirkungen hat es, wenn der Schüler keine Hilfe erhält/ keinen Zugang zu Hilfe bekommt?
> - Mitmachen im Unterricht: Herr G sagt, dass es - wenn sie keine Hilfe bekommen können (»da ich in der Zeit nicht zusätzlich helfen kann oder keine andere Lehrkraft im Raum ist«) - schwierig für sie ist, sich am Unterricht zu beteiligen
> - »das ist, ja, schade, eigentlich (...)«
> - die Lehrer sind sauer - alle Lehrer? Frau S und Herr G sind hier sicherlich beide gemeint, da ich konkret nach Geschichtsunterricht gefragt habe, ggf. auch Frau A
> - Unterrichtsstörungen
> - »wollen« die SuS vielleicht auch nicht mitarbeiten? → Arbeitshaltung
>
> sehr unsicheres Arbeitsbündnis, Gradwanderung, hochexplosiv, kann eigentlich nur schiefgehen
>
> #### Verknüpfte codierte Segmente
>
> DaZ-Lernende/ sprachschwache Lernende > Beteiligung am Unterricht (Interview Herr G, 7)
>
> Klassenklima/ Gruppendynamik > Beziehung zu Lehrkraft (Interview Schüler M & Schüler L, 64)
>
> Emotionen (Interview Schüler M & Schüler L, 64)
>
> Unterstützung (+) > Betreuung > Hilfe durch Lehrkraft (Interview Schüler M & Schüler L, 64)

Abb. 2: Beispiel für Memo mit Analyseansätzen, Fragen und Irritationsmomenten zu Pos. 64 im Interview mit Schüler M & L.

Arbeitsbündnis, Gratwanderung, hochexplosiv, kann eigentlich nur schiefgehen«) stellt eine im Kolloquium herausgearbeitete Perspektive auf die Beziehung zwischen Lernenden und Lehrenden dar, welche von mir selbst zwar nicht in dieser Deutlichkeit in den Daten erkannt, aber als eine Lesart für eine nicht reibungslos funktionierende Beziehung für die Weiterarbeit vermerkt wurde.

Eine weitere zentrale Funktion von Memos ist das Festhalten von Ideen, Fragen und Hintergrundinformationen zu bestimmten Datensätzen (z.B. Auffälligkeiten in Interviews mit einer Lehrkraft) und einzelnen Kodes. Letztere stellen das zentrale Interpretationstool in der GTM dar. Memos können während des Kodierens beispielsweise genutzt werden, um Hinweise zu der Entstehung einzelner Kodes festzuhalten, z.B. wenn die Kodebezeichnungen von Akteur*innen aus dem Feld übernommen wurden (sogenannte in-vivo-Kodes) oder mehrere Kodes voneinander abgegrenzt bzw. zueinander in Beziehung gesetzt werden.[10] Die Grundzüge des Kodierens nach der GTM (orientiert vor allem an Strauss/Corbin 1996) werden im folgenden Kapitel kurz vorgestellt.

---

10 Ein Beispiel aus dieser Studie sind die Kodes »Verantwortung/Aufgabenbereich der Lehrkräfte« und »Aufgabe/Rolle der Lehrkraft«. Ersterer berücksichtigt sowohl externe als auch interne Ansprüche. Letzterer nimmt dagegen die von der Lehrkraft im Unterricht tatsächlich

4 Kodieren – Dateninterpretation durch Kategorienbildung

Von besonderer Wichtigkeit für die GTM ist das Aufbrechen der Daten durch systematisches Kodieren. Die entsprechenden Kodes werden nach der GTM nicht im Vorfeld der Interpretation entwickelt, sondern erst in der Auseinandersetzung mit dem Datenmaterial generiert (vgl. Demirkaya 2014, S. 218). Dabei lassen sich drei Arten des Kodierens unterscheiden, die sich allerdings in der Praxis des Forschungsprozesses immer wieder abwechseln und sich gegenseitig ergänzen.

Im ersten Schritt, dem offenen Kodieren, werden die erhobenen Daten Zeile für Zeile sehr genau untersucht, in einzelne Teile aufgebrochen und mit individuellen Bezeichnungen, den Kodes, versehen (vgl. Tab. 1). Diese Kodes sollen die Untersuchung von Ähnlichkeiten und Unterschieden in den Daten erleichtern und so zur Konzeptualisierung der Daten beitragen. Dabei ist es wichtig, dass über eine reine Beschreibung oder Zusammenfassung der jeweiligen Phänomene hinausgegangen wird, um das Abstrahieren zu erleichtern. Auf diese Weise wird das Finden anderer Stellen im Material, die mit demselben Kode beschrieben werden können, erleichtert. Während dieses Prozesses sollten, wie oben bereits erwähnt, fortwährend Fragen, Ideen und Einsichten zu den im Material vorkommenden Phänomenen formuliert und in Memos festgehalten werden (vgl. Strauss/Corbin 1996, S. 44).

Textstelle	Kode
Manchmal (.) manchmal sind die schwer	(eher) schwerer Text (Kategorie: Schwierigkeit von Texten)
wenn ich Hilfe brauche	um Hilfe bitten (Kategorie: Strategie der Lernenden)
die haben keine gute Laune	In-vivo: ›LK haben keine gute Laune‹ (Kategorie: Emotionen)
weil ich hab halt zu viel Probleme gemacht	Konsequenzen von Fehlverhalten (Kategorie: Klassenklima/Gruppendynamik)
Und die sind sauer irgendwie deswegen trau ich mich die nicht zu fragen.	Zugang zu Hilfe (Kategorie: Betreuung, übergeordnete Kategorie: Unterstützung)

Tab. 1: Beispiel Kodierung von Textstellen (Interview mit M & L, Pos. 64).

Anschließend können Konzepte, die scheinbar dasselbe Phänomen beschreiben, kategorisiert, d.h. in Gruppen zusammengefasst werden. Konkret bedeutet dies, dass aus den Daten generierte Kodes nun durch übergeordnete Bezeichnungen (im Kontext der GTM als Kategorien bezeichnet) zusammengefasst werden (vgl.

---

umgesetzten, und ggf. eher selbstzugeschriebenen Aufgaben in den Blick (das, was getan werden muss, um Unterricht nach dem eigenen Verständnis gut umzusetzen).

Tab. 2[11]). Die Bezeichnung der Kategorien sollte abstrakter sein als die Bezeichnungen der darin enthaltenen Subkodes, so dass sie durch Vergleiche mit anderen Kategorien in Beziehung gesetzt werden können. Für das Benennen der Kategorien gibt es (abgesehen von einem höheren Abstraktionsgrad gegenüber den Subkodes) keine Einschränkungen – sie werden von den Forschenden gewählt und können ggf. im Verlauf des Forschungsprozesses noch verändert werden.

Liste der Codes			
Unterstützung (+)			
	Unterrichtsgestaltung		
	Übersetzungsprogramm verwenden		
	Formulierungshilfen		
	Wortschatz-/ Begriffsarbeit		
	Differenzierung		
	Verwendung anderes Medium		
	Übersetzungsprogramm		
	Material		
	Betreuung		
		Antworten zeigen/ vortragen lassen	
		Anknüpfen an Lebenswelt der SuS	
		Erklären	
		nehmen den kleinen Finger und dann die ganze Hand	
		Hilfe durch Lehrkraft	
			Mikro-Scaffolding (+)
			Verweis auf Fragestellung

---

11 Das (+) hinter dem Kode »Unterstützung« gibt hier an, dass dieser Kode mit einem anderen zusammengelegt wurde. In der Spalte vor der Anzahl der codierten Segmente weisen Symbole auf das Vorhandensein eines Memos hin.

(Fortsetzung)

Liste der Codes			
			einigen die Aufaben mehrmals formulien
			Wechsel/Ergänzung Medium
			Schritt für Schritt durchgehen
			verwandte Begriffe/ Formulierungen
			Zugang zu Hilfe

Tab. 2: Beispiel Kategorien & Kodes – Auszug Kodestruktur, u. a. zu: Zugang zu Hilfe.

Nachdem im offenen Kodieren die Daten aufgebrochen wurden, werden sie beim axialen Kodieren auf neue Art zusammengefügt, wobei verschiedene Kategorien in einen Beziehungszusammenhang gesetzt werden (vgl. Heinemann 2014, S. 132). Das Kodieren dreht sich in diesem Schritt um die ›Achse‹ einer Kategorie (vgl. Strauss 1991, S. 61 ff.), d. h. eine bestimmte Kategorie wird intensiv hinsichtlich ihrer Ursachen, ggf. intervenierenden Bedingungen, Kontexteigenschaften, Strategien bzw. Möglichkeiten und Konsequenzen analysiert (vgl. Strauss/Corbin 1996, 2008). In der hier vorgestellten Studie wurde nach dem Schreiben des Memos zum Auszug aus dem Interview mit zwei Lernenden (vgl. Kap. 3.2) beispielsweise ›Unterstützung‹ als ein zentrales Phänomen näher betrachtet (vgl. Abb. 3). Die Darstellung wurde mittels des Visualisierungstools MAXMaps innerhalb des Programms MAXQDA erstellt, in dem Kodes, kodierte Segmente und Freitext für die übersichtliche Darstellung der Verbindungen mehrerer Kategorien genutzt werden können.

Das Vorgehen beim selektiven Kodieren ähnelt dem des axialen Kodierens, allerdings dreht sich nun alles um die zentrale Kern- oder auch Schlüsselkategorie, die von Strauss und Corbin auch als roter Faden oder *story line* des gesamten Untersuchungsgegenstandes bezeichnet wird (vgl. Strauss/Corbin 1996, S. 96–100).

Das Datenmaterial wird in dieser abschließenden Phase systematisch und konzentriert auf die Schlüsselkategorie hin kodiert, um eine »in diesem Gegenstand begründete Theorie« zu erarbeiten (Demirkaya 2014, S. 226). Alle zuvor ausgearbeiteten Kategorien sollten zur Validierung mit der Kernkategorie in Beziehung gesetzt werden, so dass sich schlussendlich eine konzeptionell dichte Theorie mit zahlreichen Querverbindungen ergibt. Da die Interpretation der hier vorgestellten Studie noch nicht abgeschlossen ist, kann leider noch keine in der beschriebenen Form ausgearbeitete Kernkategorie vorgestellt werden.

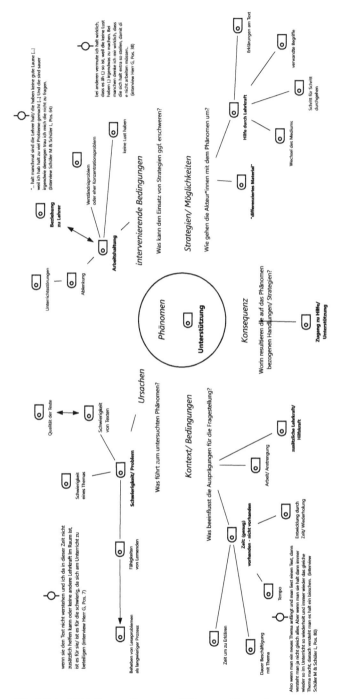

Abb. 3: Beispiel Kodierparadigma zum Phänomen ›Unterstützung‹.

5 Fazit

In diesem Beitrag wurde anhand einer interdisziplinären Dissertation aufgezeigt, wie mit Einsatz der GTM Erkenntnisse in der empirischen Unterrichtsforschung gewonnen werden können. Der besondere Wert der GTM liegt dabei vor allem in der Erforschung von Unterrichtssituationen, zu denen z. B. aufgrund neuer Bedingungen wenig Forschungsergebnisse vorliegen – in dieser Studie beispielsweise aufgrund der Zunahme von DaZ-Lernenden in den Regelklassen deutscher Schulen seit 2015. Die Werkzeuge zur begleitenden Reflexion während des gesamten Forschungsprozesses können dabei ggf. auch für mit anderen Methodologien Forschende interessant sein, insbesondere wenn die Vorerfahrungen der Forschenden berücksichtigt, vielfältige Datenquellen verwendet und/oder Daten explorativ ausgewertet werden.

Literaturverzeichnis

Ballweg, Sandra: Portfolioarbeit im Fremdsprachenunterricht. Eine empirische Studie zu Schreibportfolios im DaF-Unterricht. Tübingen 2015.

Bielefelder Arbeitsgruppe Forschungsmethodik DaF/DaZ (Ballweg, Sandra/Erichsen, Göntje/ Hähnlein, Mario/Introna Silvia/Riemer, Claudia/Rozum, Nastassia/Njeugue, Bertrand Toumi/Zörner, Anika): ›Zum Zusammenspiel von Forschungsmethoden und ihren erkenntnistheoretischen Hintergründen. Ein Vergleich der Situationsanalyse und der Konstruktivistischen Grounded Theory am Beispiel eines narrativen Interviews‹, in: *Zeitschrift für Interkulturellen Fremdsprachenunterricht* 2021/26 (2), S. 271–318.

Demirkaya, Sevilen: ›Analyse qualitativer Daten‹, in: Settinieri, Julia/Demirkaya, Sevilen/ Feldmeier, Alexis/Gültekin-Karakoç/Riemer, Claudia (Hg.): *Empirische Forschungsmethoden für Deutsch als Fremd- und Zweitsprache: Eine Einführung.* Paderborn/ Stuttgart 2014, S. 213–228.

Dey, Ian: Grounding Grounded Theory: Guidelines for Qualitative Inquiry. London 1999.

Gibbons, Pauline: Scaffolding language, scaffolding learning: Teaching English language learners in the mainstream classroom (2nd edition). Portsmouth 2015.

Glaser, Barney G.: Doing Grounded Theory. Issues and Discussions. Mill Valley, CA 1998.

Glaser, Barney G./Strauss, Anselm L.: Grounded Theory. Strategien qualitativer Forschung. Göttingen 1998/1967.

Handro, Saskia: ›Sprache(n) und historisches Lernen: Zur Einführung‹, in: *Zeitschrift für Geschichtsdidaktik* 2015/14, S. 5–24.

Hartung, Olaf: ›Sprachhandeln und kognitive Prozesse von Schülerinnen und Schülern beim Schreiben über Geschichte‹, in: Grannemann, Katharina/ Oleschko, Sven/ Kuchler, Christian (Hg.): *Sprachbildung im Geschichtsunterricht: Zur Bedeutung der kognitiven Funktion von Sprache.* Münster/New York 2018, S. 67–90.

Heinemann, Alisha: Teilnahme an Weiterbildung in der Migrationsgesellschaft: Perspektiven deutscher Frauen mit »Migrationshintergrund«. Bielefeld 2014.

Helfferich, Cornelia: Die Qualität qualitativer Daten: Manual für die Durchführung qualitativer Interviews (4. Aufl.). Wiesbaden 2011.

Kniffka, Gabriele: ›Scaffolding – Möglichkeiten im Fachunterricht Kompetenzen zu vermitteln‹, in: Michalak-Etzold, Magdalena (Hg.): *Grundlagen der Sprachdidaktik Deutsch als Zweitsprache* (2. Aufl.). Baltmannsweiler 2013, S. 208–225.

Leisen, Josef: Handbuch Sprachförderung im Fach: Sprachsensibler Fachunterricht in der Praxis. Grundlagenwissen, Anregungen und Beispiele für die Unterstützung von sprachschwachen Lernern und Lernern mit Zuwanderungsgeschichte beim Sprechen, Lesen, Schreiben und Üben im Fach. Stuttgart 2013.

VERBI: MAXQDA, 2023, verfügbar unter: https://www.maxqda.com/de [31.05.2023].

Mey, Günter/Mruck, Katja: ›Grounded-Theory-Methodologie: Entwicklung, Stand, Perspektiven‹, in: Mey, Günter/ Mruck, Katja (Hg.): *Grounded theory reader* (2. Aufl.). Wiesbaden 2011, S. 11–49.

Müller, Jennifer: ›Lehrmaterialanalyse als Grundlage für die Planung sprachsensiblen Geschichtsunterrichts‹, in: Dirks, Una (Hg.): *DaF-/DaZ-/DaM-Bildungsräume: Sprech- & Textformen im Fokus.* Marburg 2019, S. 197–218.

Strauss, Anselm L./Corbin, Juliet M.: Grounded Theory: Grundlagen qualitativer Sozialforschung. Weinheim 1996.

Strauss, Anselm L.: Grundlagen qualitativer Sozialforschung: Datenanalyse und Theoriebildung in der empirischen und soziologischen Forschung. München 1991.

Strübing, Jörg: Grounded Theory: Zur sozialtheoretischen und epistemologischen Fundierung eines pragmatistischen Forschungsstils (3. Aufl.). Wiesbaden 2014.

Strübing, Jörg: ›Just do it?‹, in: *Kölner Zeitschrift für Soziologie und Sozialpsychologie* 2002/ 54, S. 318–342.

Truschkat, Inga/Kaiser-Belz, Manuela/Volkmann, Vera: ›Theoretisches Sampling in Qualifikationsarbeiten: Die Grounded-Theory-Methodologie zwischen Programmatik und Forschungspraxis‹, in: Mey, Günter/Mruck, Katja (Hg.): *Grounded theory reader* (2. Aufl.). Wiesbaden 2011, S. 353–380.

Unterkofler, Ursula: ›Wer soziales Handeln erforscht, muss soziales Handeln beobachten: Zum Potenzial der Ethnografie für eine pragmatistisch-handlungstheoretische Grounded Theory Methodologie‹, in: Equit, Claudia/Hohage, Christoph (Hg.): *Handbuch Grounded Theory: Von der Methodologie zur Forschungspraxis.* Weinheim/Basel 2015, S. 290–306.

Désirée Präg

Zur Berücksichtigung des Kontextes bei der Analyse ko-konstruierter Erklärprozesse in Sprachfördermaßnahmen. Überlegungen zur Kombination der Systemisch Funktionalen Grammatik und der Konversationsanalyse

Abstract

The article considers conversation analysis in combination with Systemic Functional Grammar according to Halliday (1978) with reference to the context model according to Hasan (2009) – to analyse in greater depth processes of explaining that took place in language support classes in German secondary schools. In addition to the emergence and verbal nature of the processes of explaining, the aim is to investigate the role of context in resolving knowledge asymmetries. Using data from an ongoing PhD project, results will show that verbal action was often supplemented with non-verbal action and the use of symbolic and material artifacts to reach a common understanding.

Keywords: processes of explaining, conversation analysis, systemic functional grammar, material situational setting

Der Beitrag stellt Überlegungen zur Kombination der Konversationsanalyse und der Systemisch Funktionalen Grammatik nach Halliday (u. a. 1978) unter Bezugnahme auf das Kontextmodell nach Hasan (2009) vor, um auf dieser Grundlage Erklärprozesse, die in additiven Sprachfördermaßnahmen allgemeinbildender Schulen erfolgten, tiefergehend analysieren zu können. Neben der Entstehung und verbalen Beschaffenheit der Erklärprozesse liegt das Ziel in der Untersuchung der Rolle des Kontextes bei der Auflösung von Wissensasymmetrien. Anhand von Daten aus einem laufenden Promotionsprojekt soll herausgestellt werden, dass verbales Handeln oftmals um nonverbales Handeln sowie Hinzuziehen symbolischer wie materieller Artefakte ergänzt wird, um zu einem gemeinsamen Verständnis zu gelangen.

Schlüsselwörter: Erklärprozesse, Konversationsanalyse, Systemisch Funktionale Grammatik, materielles Setting

1 Einleitung

Zwar handelt es sich bei Erklären um eine zunehmend in vielen wissenschaftlichen Disziplinen untersuchte Praxis (Gadow et al. 2017, S. 55–56), doch besteht nach wie vor ein Forschungsdesiderat hinsichtlich der Definition des Erklärens (Bartelborth 2007, S. 10; Stukenbrock 2009, S. 160; Morek 2012, S. 27–28) sowie weiterer Untersuchungen zu kommunikativen, sprachlichen und textuellen Spezifika des Erklärens unter Beachtung der jeweiligen kommunikativen Einbettung[1] (Thim-Mabrey 2020, S. 1).

Während in früheren Studien *Erklärungen* als Datengrundlage dienen, bei denen eine monologische und auf die Erklärproduktion hin ausgerichtete Auslegung auszumachen ist, erfolgt in neueren Studien eine eher empirische, interaktionszentrierte Ausrichtung, in welcher das Zustandekommen und damit der Prozess des Erklärens im Zentrum des Interesses stehen (Morek 2012, S. 26). Im Unterschied zu monologischen, sprecherzentrierten Erklärungen, in welchen *top down* festgelegt wird, was erforderlich ist, um als Erklärung zu gelten (Stukenbrock 2009, S. 160; Morek et al. 2017, S. 15), wird demgegenüber in interaktionszentrierten *Erklärprozessen* hergeleitet, was als Erklären gelten kann und wie dies von den Teilnehmenden als beobachtbar angelegt wird (Morek et al. 2017, S. 16, Stuckenbrock 2009, S. 160, Hohenstein 2006, S. 60).[2] Letztere bilden den Fokus des vorliegenden Beitrages.

In bisherigen Untersuchungen zu Erklärprozessen können sowohl handlungstheoretische Studien (bspw. bei Gadow et al. 2017) – in denen auch die dem Erklären verwandten Handlungsmuster wie Erläutern, Begründen und Beschreiben auf Grundlage der Funktionalen Pragmatik behandelt werden (siehe Hohenstein 2006) – als auch teilnehmerorientierte Studien (bspw. bei Morek 2012 sowie Kotthoff 2009) identifiziert werden (für einen Überblick siehe Morek et al. 2017). Ein teilnehmerorientierter Ansatz liegt u. a. bei konversationsanalytischen Arbeiten vor, innerhalb derer die »sequentielle, interaktive Hervorbringung explanativer Gesprächsstrukturen« (Morek 2012, S. 28) als maßgebend herausgestellt wird. Konversationsanalytische Arbeiten fokussieren sowohl außerschulisches (u. a. Kotthoff 2009) als auch schulisches Erklären in verschiedenen Unterrichtsfächern (für Biologie bspw. Harren 2009; für Deutsch bspw. Neumeister/Vogt 2012; für Englisch bspw. Schwab 2009). Studien zu Erklärprozessen in additiven Sprachfördermaßnahmen, in denen Schüler:innen noch am Beginn ihrer Sprachaneignung stehen, liegen demgegenüber nicht vor.[3]

---

1 Die kommunikative Einbettung bestimmt nach Thim-Mabrey das *Wie* des Erklärens, dessen Ausprägung durch die vorliegende Konzeption (konzeptionell und medial schriftlich oder mündlich), die am Erklären Beteiligten (interaktiv oder monodirektional), sprachliche Ausdrucksmittel und die textuelle Struktur differieren kann (2020, S. 1).

2 Analog zu den hier beschriebenen Perspektiven auf Erklären (sprecherzentriert vs. interaktionsorientiert) werden in der Forschung Erklärungen – verstanden als Erklärprodukt – von Erklärprozessen – verstanden als interaktiv entstehender Handlungsprozess – unterschieden (siehe ausführlicher u. a. bei Kiel 1999, Hohenstein 2006 sowie Bartelborth 2007).

3 Auch wenn Studien zu Erklärprozessen in additiven Sprachfördermaßnahmen noch nicht vorliegen, sind durchaus Projekte und Studien zu verzeichnen, die die sprachlichen Fähigkeiten neuzugewanderter Schüler:innen näher untersuchen bzw. jene durch Materialien zu fördern anstreben. Zu nennen sind hier beispielsweise Projekte des Mercator Instituts zu

Ausgehend von dem so aufgezeigten Bedarf an Studien zu (DaZ-)Sprachfördermaßnahmen hat die nachfolgend darzustellende Studie Erklärprozesse, die zwischen neu zugewanderten Schüler:innen und Lehrpersonen ko-konstruiert werden, zum Gegenstand. Die hier zugrunde liegenden Daten wurden im Rahmen des Projektes »Formative Prozessevaluation in der Sekundarstufe. Seiteneinsteiger[4] und Sprache im Fach« (EVA-Sek) erhoben und für über das Projekt hinausgehende Zielsetzungen zur Verfügung gestellt. Ziel des Projektes bestand darin, die für neuzugewanderte Schüler:innen vorgesehene Sprachförderung mit jeweils beteiligten Akteur:innen, Lehrer:innen, Schulleitungen und Schüler:innen zu begleiten sowie kritisch zu reflektieren, »um so zu einer Optimierung der schulspezifischen und schulübergreifenden Sprachföderanstrengungen bzw. idealerweise zu einer systematischen und kontinuierlichen Schulentwicklung beizutragen.« (Ahrenholz et al. 2017, S. 243).

Analysegrundlage in dem vorliegenden Beitrag bilden Erklärprozesse, die zwischen neuzugewanderten Schüler:innen und Lehrpersonen (im Folgenden LP) ko-konstruiert werden (siehe auch bei Harren 2009, S. 152; Morek 2012, S. 160). Als Datengrundlage dienen videographierte Unterrichtsstunden aus additiven Sprachfördermaßnahmen allgemeinbildender Schulen, an denen ausschließlich neu zugewanderte Schüler:innen in einem integrativen Modell[5] teilnehmen.

Sprachfördermaßnahmen wie die hier vorliegende eignen sich insofern, als in ihnen erwartungsgemäß sprachliche Regeln, Bedeutungen sowie ein Verständnis von Sachverhalten thematisiert werden (vgl. Vogt 2009) und somit ein Vorkommen von Erklärprozessen vermuten lassen. Ausgehend von dieser Datengrundlage liegt diesem Beitrag ein gleichermaßen interaktions- wie teilnehmerorientiertes Verständnis von Erklären zugrunde, im Rahmen dessen inter-

---

Sprachkompetenzen neu zugewanderter Schülerinnen und Schüler im Regelunterricht (nähere Informationen unter https://tinyurl.com/mr3h2bt4, letzter Zugriff am 19.05.2023), mehrere mit ProDaZ in Verbindung stehende Projekte, welche sich u. a. der Erstellung von Materialien und Didaktisierungsvorschlägen für die Arbeit mit neuzugewanderte Schüler:innen widmen (für einen Überblick siehe https://www.uni-due.de/prodaz/projekte, letzter Zugriff am 19.05. 2023) sowie das Projekt *SpraBÜ – Sprachliche Bildung am Übergang von Vorbereitungs- zu Regelklasse. Eine qualitative Studie bei neu zugewanderten Schülerinnen und Schülern in der Sekundarstufe I* der Universität Hamburg, welche u. a. die Herausforderung neuzugewanderter Schüler:innen beim Übergang von der Vorbereitungs- in die Regelklasse sowie Möglichkeiten der Unterstützung untersuchen (siehe bspw. unter https://tinyurl.com/ms6b5vw7, letzter Zugriff am 19.05.2023).

4 Während im Projekt die Bezeichnung Seiteneinsteiger:innen verwendet wird, wird diese in dem vorliegenden Beitrag nicht übernommen, sondern stattdessen auf den Begriff der *neuzugewanderten Schüler:innen* zurückgegriffen.

5 Das integrative Modell besteht darin, dass neu zugewanderte Schüler:innen am Regelunterricht teilnehmen und zusätzlich additive Sprachförderung erhalten (siehe bei Massumi et al. 2015, S. 7).

aktive Erklärprozesse »in ihrer Kontextgebundenheit und in ihrem tatsächlichen Vollzug« (Morek et al. 2017, S. 16; ähnlich bei Neumeister und Vogt 2012, S. 581) Gegenstand der Analyse bilden. Eine solche Auslegung erfordert im Sinne des Gütekriteriums *Gegenstandsangemessenheit* nach Strübing et al. (2018, S. 86–88) eine Passungsanforderung auf die »Abgestimmtheit von Theorie, Fragestellung, empirischem Fall, Methode und Datentypen«, durch welche der Untersuchungsgegenstand erst konstituiert werde (ebd., S. 86).

Ausgehend von diesem Postulat sollen nachfolgend die das Erklären auszeichnenden Aspekte dargelegt (2) sowie deren Auswirkungen auf den Forschungsprozess (3) aufgezeigt werden. Die darauffolgenden Kapitel beinhalten eine kurze Darlegung der Konversationsanalyse (4) sowie der Systemisch Funktionalen Grammatik (5), um sowohl deren Eignung für das Forschungsvorhaben als auch die Möglichkeit einer Kombination (6) zu veranschaulichen. Letztere wird zum Ende des Beitrages anhand einer exemplarischen Analyse eines Erklärprozesses illustriert (7). Der Beitrag schließt mit einem Fazit (8).

2 Erklären als soziale Praxis

In Anlehnung an Stukenbrock liegt diesem Beitrag ein offenes Verständnis des Erklärens als »situierte[ ] kommunikative[ ] Praxis« (Stukenbrock 2009, S. 161) zugrunde. Im Rahmen dieser Konzeptualisierung wird Erklären als gleichermaßen kontextgebundenes, interaktives sowie multimodales/multiaktionales Verfahren gefasst (ebd., S. 161 ff.). Dieser Ausrichtung zufolge liegt keine enge Vordefinition von *Erklärung* zugrunde, vielmehr soll auf Datenbasis rekonstruiert werden, was von den Teilnehmenden als *Erklären* behandelt bzw. hervorgebracht wird (ebd., S. 160, siehe auch Hohenstein 2006, S. 60 sowie Morek et al. 2017, S. 16). Eine solche Auslegung erfordert eine spezifische methodologische Herangehensweise, die sich sowohl in der Datengenese, der Datenauswertung als auch der Datenanalyse äußert (Strübing et al. 2018, S. 86–88).

Erklären ist interaktiv, da es sich dabei um eine sprachliche Aktivität handelt, die auf »interaktive Rückkopplung(ssignale)« (Stukenbrock 2009, S. 162) angewiesen ist. Stukenbrock veranschaulicht diese anhand metapragmatischer Formulierungen wie »hast du verstanden?«, welche eine aktive Rezipientenreaktion erfordern und so verdeutlichen, »dass zu den am Erklärprozess aktiv Beteiligten nicht nur die Erklärenden, sondern auch die Adressaten gehören« (ebd.). Sowohl verbales als auch nonverbales Verhalten beeinflusse dann die Produktion der Erklärung und forme deren syntaktisches, semantisches sowie pragmatisches Format (ebd.).

Aus der Interaktivität folgt, dass lediglich Erklärprozesse in dialogischer Form, d. h. in denen auch Schüler:innen mit eigenen Redebeiträgen partizipieren

(Morek 2012, S. 160), Eingang in die Datenauswahl und -analyse finden sollten. Darüber hinaus bewirkt der Einfluss des nonverbalen Verhaltens auf die Erklärproduktion die Notwendigkeit audiovisueller Daten, wodurch wiederum eine nicht nur verbale, sondern multimodale Aufbereitung sowie Analyse der Daten erforderlich wird (Stukenbrock 2009, S. 163). Die zu generierenden Daten sollten daher – sofern möglich – »alle multimodalen Ausdrucksressourcen (Stimme, Gestik, Mimik, Körperbewegung) und alle räumlich-visuellen Sachverhalte (räumliche Strukturen, Gegenstände, die in der Interaktion benutzt werden) repräsentieren, mit denen bzw. in Hinblick auf die die Interaktionsteilnehmer:innen ihr Handeln organisieren« (Deppermann 2014, S. 20).

Neben der Interaktivität sowie Multimodalität zeichnet Erklären darüber hinaus eine Kontextabhängigkeit aus, »Erklären findet *für* und *in* einem bestimmten Kontext statt« (Stukenbrock 2009, S. 161, Hervorhebungen im Original). Der Kontextbegriff umfasst dabei einerseits die Entwicklung des Erklärens, da die interaktiven Bearbeitungsschritte zunehmen können, je erheblicher die Wissensasymmetrie zwischen den Beteiligten bzw. je schwerer das Explanandum zugänglich ist (ebd., S. 161–162). Andererseits wird mit dem Kontextbegriff auf die Umgebung verwiesen, in der Erklärungen »am ehesten zu erwarten sind« (ebd., S. 162). Zu diesen zählen beispielsweise Lehr-Lern-Situationen, da in diesen sprachliche Regeln, Bedeutungen sowie ein Verständnis von Sachverhalten zentral sind und Erklären somit erforderlich machen (Vogt 2009, S. 203). Infolgedessen setzt »Erklären […] Wissen und Verstehen voraus und schafft – potenziell – Wissen und Verstehen« (Harren 2015, S. 84). Erklären richtet sich dann an ein Gegenüber, »auf dessen antizipierte Wissens- und Verstehenslücken die Darstellung ausgerichtet wird« (ebd.). Die Relevanz der Unterrichtsinteraktion in Form von Erklärprozessen wird an anderer Stelle von Klein hervorgehoben, indem er Schulen (zusammen mit Ausbildungsstätten) als wichtigste *Erklär-Institutionen* in unserer Gesellschaft bezeichnet (Klein 2001, S. 1327).

Nach Darstellung des hier zugrundeliegenden Verständnisses von Erklären mit den daraus hervorgehenden Konsequenzen für den Forschungsprozess soll nun die Darstellung der eigenen Studie mitsamt den Zielen sowie der Umsetzung aufgezeigt werden.

3 Forschungsvorhaben und Forschungsdesign

Die im vorherigen Kapitel aufgezeigte offene Auslegung des Erklärens erfordert bei der Wahl der Erhebungs- und Analyseverfahren eine Fokussierung auf dialogische Interaktionen in Form von Erklärprozessen mitsamt des sie konstituierenden Kontextes.

Neben dem Vorkommen ko-konstruierter Erklärprozesse im Unterrichtsfluss der Sprachfördermaßnahmen ist die Beschaffenheit der Erklärprozesse Fokus der vorliegenden Studie. Hauptaugenmerk liegt dabei auf der Bedeutung des Kontextes bei der Auflösung von lehrer:innenseitig antizipierten sowie schüler:innenseitig angezeigten Wissensasymmetrien. So soll ermittelt werden, an welchen Stellen das verbale Handeln der LP von nonverbalen Handlungen mit Hinzuziehung weiterer Artefakte ergänzt oder gar ersetzt wird, um zu einem Verständnis beizutragen und zu einer Auflösung einer Wissensasymmetrie zu gelangen, zumal zu Beginn einer Sprachaneignung ein rein verbales Aushandeln oft erschwert ist und eine Unterstützung durch bspw. Visualisierungen in Form gestischen Handelns oder in Form von Artefakten eine Verständnisunterstützung darstellen kann.

Die Erforschung eines solchen Phänomens erfordert eine methodische Herangehensweise, mithilfe derer sowohl das Verständnis der Teilnehmenden nachgezeichnet als auch der Einfluss des Kontextes – mit Berücksichtigung eventuell hinzugezogener Artefakte – auf die jeweiligen sprachlichen Äußerungen aufgezeigt werden kann. Mit gängigen Analysemethoden können meist nur vereinzelte Aspekte wie das gegenseitige Verständnis oder kontextuelle Faktoren untersucht werden, sodass hier eine Kombination zweier zueinander passender Methoden notwendig ist.

Die Datenauswertung erfolgt somit durch die Kombination der Konversationsanalyse (im Folgenden KA) mit der Systemisch Funktionalen Grammatik (im Folgenden SFG). Ein konversationsanalytisches Vorgehen eignet sich insbesondere durch die »reflexive dimension in social action« (Heritage 2005, S. 104), durch welche es möglich wird, die Orientierung hin zu einer gemeinsamen Aufgabenlösung und Zielbewältigung zu rekonstruieren (Harren 2009, S. 152; Koole 2009, S. 109). So kann aufgezeigt werden, wie Gesprächsteilnehmer:innen eine Analyse bzw. ein Verständnis des Ereignisses, an dem sie beteiligt sind, anzeigen, während sie gleichzeitig durch ihr Handeln einen interaktiven Beitrag leisten, der das Ereignis auf Grundlage dieser Analyse vorantreibt (Heritage 2005, S. 104).

Ein funktionaler Blick auf Sprache mittels der SFG ermöglicht es – durch die dialektische Verknüpfung zwischen Kontext und Text (Schleppegrell 2004, S. 45) –, die Wirkung des Kontextes auf die sprachlichen Äußerungen herauszuarbeiten:[6] Auf Grundlage der so in der SFG vorhandenen Kontextkonzeptua-

---

6 Innerhalb der SFG gibt es weit mehr sie kennzeichnende Faktoren als die Kontextkonzeptualisierung, darunter bspw. die Metasprache, mithilfe derer Funktionen sprachlicher Mittel im jeweiligen Kontext in sowohl dialogischen Sprechbeiträgen als auch übertragen auf schulische Fachbuchtexte herausgearbeitet werden können. Fokus des hier vorliegenden Beitrages bildet alleinig die Kontextkonzeption, sodass für einen allgemeinen Überblick zur Metasprache auf u. a. Halliday 1990, Webster 2009 sowie Eggins 2004, für einen didaktisch ausge-

lisierung wird ermöglicht, eine Unterscheidung zwischen dem situativen Kontext, welcher die Inhalte der Erklärprozesse widerspiegelt, und dem materiellen Setting, in dem die Erklärprozesse stattfinden, vorzunehmen. Kontext entspricht hier demzufolge nicht nur der Umgebung, in der ein Erklärprozess stattfindet, sondern darüber hinaus dem Inhalt des Redebeitrages im Erklärprozess. Durch diese Differenzierung des Kontextbegriffs ist es möglich, nachzuzeichnen, an welchen Stellen Lehrpersonen auf das materielle Setting sowie Artefakte zurückgreifen, um anhand dieser das Explanandum zu elaborieren.

Im Folgenden sollen die KA sowie die SFG ausführlicher vorgestellt, die Möglichkeiten einer Kombination aufgezeigt und abschließend anhand eines Fallbeispiels veranschaulicht werden.

4 Die Konversationsanalyse zur Rekonstruktion gegenseitigen Verstehens

Als Forschungsmethode ist die KA in den späten 1960er Jahren aus der soziologischen Forschung hervorgegangen (Huth 2011, S. 299). Im Wesentlichen befasst sich die Konversationsanalyse mit der systematischen »Geordnetheit« (Forsthoffer/Dittmar 2009, S. 348) von Gesprächen in alltäglichen Interaktionssituationen: Analysiert wird, wie im Verlauf eines Gesprächs soziale Ordnung durch wechselseitig aufeinander bezogene Sprechhandlungen der beteiligten Akteure gemeinsam hergestellt wird (Kleemann et al. 2013, S. 36; Huth 2011, S. 299; Forsthoffer/Dittmar 2009, S. 348). Die KA versucht zu beschreiben, wie Sprecher:innen und Zuhörer:innen das Verhalten des jeweils anderen verstehen, während sich das Gespräch entwickelt und wie Sprecher:innen ihre Analyse des Gesprächs (an)zeigen, um so Verfahrensweisen, Praktiken, Normen sowie Orientierungsstrukturen von sozialem Handeln sichtbar zu machen (Huth 2011, S. 299; Heritage 2005, S. 104). Als zentral gilt hierbei eine reflexive Dimension im sozialen Handeln: Durch ihre Handlungen zeigen die Teilnehmer:innen eine Analyse bzw. Verständnis des Ereignisses, an dem sie beteiligt sind, und leisten durch ihr Handeln ferner einen interaktiven Beitrag, der das Ereignis auf Grundlage dieser Analyse vorantreibt (Heritage 2005, S. 104). Im Gegensatz zu anderen linguistischen Analysemethoden gilt die Hervorbringung von Äußerungen nicht als Ausdruck rein sprachlicher Strukturen, sondern als von den Teilnehmer:innen gemeinsam erbrachte *soziale* Leistung (Forsthoffer/Dittmar 2009, S. 348). Die Wahrnehmung sowie das Verständnis der entstehenden Gesprächsbeiträge sind dabei durch ihren unmittelbarsten Kontext geformt (Clift

---

richteten Überblick auf u. a. Carlson und Daase 2020, Schleppegrell 2004 sowie de Oliveira und Schleppegrell 2015 verwiesen sei.

et al. 2013, S. 211–212). Kontext gilt dabei als unmittelbare sequentielle Umgebung einer Äußerung, anhand derer die Angemessenheit sowie Folgeäußerungen gemessen werden (Markee 2000, S. 28). In diesem Sinne ist jegliche Konversation kontextabhängig (*context-dependent*) (ebd.). Gleichzeitig wird Konversation im Rahmen der KA als kontextfrei (*context-free*) bezeichnet, da weder der sozioökonomische Status, das Geschlecht oder Biografien noch andere ethnografische Daten herangezogen werden, um die Organisation des Gespräches zu erklären (ebd.). Demnach ist Kontext sowohl fortlaufender Prozess als auch ein Produkt der Handlungen der Interagierenden (Heritage 2005, S. 106). Darüber hinaus gelten die Handlungen der Interagierenden als kontexterneuernd, da sie neue Möglichkeiten für eine Folgeäußerung bzw. -handlung schaffen (Heritage/ Clayman 2010, S. 14).

Das Ziel der KA, Gesprächsordnungen aufzuschlüsseln, wird durch ein sequenzielles Vorgehen erreicht, bei welchem die Daten »Schritt für Schritt« (Kleemann et al. 2013, S. 41) dahingehend analysiert werden, wie die jeweiligen Gesprächsbeiträge an die vorherigen anschließen und gleichermaßen Anschlussmöglichkeiten für nachfolgende Sequenzen eröffnen (ebd.). Auf diese Weise können Merkmale der jeweils vorliegenden Gesprächsart in ihrer Struktur erfasst, spezifische sprachliche Mechanismen identifiziert und in ihrer Funktion analysiert werden (ebd., S. 45). Als entscheidend gilt das analytische Prinzip *bottom up*, welches erfordert, Interaktionsdaten nicht aus einer theoretischen Perspektive, sondern aus dem Inneren heraus zu verstehen:

> Central to CA research is its emic orientation, meaning its insistence on deriving relevant analytic categories about talk from observing the talk and the orientation of participants as it is displayed therein, rather than relying on a priori conceptions about what may or may not be relevant for the analysis of talk from the outset. (Huth 2011, S. 299)

In Sprachfördermaßnahmen – wie die diesem Beitrag zugrunde liegenden Daten – ist von entscheidender Bedeutung, wie Teilnehmende ihr Verständnis zeigen und darauf hinarbeiten – insbesondere bei bestehenden Wissensasymmetrien. Dies gilt umso mehr, als Schüler:innen und LP in einen gemeinsamen Prozess eingebunden sind, bei dem sie in und über eine Sprache kommunizieren, die die Mehrheit der Teilnehmer:innen sich aneignet. Da eines der expliziten Ziele der konversationsanalytischen Arbeit die Isolierung, Darstellung und Orientierung am gegenseitigen Verstehen ist, ist sie als Forschungsmethodik in Sprachfördermaßnahmen offensichtlich (ebd., S. 300).

5 Die Systemisch Funktionale Grammatik zur Untersuchung von Sprache im Kontext des unterrichtlichen Umfeldes

Bei der SFG handelt es sich um eine linguistische Theorie, die Sprache als einen sozialen Prozess betrachtet, der zur Verwirklichung verschiedener sozialer Kontexte beiträgt (Schleppegrell 2004, S. 45). Im Rahmen der SFG sind weder anzueignende Regeln (Gibbons 2006, S. 30) noch eine Kennzeichnung grammatischer Elemente nach ihrer syntaktischen Kategorie bzw. der Identifizierung der Rolle, die diese innerhalb eines Satzes einnehmen (Subjekt, Objekt etc.) (Schleppegrell 2004, S. 45) relevant; vielmehr handelt es sich um eine Beschreibungsgrundlage, mithilfe derer aufgezeigt werden kann, wie und warum sich die Sprache sowohl hinsichtlich der Verwender als auch hinsichtlich der Kontexte, in der sie Verwendung findet, unterscheidet (ebd.; Webster 2009, S. 1; Gibbons 2006, S. 29). Die Theorie gilt dabei als funktional, »in the sense that it is designed to account for how the language is used.« (Halliday 1994, S. XII).

Ausgangspunkt der SFG bildet die Wechselbeziehung zwischen Kontext und Text[7] (Hammond/Gibbons 2005, S. 9). So kann identifiziert werden, wie grammatische Strukturen soziale Bedeutungen realisieren und wie diese Bedeutungen wiederum unterschiedliche Kontexte konstruieren (Schleppegrell 2004, S. 45).[8] Die Kontexte des Sprachgebrauchs hinterlassen somit einen unauslöschlichen Eindruck (*indelible impression*) auf die innere Struktur der Sprache (Hasan 2009, S. 172). Kontextuelle Komponenten aktivieren demzufolge semantische Entscheidungen, letztere konstruieren wiederum den Kontext (ebd., S. 170).

Die bis hierhin im Vordergrund stehende dialektische Beziehung zwischen Kontext und Text nach Halliday ist von Hasan weiter ausdifferenziert worden, indem sie zwischen dem Kontext und dem materiellen Setting (*material situational setting*, im Folgenden MSS) unterscheidet. Sie konzeptualisiert die Beziehung zwischen diesen wie folgt:

> The material situational setting always includes elements that are not part of the context of situation; [...]. The overlap between the two can vary according to the role that the language plays in the unfolding of the social process. (Hasan 2015, S. 39)

Hasan fasst das MSS als »physical setting« (ebd.), in welchem ein Text entsteht. Das MSS entspricht dabei einer schlafenden Kraft (*dormant force*), welche durch Sprache bzw. durch Nennung entsprechender Elemente aktiviert werden und

---

7 Im Rahmen der SFG wird Text als »language in use« (Butt 2000, S. 3) definiert und als authentisches Produkt sozialer Interaktion (Eggins 2004, S. 23) gefasst; sowohl in Fällen, in denen Menschen sprechen, als auch in den Fällen, in denen sie schreiben, produzieren sie Text.

8 Eine solche semiotische Interpretation von Sprache ermöglicht es, die Angemessenheit oder Unangemessenheit von sprachlichen Realisierungen in einem bestimmten Verwendungskontext zu betrachten (weitere Ausführungen siehe Gibbons 2006, S. 30).

dadurch das sprachliche Geschehen beeinflussen kann (ebd., S. 39–41; Bowcher 2018, S. 5).

Anhand der Konzeptualisierung des Kontextbegriffs nach Hasan kann somit rekonstruiert werden, welche Artefakte aus dem MSS von den am Erklärprozess Beteiligten durch Sprache (verbal wie nonverbal) relevant gesetzt werden, um das Explanandum zu elaborieren. Auf diese Weise können Charakteristika hinsichtlich der Beschaffenheit der Erklärprozesse differenzierter rekonstruiert werden: So können Erklärprozesse, in denen LP auf das MSS zurückgreifen, um etwas durch visuelles Demonstrieren zu veranschaulichen, von Erklärprozessen, in denen keine Relevantsetzung des MSS erfolgt, abgegrenzt und hinsichtlich ihrer Unterschiede analysiert werden.

6 Überlegungen zu einer Kombination der Konversationsanalyse und der Systemisch Funktionalen Grammatik

Den bisherigen Ausführungen zufolge weisen die KA und die SFG eine Passung zueinander auf. In beiden Ansätzen nimmt das Soziale eine bedeutende Rolle ein, sowohl die KA als auch die SFG sehen in der Interaktion einen sozialen Prozess (Schleppegrell 2004, S. 45; Forsthoffer/Dittmar 2009, S. 348). Während in der KA die Annahme gilt, dass die Teilnehmenden selbst einen bestimmten situativen Kontext erst als solchen hervorbringen, indem sie bestimmte sprachliche Aktivitäten und soziale Rollen für sich lokal relevant machen (Morek 2012, S. 56–57), besteht in der SFG eine Wechselwirkung zwischen Text und Kontext, im Rahmen derer der Kontext semantische Entscheidungen aktiviert, während gleichzeitig semantische Entscheidungen den Kontext konstruieren (Halliday 1991, S. 5). Daraus folgt für beide Ansätze, dass das von den Teilnehmenden relevant Gesetzte in den Daten sichtbar wird und demzufolge nicht subjektiv an das Material herangetragen, sondern aus dem Inneren der Daten heraus verstanden werden sollte (Huth 2011, S. 299; Hasan 2009, S. 176).

Trotz Unterschieden in der Kontextkonzeptualisierung der beiden Ansätze ergeben sich gewinnbringende Möglichkeiten für die Untersuchung der kontextuellen Faktoren in der Auflösung von Wissensasymmetrien: Während mithilfe der KA expliziter nachgezeichnet werden kann, wie die Teilnehmenden sich am gegenseitigen Verständnis orientieren – an welchen Stellen und wie Verständnisschwierigkeiten geäußert werden und welche Reaktionen darauf folgen –, kann mittels der SFG dezidierter herausgearbeitet werden, wann und unter welchen Umständen eine Relevantsetzung des MSS durch die LP erfolgt, um das Explanandum verständlich zu machen und somit zu einer Auflösung der bestehenden Wissensasymmetrie beizutragen. Eine Kombination der beiden Ansätze ermöglicht somit nicht nur das Nachzeichnen des interaktiven Geschehens auf Grundlage der KA, sondern darüber hinaus eine Analyse kontextueller Einflussfaktoren auf den Fortgang der Erklärprozesse durch den Einsatz der SFG.

Der Grundgedanke der Kontextkonzeption in der SFG basiert auf der Ausdifferenzierung des relevanten Kontextes – relevant, da es bereits verbal thematisiert wurde bzw. für den Gesprächsverlauf notwendig ist – und dem MSS. Letzteres umgibt jegliche Gespräche stets, bleibt in den meisten Fällen jedoch wortwörtlich im Hintergrund, da es für den Fortgang der Gespräche meist unerheblich scheint. So kann ein Globus oder eine Weltkarte im Klassenzimmer für viele fachunterrichtliche Inhalte irrelevant sein, in dem Moment jedoch, in denen die Lage der Arktis sowie der Antarktis behandelt wird, können die sich zuvor im Hintergrund befindlichen Artefakte wie der Globus oder die Weltkarte relevant gesetzt und zur Verdeutlichung herangezogen werden. In dem Moment der Hinzuziehung werden die ursprünglich irrelevanten Artefakte des MSS zu relevanten Artefakten des Kontextes, indem sie Eingang in das fachunterrichtliche Gespräch finden.

Auf Basis dieser Kontextkonzeptualisierung kann herausgestellt werden, an welchen Stellen ein rein verbales Handeln nicht mehr auszureichen scheint und auf Artefakte zurückgegriffen wird, um zu einem Verständnis – und ggf. Auflösung einer Wissensasymmetrie – beizutragen. Durch die Kontextkonstruktion der SFG ist darüber hinaus möglich, nachzuzeichnen, ob die Artefakte bereits thematisiert wurden und somit Bestandteil des relevanten Kontextes sind oder als neue Artefakte angeführt werden und somit dem MSS entstammen. So kann auch herausgearbeitet werden, an welchen Stellen weder verbale Äußerungen noch bereits behandelte Inhalte ausreichen, um zur Auflösung einer Wissensasymmetrie beizutragen und dementsprechend eine Relevantsetzung weiterer Artefakte erforderlich ist, um den Fortgang der Erklärprozesse sicherzustellen und so zur Auflösung einer Wissensasymmetrie beizutragen.

Auf Grundlage der KA kann somit der interaktive Fortgang der Erklärprozesse, demgegenüber erkennbare Einflussfaktoren des relevanten Kontextes und des MSS zusätzlich auf Grundlage der SFG analysiert werden. Dies zugrunde legend verspricht die Kombination beider Verfahren sowohl eine tiefere Einsicht in die interaktive Entstehung und Gestaltung der Erklärprozesse als auch in die Einflussnahme des Kontextes auf den Fortgang der Erklärprozesse.

7 Exemplarische Veranschaulichung der Kombination anhand eines Analysebeispiels

In der für diesen Beitrag ausgewählten Sprachförderstunde konnten insgesamt sechs Erklärprozesse von unterschiedlicher Dauer[9] identifiziert werden. Von diesen ist lediglich einer – der hier analysierte – schülerinitiiert, während die übrigen fünf Erklärprozesse durch die LP initiiert sind. Dies deckt sich mit Ergebnissen anderer Arbeiten, in denen herausgestellt wurde, dass »unterrichtliche Erklärprozesse in der Regel durch die Lehrperson« (Morek 2012, S. 161) initiiert werden (siehe auch bei Neumeister/Vogt 2012, S. 569).

Die Interaktionssequenz, die als exemplarische Veranschaulichung dienen soll, entstammt der Unterrichtseinheit *Sinnentnehmendes Lesen* und ist primär auf Leseverständnis ausgerichtet.

Erklärprozess Urzeit/Uhrzeit

Der Erklärprozess ereignet sich während der ersten Aufgabenbearbeitung der Unterrichtsstunde, im Rahmen derer die Schüler:innen einen bereits bekannten Text erneut lesen und zehn Sätze bearbeiten sollen, indem sie entscheiden, ob die in den Sätzen enthaltenen Aussagen zum Text wahr oder falsch sind. Anhand der Videodaten wird sichtbar, dass Anton sich bereits während der Aufgabenerklärung der LP meldet, die Meldung jedoch vorerst zurückzieht und sich erst erneut meldet, nachdem die LP die Erklärung abgeschlossen hat. Sein Anliegen scheint durch die Ausführungen der LP nicht geklärt worden zu sein, was aus der erneuten Meldung zu schließen ist; ihm wird daraufhin das Rederecht (Z. 001) erteilt. Anton ergreift daraufhin das Wort und äußert, dass er etwas nicht verstehe (Z. 002). Bei der Aussage *ich verSTEH das nich* handelt es sich um eine »explizite Verstehensthematisierung« (Deppermann/Schmitt 2008, S. 222), durch welche gleichermaßen eine zu klärende Wissensasymmetrie interaktional angezeigt wird (Harren 2015, S. 82). Diese markiert den Beginn des Erklärprozesses:[10]

---

9 Die Erklärprozesse wiesen eine Dauer von 0:51 bis 2:44 Minuten auf.
10 Bei der Passage, die als Grundlage für die exemplarische Veranschaulichung der Kombination beider zuvor vorgestellten Verfahren dienen soll, handelt es sich lediglich um einen Ausschnitt; Passagen, die ausgelassen worden sind, wurden durch eckige Klammern gekennzeichnet und demzufolge nicht als Transkript dargestellt. Aufgrund der eingeholten Einverständniserklärungen können in diesem Beitrag außerdem keine Videodaten in Form von Bildern eingefügt, sondern lediglich die verbalen Äußerungen sowie nonverbalen Umschreibungen angeführt werden.

001	LP [v]	anton
002	Anton [nv]:	*meldet sich zunächst, zeigt nach dem Aufrufen dann mit dem Zeigefinger der rechten Hand auf eine Stelle auf seinem Arbeitsblatt*
	Anton [v]:	ich verSTEH das nich
003	LP [nv]:	*bewegt sich drei Schritte nach vorne, um über Kopf auf Antons Arbeitsblatt schauen zu können und stützt sich dabei mit beiden Händen auf dem Tisch ab, zeigt daraufhin mit ihrer rechten Hand auf ihre Armbanduhr am linken Handgelenk*
	LP [v]:	↑SAtz `zwei (.) dA steht das wort URzeiten (2.3) WAS ist damit gemeint=die ´UHRzeit? (0.3) anton (0.9) ja? | die schildkröte guckt auf ihrer uhr welche uhrzeit wir haben |=oder ↓was; was ist mit urzeiten gemeint ↓BENEdikt
004	Anton [nv]:	*blickt auf die Tischplatte, senkt daraufhin seinen Kopf auf die Faust seiner rechten Hand, die auf der Tischplatte liegt, richtet sich insgesamt wieder auf, blickt daraufhin zur LP auf und nickt bejahend*
005	unbekannt [v]:	=nein
006	Anton [nv]:	*hält weiterhin den Kugelschreiber in der linken Hand fest, beginnt dann, an dem Daumen der linken Hand zu knabbern, senkt währenddessen den Kopf und schaut auf den Tisch vor sich*
	Anton [v]:	<<pp> ˆnein
007	Benedikt [v]:	also die lebten schon (-) äh a:ls die dinosaurier gelebt haben <<dim> deswegen <<pp> sind\
008	LP [nv]:	*stützt sich nicht mehr ab, steht nun frei und zeigt erneut mit der rechten Hand auf ihre Armbanduhr am linken Handgelenk*
	LP [nv]:	=wie wird DIEse ⁻uhrzeit ⁻geschrieben?
009–018		*[Aushandlung der unterschiedlichen Schreibweisen von Ur- und Uhrzeit]*
019	LP [nv]:	*zeigt zunächst mit der rechten Hand auf ihre Armbanduhr, verweist dann zweifach über die rechte Schulter mit beiden Armen angewinkelt und Hohlhänden nach hinten*
	LP [v]:	!ER::! das ist sowas wie (-) ↑URoma ↑URopa das hat ↑!NICHTS mit der uhr zu tun (.) sondern mit den (-) ↑`ZEIten die lange zurück liegen; (1.5) ˆgut.
020	Anton [nv]	*beginnt mit der linken Hand zu schreiben, stützt dabei seinen Kopf auf die angewinkelte rechte Hand ab*
	Anton [v]:	´ach↑↑so::

(S20_Urzeit/Uhrzeit_10:44–11:41)

Bereits durch die Aussage Antons, dass er etwas nicht verstehe, wird die Relevanz der Kontextvariable sowie die Abhängigkeit vom Kontext für ein geteiltes Verständnis deutlich: Nach dem Konzept der Kontextabhängigkeit der SFG (*context dependency*) ist weniger sprachliche Explikation erforderlich, je mehr zwischen den Gesprächsteilnehmer:innen in einem Kontext geteilt wird und vice versa (Martin 2006, S. 159). In dem hier vorliegenden Fall bleibt für Außenstehende unverständlich, welcher Aspekt für Anton nicht verständlich ist, da lediglich der lexikalische Referent *das* als Stellvertreter für das eigentliche Anliegen Verwendung findet. Zwar eröffnet Anton mit seiner Aussage *ich verSTEH das nicht* das *field*, um das es bei dem Erklärprozess mutmaßlich gehen wird, um welche Thematik es sich jedoch handeln wird, ist an dieser Stelle noch nicht ersichtlich. Ein Verständnis erfordert somit weitere, interaktive Bearbeitungsschritte (Stukenbrock 2009, S. 161).

Durch die Videoaufnahmen ist erkennbar, dass Anton während seiner Aussage simultan mit seinem rechten Zeigefinger auf eine Stelle des Arbeitsblattes verweist. Sein Anliegen geht demzufolge aus dem unmittelbaren Kontext – dem zu bearbeitenden Arbeitsblatt – hervor. Jedoch scheint unter den Teilnehmer:innen noch kein gemeinsamer Kontext zu bestehen, was durch verbale wie nonverbale Handlungen der LP untermauert wird: Nach der Aussage und nonverbalen Handlung Antons wendet sich die LP Anton zu und schaut auf sein Arbeitsblatt, um feststellen zu können, auf was er verweist; erst danach äußert sie verbal ↑*SAtz ˋzwei (.) dA steht das wort URzeiten* (Z. 003). Durch diese Aussage schafft die LP einen für alle gemeinsamen Bezugsrahmen, um ein gemeinsames Verstehen zu ermöglichen. Dieses ist Grundvoraussetzung für interaktive Kooperation, Äußerungen und Handlungen der Beteiligten und muss vorhanden sein, um Folgehandlungen entsprechend darauf auszurichten und anzuschließen zu können (Deppermann 2010, S. 7).

Anhand der Videodokumentation ist ersichtlich, dass die LP ihre dann gestellte Frage *WAS ist damit gemeint=die ˊUHRzeit?* – erkennbar an ihrer Körperlichkeit – ans Plenum richtet, jedoch keinen Raum zur Beantwortung gibt, sondern vielmehr eine an Anton gerichtete Aussage ergänzt: *die schildkröte guckt auf ihrer uhr welche uhrzeit wir haben |=oder ↓was* (Z. 003). Bei dieser getätigten Aussage handelt es sich aus konversationsanalytischer Sicht um eine *reversed polarity question* (RPQ) (Koshik 2010, S. 169–171), genauer eine Ja-/Nein-Frage mit einer gegensätzlich enthaltenen Behauptung. Diese findet häufig Anwendung, um den Schüler:innen bei der Beantwortung einer Frage behilflich zu sein (ebd., 170). In dem vorliegenden Fall liegt die Annahme nahe, dass die LP mit ihrer Anmerkung auf den Unterschied Ur- und Uhrzeit verweisen möchte, indem sie bereits hier herausstellt, dass es sich bei der von Anton erfragten *Urzeit* nicht um die vermutlich bekannte *Uhrzeit* handelt.

Mit der RPQ eröffnet die LP zeitgleich eine weitere Erklärungsschiene, indem sie das homophone Wort *Uhrzeit* thematisiert. Dieses entstammt – im Gegensatz zu dem von Anton relevant gemachten Wort *Urzeiten* – nicht aus dem relevanten Kontext, sondern vielmehr aus dem MSS. Indem die LP auf ihre Armbanduhr zeigt und diese verbalisiert, versprachlicht sie ein Artefakt aus dem MSS, welches sodann Eingang in den relevanten Kontext findet. Dies bewirkt insofern eine Änderung des Erklärprozesses, als nicht nur ein, sondern zwei Konzepte als relevant markiert und somit grundlegend für den weiteren Fortgang des Erklärprozesses gemacht werden. An dieser Stelle wird erstmalig erkennbar, dass die LP nicht nur den von Anton relevant markierten Kontext, sondern darüber hinaus das von ihr eingebrachte Artefakt *Armbanduhr* für die Beantwortung nach der Bedeutung von Urzeit hinzuzieht.

Anton reagiert auf die Frage zur *Schildkröte* und der *Urzeit* nonverbal, indem er zunächst bejahend nickt (Z. 004), nach dem Hineinrufen *nein* (Z. 005) eines oder einer Mitschüler:in[11] jedoch leise mit *nein* (Z. 006) antwortet. Beide Beantwortungen der Frage, sowohl die anfängliche nonverbale Bejahung als auch die verbale Verneinung, beziehen sich auf die Beantwortung der Frage hinsichtlich des MSS in Form der *Armbanduhr* und nicht auf den von ihm ursprünglich relevant gemachten Kontext und der Klärung der Frage, was *Urzeiten* bedeute. Die vermutete Absicht der RPQ, zu der richtigen Beantwortung einer Frage hinzuleiten, scheint hier aufgrund der Nennung beider Antwortoptionen nicht zielführend gewesen zu sein.

Die LP greift ihre Frage erneut auf und stellt zeitgleich zu Antons Verneinung erneut die Frage, was mit *Urzeiten* gemeint sei. Auf mehrere Meldungen hin erteilt sie letzlich Benedikt das Wort, welcher antwortet, dass es sich bei *Urzeiten* um die Zeit handele, zu der die Dinosaurier gelebt hätten (Z. 007). Benedikt bezieht sich mit seiner Antwort auf die erste von der LP gestellten Frage, was unter *Urzeiten* zu verstehen sei, und reagiert damit auf den relevanten Kontext. Die Antwort Benedikts wird jedoch von der LP unterbrochen, indem sie stattdessen mit ihrer Frage *wie wird DIEse Uhrzeit geschrieben* (Z. 008) an die von ihr relevant gemachte Armbanduhr anknüpft und die Schreibweise von *Uhrzeit* erfragt, was in den Aufnahmen durch eine entsprechende Zeigegeste auf ihre Armbanduhr sichtbar wird. Dieser Stelle ist zu entnehmen, dass die LP nicht den relevanten Kontext und damit die Bedeutung des Wortes *Urzeit*, sondern zunächst das von ihr relevant gemachte, aus dem MSS entstammende *Uhrzeit* klären möchte. Bis dato erfolgt somit keinerlei Bezugnahme auf den ursprünglich relevanten Kontext *Urzeit*, sondern ausschließlich auf das MSS *Uhrzeit*.

Die dann folgenden, hier ausgelassenen Spuren beinhalten die unterschiedlichen Schreibweisen der Wörter *Urzeit* und *Uhrzeit*, in dessen Verlauf herausgestellt wird, dass *Uhrzeit* aus dem MSS *mit h*, das von Anton erfragte *Urzeiten* aus dem relevanten Kontext jedoch *ohne h* geschrieben werde.

Nach Thematisierung der unterschiedlichen Schreibweisen in Z. 009–018 schließt die LP den Erklärprozess mit Bezug auf den vormals relevanten Kontext ab, indem sie das Präfix *Ur-* mehr in Richtung Lebenswelt der SuS stellt und auf die Begriffe *Uroma* sowie *Uropa* verweist. Aus konversationsanalytischer Sicht liegt hier eine Anknüpfung an das Vorwissen der Rezipienten im Sinne eines *recipient design* vor (Harren 2009, S. 154; ten Have 2007, S. 154). Neben verbalen Äußerungen wird ferner durch Körperlichkeit die Bedeutung des Wortes *Ur-*

---

11 Trotz Videoaufnahmen, die sowohl die Schüler:innen als auch die LP fokussierten, konnte an dieser Stelle nicht rekonstruiert werden, von wem der Zwischenruf ausging.

zeiten demonstriert, indem die LP mit beiden Armen angewinkelt und mit Hohlhänden nach hinten verweist und so versucht, Zeiten, die lange zurückliegen, zu veranschaulichen. Mit dem *recipient design* sowie der Veranschaulichung des zeitlich weit zurückliegenden beschäftigt sich die LP erstmals im gesamten Verlauf des Erklärprozesses mit dem relevanten Kontext *Urzeit*. Vorherige Verweise auf den relevanten Kontext gingen hingegen ausschließlich von den Schülern aus (Anton in Z. 002, Benedikt in Z. 007). Somit erfolgt erstmals in Z. 019 eine Bezugnahme seitens der LP auf den ursprünglich von Anton relevant gemachten Kontext *Urzeit* und eine Klärung des Begriffes. Auffällig ist hier, dass eine weitere Bezugnahme zur *Uhrzeit*, welche von der LP relevant gemacht wurde, ausbleibt, sodass der Grund für eine Berücksichtigung nicht in den Daten sichtbar wird. Denkbar ist jedoch, dass auf diese Weise eine Differenzierung beider Begriffe thematisiert und auf Basis der unterschiedlichen Schreibweise für zukünftige Begegnungen handhabbar gemacht werden sollte.

Nach Erwähnung der Begriffe *Ur-* sowie *Uropa* und dem damit vorliegenden Bezug zur Lebenswelt der Schüler:innen erfolgt der Abschluss des Erklärprozesses durch einen Erkenntnisprozessmarker (Morek 2012, S. 161) von Anton in Form von ´ach↑↑so:: (Z. 020), durch welchen gleichzeitig eine Verstehensdokumentation vorliegt, da das ursprünglich von Anton eröffnete Explanandum als geklärt markiert wurde.[12]

8 Fazit

Als Ausgangspunkt des vorliegenden Beitrags diente eine offene wie ganzheitliche Ausrichtung des Erklärens, welche nach dem Gütekriterium der *Gegenstandsangemessenheit* (Strübing et al. 2018, S. 86–88) Einfluss auf die Datenerhebung, -aufbereitung sowie -analyse übt. Nach Darstellung des Forschungsvorhabens wurden die Instrumente KA und SFG vorgestellt und der Nutzen einer Kombination für die Untersuchung verbaler wie kontextueller Faktoren in Erklärprozessen aufgezeigt.

Durch eine exemplarische Analyse konnte veranschaulicht werden, wie die an der Sprachfördermaßnahme Teilnehmenden auf ein gemeinsames Verständnis hinarbeiteten, indem ein Artefakt aus dem MSS herangezogen wurde, welches zur Differenzierung des zu klärenden Begriffs *Urzeit* und des homophonen Wortes *Uhrzeit* beigetragen hat.

---

12 Ob es zu einer tatsächlichen oder »vorgetäuschten« Klärung kam, kann und soll an dieser Stelle nicht Gegenstand des vorliegenden Beitrages sein – auch, weil sich die KA jeglicher Bewertung entzieht (Deppermann 2014, S. 22).

Weitere Analysen des Korpus zeigen, dass in Momenten, in denen eine rein verbale Umschreibung eines Konzeptes nicht ausreicht, auf die unmittelbare Umgebung Bezug genommen wird, um das Explanandum visuell zu demonstrieren. Die so erfolgte Darstellungsvernetzung zwischen verbaler Ausführung und nonverbaler Demonstration bzw. Hinziehung weiterer Artefakte führte dann in allen Fällen zu einer – zumindest vordergründigen – Auflösung der Wissensasymmetrie.

Auch wenn ein Abschluss aller Analysen der in der Gesamtstudie ausgewählten Erklärprozesse noch aussteht, konnte bislang doch herausgearbeitet werden, dass bei konkreten Explananda eine Bezugnahme auf den unmittelbaren Kontext erfolgt, während abstrakte Explananda demgegenüber ausschließlich mit Bezugnahme auf das MSS aufgelöst werden. Die Passung beider Verfahren ermöglicht somit nicht nur eine dezidierte Analyse des Gesprächsverlaufs mit Rekonstruktion des gegenseitigen Verständnisses, sondern zeugt ferner von einer differenzierten Bezugnahme auf den Kontext oder das MSS bei konkreten und abstrakten Explananda (näheres siehe bei Präg i. V.).

Zu untersuchen bleibt eine Übertragung der hier vorgestellten Kombination auf andere Kontexte. Neben Erklären wären weitere Sprachhandlungen wie bspw. begründen, argumentieren und beschreiben sowie eine Ausweitung auf andere Untersuchungsgruppen und -kontexte denkbar. So könnten einerseits nicht nur LP-Schüler:innen-Interaktionen, sondern auch Interaktionen unter Schüler:innen fokussiert und tiefergehend analysiert werden. Andererseits wären – neben den wie hier vorgestellten institutionellen – auch informellere, alltägliche Interaktionen ein möglicher Untersuchungsschwerpunkt.

Literaturverzeichnis

Ahrenholz, Bernt/Ohm, Udo/Ricart Brede, Julia: ›Das Projekt »Formative Prozessevaluation in der Sekundarstufe. Seiteneinsteiger und Sprache im Fach« (EVA-Sek), in: Fuchs, Isabell/Jeuk, Stefan/Knapp, Werner (Hg.): *Mehrsprachigkeit: Spracherwerb, Unterrichtsprozesse, Seiteneinstieg.* Stuttgart 2017, S. 241–258.

Bartelborth, Thomas: Erklären. Berlin, New York 2007.

Bowcher, Wendy L.: ›The semiotic sense of context vs the material sense of context‹, in: *Functional Linguistics* 2018/5 (5), S. 1–19.

Butt, David: Using functional grammar. An explorer's guide. Sydney 2000.

Carlson, Sonja Alexandra/Daase, Andrea: ›Bedeutung im Kontext: Vermittlung der Funktion sprachlicher Mittel für das Erlernen fachlicher Inhalte am Übergang zur Regelklasse‹, in: Nadja Wulff/Sandra Steinmetz/Dennis Strömsdörfer/Markus Willmann (Hg.): *Deutsch weltweit – Grenzüberschreitende Perspektiven auf die Schnittstellen von Forschung und Vermittlung. 45. Jahrestagung des Fachverbandes Deutsch als Fremd- und Zweitsprache an der Universität Mannheim 2018.* Göttingen 2020, S. 329–348.

Clift, Rebecca/Drew, Paul/Local, John: ›Why that, now?: Position and Composition in Interaction (or, don't leave out the position in composition)‹, in: Orwin, Martin/ Howes, Christine/Kempson, Ruth (Hg.): *Language, Music, and Interaction* 2013, S. 211–231.

De Oliveira, Luciana C./Schleppegrell, Mary J.: Focus on grammar and meaning. Oxford 2015.

Deppermann, Arnulf/Schmitt, Reinhold: ›Verstehensdokumentationen: Zur Phänomenologie von Verstehen in der Interaktion‹, in: *Deutsche Sprache* 2008/36 (3), S. 220–245.

Deppermann, Arnulf: ›Zur Einführung: »Verstehen in professionellen Handlungsfeldern« als Gegenstand einer ethnographischen Konversationsanalyse‹, in: Deppermann, Arnulf/Reitemeyer Ulrich/Schmitt Reinhold/Spranz-Fogasy, Thomas (Hg.): *Verstehen in professionellen Handlungsfeldern.* Tübingen 2010, S. 7–25.

Deppermann, Arnulf: ›Konversationsanalyse: Elementare Interaktionsstrukturen am Beispiel der Bundespressekonferenz‹, in: Staffeldt, Sven/Hagemann, Jörg (Hg.): *Pragmatiktheorien. Analysen im Vergleich.* Tübingen 2014, S. 19–47.

Eggins, Suzanne: An Introduction to Systemic Functional Linguistics. New York 2004.

Forsthoffer, Irene/Dittmar, Norbert: ›Konversationsanalyse‹, in: Kühl, Stefan/Strodtholz, Petra/Taffertshofer, Andreas (Hg.): *Handbuch Methoden der Organisationsforschung. Quantitative und Qualitative Methoden.* Wiesbaden 2009, S. 348–368.

Gadow, Anne/Kulgemeyer, Christoph; Marx, Nicole (2017): ›Wenn »Erklären« nicht gleich »Erklären« ist. Zu unterschiedlichen Konzepten gleichnamiger sprachlicher Handlungen in den Fächern und Möglichkeiten eines fächerübergreifenden Umgangs damit‹, in: Erwin Tschirner/Jupp Möhring/Keith Cothrun (Hg.): *Deutsch als zweite Bildungssprache in MINT-Fächern.* Tübingen 2017, S. 55–74.

Gibbons, Pauline: Bridging Discourses in the ESL Classroom. Students, Teachers and Researchers. London 2006.

Halliday, Michael A. K.: Language as social semiotic. The social interpretation of language and meaning. London 1978.

Halliday, Michael A. K.: Spoken and written language. Oxford 1990.

Halliday, Michael A. K (1991): ›Part A‹, in: Halliday, Michael A. K./Hasan, Ruqaiya (Hg.): *Language, context, and text. Aspects of language in a social-semiotic perspective.* Oxford 1991, S. 3–49.

Halliday, Michael A. K.: An introduction to functional grammar. London 1994.

Hammond, Jenny/Gibbons, Pauline: ›Putting scaffolding to work. The contribution of scaffolding in articulating ESL education‹, in: *Prospect* 2005/20 (19), S. 6–30.

Harren, Inga: ›Formen von Begriffsarbeit – wie im Unterrichtsgespräch Inhalte und Fachtermini verknüpft werden‹, in: Vogt, Rüdiger (Hg.): *Erklären. Gesprächsanalytische und fachdidaktische Perspektiven.* Tübingen 2009, S. 151–168.

Harren, Inga: Fachliche Inhalte sprachlich ausdrücken lernen. Sprachliche Hürden und interaktive Vermittlungsverfahren im naturwissenschaftlichen Unterrichtsgespräch in der Mittel- und Oberstufe. Mannheim 2015.

Hasan, Ruqaiya: ›The place of context in a systemic functional model‹, in: Halliday, Michael A. K./Webster, Jonathan (Hg.): *Continuum Companion to Systemic Functional Linguistics.* London 2009, S. 166–189.

Hasan, Ruqaiya (2015): ›What's going on: a dynamic view of context in language‹, in: Cloran, Carmel/Butt, David/Williams, Geoffrey (Hg.): *Ways of saying: Ways of meaning. Selected papers of Ruqaiya Hasan.* London 2015, S. 37–50.

Heritage, John: ›Conversation Analysis and Institutional Talk‹, in: Fitch, Kristine L./Sanders, Robert E. (Hg.): *Handbook of Language and Social Interaction*. Mahwah NJ/London 2005, S. 103–147.

Heritage, John/Clayman, Steven: Talk in Action. Interactions, Identities, and Institutions. New York 2010.

Hohenstein, Christiane: Erklärendes Handeln im wissenschaftlichen Vortrag: ein Vergleich des Deutschen mit dem Japanischen. München 2006.

Huth, Thorsten: ›Conversation Analysis and Language Classroom Discourse‹, in: *Language and Linguistics Compass* 2011/5 (5), S. 297–309.

Kiel, Ewald: Erklären als didaktisches Handeln. Würzburg 1999.

Kleemann, Frank/Krähnke, Uwe/Matuschek, Ingo: Interpretative Sozialforschung. Eine Einführung in die Praxis des Interpretierens. Wiesbaden 2013.

Klein, Josef: ›Erklären und Argumentieren als interaktive Gesprächsstrukturen‹, in: Brinker, Klaus (Hg.): *Text- und Gesprächslinguistik. Ein internationales Handbuch zeitgenössischer Forschung*. Berlin: 2001, S. 1309–1329.

Koole, Tom: ›Erklären in der Mathematikklasse. Eine angewandte Konversationsanalyse‹, in: Vogt, Rüdiger (Hg.): *Erklären. Gesprächsanalytische und fachdidaktische Perspektiven*. Tübingen 2009, S. 109–121.

Koshik, Irene: ›Questions That Convey Information in Teacher-Student Conferences‹, in: Freed, Alice F./Ehrlich, Susan (Hg.): *Why do you ask? The function of questions in institutional discourse*. Oxford 2010, S. 159–186.

Kotthoff, Helga: ›Erklärende Aktivitätstypen in Alltags- und Unterrichtskontexten‹, in: Spreckels, Janet (Hg.): *Erklären im Kontext. Neue Perspektiven aus der Gesprächs- und Unterrichtsforschung*. Baltmannsweiler 2009, S. 120–146.

Markee, Numa: Conversation Analysis. Mahwah NJ/London 2000.

Martin, James Robert: ›Language, Register and Genre‹, in: Burns, Anne Burns/Coffin, Caroline (Hg.): *Analysing English in a global context. A reader*. London 2006, S. 149–166.

Morek, Miriam: Kinder erklären: Interaktionen in Familie und Unterricht im Vergleich. Tübingen 2012.

Morek, Miriam/Heller, Vivien/Quasthoff, Uta: ›Erklären und Argumentieren. Modellierungen und empirische Befunde zu Strukturen und Varianzen‹, in: Iris Meissner/Eva Lia Wyss (Hg.): *Begründen – Erklären – Argumentieren. Konzepte und Modellierungen in der Angewandten Linguistik*. Tübingen 2017, S. 11–45.

Massumi, Mona/Dewitz, Nora von/Grießbach, Johanna/Terhart, Henrike/Wagner, Katharina/Hippmann, Kathrin/Altinay, Lale: ›Neu zugewanderte Kinder und Jugendliche im deutschen Schulsystem. Bestandsaufnahme und Empfehlungen.‹ Unter Mitarbeit von Michael Becker-Mrotzek und Hans-Joachim Roth. Köln 2015.

Neumeister, Nicole/Vogt, Rüdiger: ›Erklären im Unterricht‹, in: Becker-Mrotzek, Michael (Hg.): *Mündliche Kommunikation und Gesprächsdidaktik*. 2. Aufl. Baltmannsweiler 2012, S. 562–583.

Präg, Désirée: Erklärprozesse in additiven DaZ-Sprachfördermaßnahmen. Zur Bedeutung des Kontextes bei der Auflösung von Wissensasymmetrien (Arbeitstitel des Promotionsprojektes). In Vorbereitung.

Schleppegrell, Mary J.: The Language of schooling. A functional linguistics perspective. Mahwah NJ/London 2004.

Schwab, Götz: ›Schülerinitiierte Erklärprozesse im Fremdsprachenunterricht einer Hauptschulklasse‹, in: Spreckels, Janet (Hg.): *Erklären im Kontext. Neue Perspektiven aus der Gesprächs- und Unterrichtsforschung.* Baltmannsweiler 2009, S. 49–65.

Strübing, Jörg/Hirschauer, Stefan/Ayaß, Ruth/Krähnke, Uwe/Scheffer, Thomas: Gütekriterien qualitativer Sozialforschung. Ein Denkanstoß, in: *Zeitschrift für Soziologie* 2018/ 47 (2), S. 83–100.

Stukenbrock, Anja: ›Erklären – Zeigen – Demonstrieren‹, in: Spreckels, Janet (Hg.): *Erklären im Kontext. Neue Perspektiven aus der Gesprächs- und Unterrichtsforschung.* Baltmannsweiler 2009, S. 160–176.

Ten Have, Paul: Doing conversation analysis. London 2007.

Thim-Mabrey, Christiane: ›Erklärforschung und Verständlichkeitsforschung in universitären Abschlussarbeiten‹, in: Thim-Mabrey, Christiane / Rössler, Paul (Hg.): *Verständliches Erklären und Instruieren: Sprachwissenschaftliche Untersuchungen zu Beispielen medialer, fachlicher, behördlicher und betrieblicher Kommunikation.* Regensburg 2020, S. 1–12.

Vogt, Rüdiger: ›Die Organisation von Erklärprozessen im Unterricht‹, in: Vogt, Rüdiger (Hg.): *Erklären. Gesprächsanalytische und fachdidaktische Perspektiven.* Tübingen 2009, S. 203–225.

Webster, Jonathan: ›An Introduction to Continuum Campanion to Systemic Functional Linguistics‹, in: Halliday, Michael A. K./Webster, Jonathan (Hg.): *Continuum Companion to Systemic Functional Linguistics.* London 2009, S. 1–11.

Lesya Skintey / Katharina Hirt / Eva L. Wyss

Implementierung der Dilemma-Situationsanalyse in das Zertifikat *Sprachbildung und Deutsch als Fremd- und Zweitsprache* – Erste Erkenntnisse aus einer ethnografischen Wirksamkeitsstudie

Abstract

In our paper, we present the initial findings of an ethnographic study that examines the effectiveness of the Language Education and German as a Foreign Language certificate at the University of Koblenz on the basis of self-reflective interviews and lesson plans. In the process, the practices described by trainee teachers in dealing with multilingualism and teaching German as a second language are described as ethnographic categories. The first interpretative-reconstructive evaluations of the data show, on the one hand, a conscious use of the specialist knowledge taught in the certificate in lesson preparation and implementation. On the other hand, it also becomes clear that prospective teachers in teacher training need to be prepared for spontaneously occurring dilemmatic situations. One method for this is the dilemma situation analysis, which we have therefore implemented in the certificate and explain in more detail in our article.

Keywords: ethnographic research, teacher education, multilingualism, German as a foreign and second language, dilemma situation analysis

In unserem Beitrag stellen wir die ersten Erkenntnisse einer ethnographischen Studie vor, die die Wirksamkeit des Zertifikats *Sprachbildung und DaFZ* an der Universität Koblenz anhand von selbstreflektierenden Interviews und Unterrichtsentwürfen untersucht. Dabei werden die von Referendar*innen beschriebenen Praktiken im Umgang mit Mehrsprachigkeit und DaZ herausgearbeitet und als ethnografische Kategorien beschrieben. Die ersten interpretativ-rekonstruktiven Auswertungen der Daten zeigen auf der einen Seite einen bewussten Einsatz des im Zertifikat vermittelten Fachwissens bei der Unterrichtsvorbereitung und -durchführung. Auf der anderen Seite wird auch deutlich, dass angehende Lehrpersonen in der Lehrer*innenbildung auf spontan auftretende dilemmatische Situationen vorbereitet werden müssen. Eine Methode dafür ist die Dilemma-Situationsanalyse, die wir daher im Zertifikat implementiert haben und in unserem Beitrag näher erläutern.

Schlagwörter: ethnografische Forschung, Lehrer*innenbildung, Mehrsprachigkeit, Deutsch als Fremd- und Zweitsprache, Dilemma-Situationsanalyse

1   Einleitung

Professionalisierung von Lehrpersonen im Bereich Deutsch als Fremd- und Zweitsprache (DaFZ) und Mehrsprachigkeit ist in den letzten 15 Jahren verstärkt ins Interesse der Bildungspolitik und der empirischen Bildungsforschung gerückt. Das Konstrukt der DaZ-bezogenen Handlungskompetenz(en), das in verschiedenen Professionalisierungsmaßnahmen als Ziel angestrebt ist, wird überwiegend mit quantitativen Methoden untersucht. Im Gegensatz dazu stellen wir in unserem Beitrag eine qualitative Forschungsmethode vor und zeigen, auf welche Art und Weise empirische Forschungsbefunde in lehrer*innenbildende Studiengänge übertragen werden können.

Im ersten Kapitel findet sich eine überblicksartige Darstellung der aktuellen Forschungslage bezüglich der Professionalisierung angehender Lehrpersonen in den Bereichen Sprachbildung, DaFZ und Mehrsprachigkeit. Danach, im Hauptteil unseres Beitrags, stellen wir das Design einer ethnographischen Studie vor, die die Wirksamkeit des Zertifikats *Sprachbildung und DaFZ* (an der Universität Koblenz) anhand von selbstreflektierenden Interviews, Unterrichtsentwürfen und Teilnehmender Beobachtung untersucht. Dabei werden die von Referendar*innen beschriebenen Praktiken im Umgang mit Mehrsprachigkeit und DaZ herausgearbeitet und als ethnografische Kategorien beschrieben. Die ersten interpretativ-rekonstruktiven Auswertungen der Daten zeigen auf der einen Seite einen bewussten Einsatz des im Zertifikat vermittelten Fachwissens bei der Unterrichtsvorbereitung und -durchführung. Auf der anderen Seite wird auch deutlich, dass angehende Lehrpersonen bei spontan auftretenden komplexen Situationen im Unterricht bisweilen eine Herausforderung erleben, bei der sich eine Überlagerung von Perspektiven und (ideologischen) Spracheinstellungen zeigt, die zu spontanen diskutablen Praktiken im Unterricht führt. In Kapitel 4 veranschaulichen wir anhand von Beispielen aus der im Rahmen der Wirksamkeitsstudie generierten Sammlung, dass im Übergang von Theorie zu Praxis, also in der Umsetzung des erlernten Fachwissens, durchaus Dilemmata entstehen, die allerdings durch geeignete Vorbereitung in der Ausbildung aufgefangen werden könnten, wie wir in Kapitel 5 zeigen. Danach wird in Kapitel 6 auf der Grundlage dieser Erkenntnisse die Implementierung der Dilemma-Situationsanalyse im Rahmen der Abschlussarbeit im Zertifikat beschrieben, womit die Erweiterung der Reflexions- und Handlungskompetenz bei angehenden Lehrpersonen angestrebt wird. Durch die Bearbeitung von relevanten Situationen aus der DaFZ-Praxis wird situationsrelevantes Fachwissen aktiviert, das mehrperspektivische Denken gefördert sowie das methodengeleitete Interpretieren geschult (vgl. Leonhard 2021, Nentwig-Gesemann 2012a, 2012b, Schelle 2011). Der Beitrag schließt mit einem Fazit und einem Ausblick auf künftige Forschungsdesiderate.

2 Professionalisierung angehender Lehrpersonen in den Bereichen Sprachbildung, Deutsch als Zweitsprache und Mehrsprachigkeit

Auch wenn erste Stimmen für die Berücksichtigung besonderer Bedarfe von Kindern und Jugendlichen, die Deutsch als Zweitsprache erwerben, in der Lehrer*innenbildung in einem durch Migration geprägten Land relativ früh erhoben wurden (vgl. Krüger-Potratz 2018, S. 186), dauerte es noch Jahrzehnte, bis die Relevanz des Themas in der bildungswissenschaftlichen Diskussion (vgl. Becker-Mrotzek et al. 2017; Chlosta/Fürstenau 2010; Ehmke et al. 2018; Koch-Priewe/ Krüger-Potratz 2016) und auf der bildungspolitischen Ebene gebührend erkannt wurde. Erfreulicherweise sind die Themen Umgang mit sprachlich heterogenen Lerngruppen, Mehrsprachigkeit und Zweitspracherwerb mittlerweile – auch wenn in unterschiedlichem Maße – als Studieninhalte und Qualifizierungsprofile in den *Ländergemeinsamen inhaltlichen Anforderungen für die Fachwissenschaften und Fachdidaktiken in der Lehrerbildung* vorgesehen (vgl. KMK 2019; für die kritische Auseinandersetzung siehe Rösch 2021, S. 15–20). Bis heute divergieren Qualifizierungsmodelle[1] für Lehramtsstudierende von Ort zu Ort außerordentlich stark. Offen bleibt jedoch die Frage, wie gut es gelingt, angehende Lehrer*innen auf einen fachwissenschaftlich und fachdidaktisch fundierten und (selbst)reflektierten Unterricht vorzubereiten. Zentral sind die fachintegrierte DaZ/DZB[2]-Förderung und die kontextsensible Einbeziehung von lebensweltlicher Mehrsprachigkeit. Die bisherige Forschung befasst sich mit der Modellierung und Erfassung von *DaZ-Kompetenzen*, die von Lehrpersonen benötigt werden, um einen sprachsensiblen und Mehrsprachigkeit berücksichtigenden Unterricht durchzuführen (vgl. Grießhaber 2019; Köker et al. 2015; Ohm 2018; Rost-Roth 2017; Skintey 2022b). Ein weiteres Konstrukt, das in den letzten Jahren zunehmend beforscht wird, stellen *Einstellungen* bzw. *Überzeugungen* (*beliefs*) im Hinblick auf den sprachsensiblen Fachunterricht und Mehrsprachigkeit dar. Den Einstellungen angehender Lehrpersonen in Bezug auf das pädagogische Handeln in sprachlich-kulturell heterogenen Lerngruppen wird in der empirischen Bildungsforschung eine hohe Relevanz zugesprochen (vgl. Döll/Guldenschuh 2021; Hammer et al. 2016; Fischer 2018; Maak/Ricart Brede 2019; Skintey 2022c). Ebenso gewinnt die Fokussierung der fachspezifischen, d. h. DaFZ- und

---

1 In der Ausbildung angehender Lehrpersonen werden für den Bereich Sprachbildung, Deutsch als Zweitsprache und Mehrsprachigkeit verschiedene Formate eingesetzt: Einerseits finden sich integrative Modelle in Form von verpflichtenden oder Wahlpflicht-Modulen in Lehramtsstudiengängen und andererseits additive Modelle in Form von Zertifikaten (vgl. Baumann 2017, S. 19; Rösch/Bachor-Pfeff 2021, S. 8; Stangen et al. 2020, S. 125).
2 DZB steht für Deutsch als Zweit- und Bildungssprache (vgl. Rösch/Bachor-Pfeff 2021, S. 7).

mehrsprachigkeitsbezogenen *Reflexionskompetenz* an Bedeutung (vgl. Skintey 2022a; Tajmel 2017; Wahbe/Riemer 2020). Diese drei Kompetenzdimensionen erachten auch wir als besonders relevant, allerdings wählen wir in unserer Forschung die Methode der ethnografischen Exploration des Feldes, die uns ermöglicht, zum einen das pädagogische Handeln direkt zu beobachten und zum anderen durch selbstreflektierende Interviews zu rekonstruieren, erörtern und begründen. Basierend auf den Erkenntnissen aus der ethnografischen Studie werden für die angehenden Lehrpersonen neue Lerngelegenheiten im Bereich DaFZ und Mehrsprachigkeit entwickelt und implementiert. Dieser Prozess wird im Folgenden dargestellt.

3 Ethnografische Wirksamkeitsstudie zum Zertifikat Sprachbildung und Deutsch als Fremd- und Zweitsprache: Anlage und erste Erkenntnisse

Das Zertifikat *Sprachbildung und Deutsch als Fremd- und Zweitsprache* wird in Koblenz als bislang einzige additive Qualifizierungsmöglichkeit im Bereich Deutsch als Fremd- und Zweitsprache und Mehrsprachigkeit für Lehramtsstudierende angeboten.[3] Es hat zum Ziel, angehende Lehrer*innen für sprachsensiblen Fachunterricht, DaFZ-Unterricht sowie professionellen Umgang mit Mehrsprachigkeit und Heterogenität zu qualifizieren. Das DaFZ-Zertifikat besteht aus 12 Lehrveranstaltungen mit Fokus auf DaFZ und Mehrsprachigkeit (33 CP), die in vier Semestern absolviert werden. Im Kontext des Zertifikats gehen die Studierenden in ein Praktikum, das durch einen Bericht dokumentiert und durch ein Gespräch reflektiert wird. Als Abschluss wählen die Studierenden zwischen einer mündlichen Prüfung von 30 Minuten, einer größeren schriftlichen Abschlussarbeit oder einer schriftlichen Fallanalyse (von jeweils 30 Seiten Umfang).

Die Inhalte des Zertifikats orientieren sich an dem Fachwissen, das für die Umsetzung von Makro- und Mikro-Scaffolding, bei dem es sich »um ein Unterstützungssystem im (sprachsensiblen) Fachunterricht« (Kniffka 2010, S. 1) handelt, notwendig ist. Konkret werden die Bereiche Lernstandserfassung, Unterrichtsplanung sowie Unterrichtsinteraktion (vgl. Kniffka 2010, S. 2f.) mit den

---

3 Nach seiner Entwicklung wurde es seit 2016 im Rahmen des BMBF-geförderten Projekts »Modulare Schulpraxiseinbindung als Ausgangspunkt zur individuellen Kompetenzentwicklung (MoSAiK)« im Rahmen des Länderprogramms »Qualitätsoffensive Lehrerbildung« aufgebaut und bis heute durchgeführt. Da das Zertifikat in der 1. Phase (01.03.2016–30.06. 2019) bei den Koblenzer Studierenden auf großes Interesse stieß, konnte mit der 2. Phase des MoSAiK-Projektes (01.07.2019–31.12.2023) eine Wirksamkeitsstudie über die Weiterführung des Zertifikats geplant werden.

Seminaren *Sprachdiagnostische Verfahren, Analyse von Lehrmaterialien, Mehrsprachigkeit und Heterogenität in der Schule, Interkulturalität und Unterricht, Kontrastive Spracharbeit* sowie einer Ringvorlesung zum Thema *Sprachsensibler Fachunterricht* abgedeckt.

Mit der Entwicklung und Implementierung des Zertifikats wurde 2016 auf die akute schulische Situation und die daraus resultierenden Anforderungen an (zukünftige) Lehrende im Schulunterricht reagiert. Bis heute sind die Bewerbungen von Lehramtsstudierenden in jedem Semester zahlreich, sodass zwischen 2016 und 2023 ca. 200 Studierende aus 13 Fächern[4] zum Zertifikat zugelassen wurden und bis heute bereits 130 Studierende das Zertifikat absolviert haben.

Seit 2019 wird die Wirksamkeit[5] des DaFZ-Zertifikats im Rahmen einer ethnografischen Studie untersucht, mit dem Ziel, die bisher noch unerforschten Praktiken und Haltungen von Absolvent*innen des Zertifikats im Umgang mit sprachlich-kultureller Heterogenität zu explorieren und rekonstruieren, sich also von den im Feld umgesetzten Praktiken, nicht aber »von externen Relevanzsystemen leiten zu lassen« (Hitzler/Eisewicht 2018, S. 67). Hierfür werden die Zertifikatsabsolvent*innen in ihrer Praxisphase (i. d. R. im Rahmen des Vorbereitungsdienstes) wissenschaftlich begleitet. Dabei werden verschiedene Verfahren kombiniert: Es finden Teilnehmende Beobachtungen[6] in Schulen bzw. anderen Bildungsinstitutionen statt, Dokumente (Unterrichtsplanungen, Arbeitsblätter, Lernprodukte) werden analysiert und selbstreflektierende Interviews durchgeführt. Die Studie zielt auf die Beobachtung und Rekonstruktion von Perspektiven der Zertifikatsabsolvent*innen, auf deren »erlebte und erfahrene Alltagswirklichkeiten« (Stodulka 2020, S. 64) in heterogenen Unterrichtskontexten sowie auf die Rekonstruktion von (beobachtbaren oder berichteten) Praktiken im Umgang mit Heterogenität. In der ethnografischen Wirksamkeitsstudie werden die im Zertifikat vermittelten Inhalte (s. o.) im Sinne des fachwissenschaftlichen und fachdidaktischen Wissens als Kriterien für die Analyse der Dokumente und Interviews verwendet. Es wird aus den evozierten

---

4 Studierende aus Nicht-Sprachfächern wie z. B. Biologie, Geografie, Mathematik erhalten gewisse Auflagen wie z. B. den Besuch einer Einführung in die Sprachwissenschaft in der Germanistik.

5 Die Wirksamkeit wird hier im Sinne des qualitativen Paradigmas der empirischen Bildungsforschung und in Anlehnung auf die praxeologische Perspektive (Bohnsack 2020) verstanden, d. h. es wird untersucht, ob und auf welche Weise das im Zertifikat erworbene Fachwissen und die entwickelten Fähigkeiten in der Praxis adäquat umgesetzt werden, sodass man von dem sich professionalisierenden Handeln sprechen kann. Als Indikatoren für die Analyse dienen die in den einzelnen Lehrveranstaltungen des Zertifikats vermittelten Wissensbestände, wie z. B. eine Sprachstandserhebung durchführen.

6 Die Teilnehmende Beobachtung war aufgrund der Pandemie-Situation erst seit Oktober 2022 möglich.

Narrationen rekonstruiert, ob und welche Inhalte des Zertifikats in der Praxis umgesetzt wurden.

3.1 Ethnografische Forschungsmethoden

Ein Element der ethnografischen Studie zum Zertifikat bildet die *Teilnehmende Beobachtung* (TB), die »das Kernstück jeder ethnographischen Feldforschung dar[stellt]« (Friebertshäuser/Panagiotopoulou 2013, S. 309) und in vereinbarten Unterrichtseinheiten, d. h. offen und in einer eher passiven Rolle, stattfindet. Bei der TB werden Feldnotizen gemacht, Beobachtungsprotokolle erstellt, die gleichzeitig durch selbstreflexive Bemerkungen eingeordnet werden. Alle Formen der Aufzeichnung werden im weiteren Forschungsprozess theoriegeleitet und fokussiert auf die Hauptfragestellungen des sprachsensiblen Unterrichts und des Umgangs mit Mehrsprachigkeit hin analysiert und interpretiert. Da die Studienteilnehmer*innen aus den Reihen des – freiwillig absolvierten – Zertifikats rekrutiert wurden, kann ein gewisses Interesse am Thema und am Forschungsprojekt angenommen werden, außerdem sind die Beobachtenden den Beobachteten bereits bekannt. Vertrauensbildend dürften darüber hinaus die gemeinsamen Vorgespräche eingeschätzt werden (vgl. de Boer/Reh 2012; Hauser-Schäublin 2020, S. 35 f.). Bei der Beobachtung selbst werden neben den »Aktivitäten, denen auch die Teilnehmenden des Feldes besondere Aufmerksamkeit widmen« (Kelle 2018, S. 226), insbesondere diejenigen Unterrichtshandlungen berücksichtigt, die explizit oder implizit den Umgang mit Mehrsprachigkeit oder die Frage des sprachsensiblen Fachunterrichts betreffen.

Ferner werden mit *selbstreflektierenden Interviews* (Audioaufnahmen) die Einstellungen, Relevanzsetzungen, Reflexionen des Unterrichts, des eigenen Handelns, der eigenen Lernprozesse der Studienteilnehmer*innen etc. erhoben. Diese selbstreflektierenden Interviews mit Zertifikatsabsolvent*innen führen wir in regelmäßigen Abständen durch. In offen gestalteten und flexibel gehandhabten Interviews werden die Praxiserfahrungen der Zertifikatsabsolvent*innen thematisiert und der Unterricht, das eigene Handeln, die eigenen Lernprozesse etc. reflektiert. Leitende Fragen sind dabei: *Welche Aspekte waren bei der Unterrichtsplanung für Sie besonders relevant? Gab es eine Situation im Umgang mit mehrsprachigen Schüler*innen, die Sie besonders beschäftigt hat? Wie haben Sie sprachliche Lernvoraussetzungen der Schüler*innen erfasst?* Diese Leitfragen in den Interviews zielen darauf ab, Narrationen zu evozieren, die in der Auswertung im Hinblick auf die Frage untersucht wurden, ob und auf welche Weise die im Zertifikat gelernten Inhalte Eingang in die Praxis gefunden haben.

Wichtig für die Vorbereitung der selbstreflektierenden Interviews ist eine weitere Ebene der ethnografischen Studie, die *Dokumentenanalyse.* Hierfür stellen die Zertifikatsabsolvent*innen jeweils zum nächsten Interviewtermin ihre Unterrichtsplanungen, Arbeitsblätter, Lernprodukte etc. aus dem Unterricht in einer ausgewählten Klasse zur Verfügung. Diese werden als Basis für das selbstreflektierende Interview gesichtet und auf die oben genannten Fragestellungen hin analysiert.

Die Auswertung der Daten (aus der Teilnehmenden Beobachtung[7], aus den selbstreflektierenden Interviews[8] und der Dokumentenanalyse) erfolgte in einem nachvollziehbaren Prozess der Transkription beziehungsweise der inhaltlichen Kennzeichnung der Dokumente (vgl. Reichertz 2013, S. 59f.). Die inhaltlich-interpretatorische Auswertung wurde mittels qualitativer–rekonstruktiver und sprachwissenschaftlich-pragmatischer (sprachhandlungsbezogenen) Methoden durchgeführt (vgl. Hitzler/Eisewicht 2018, S. 67). Dies bedeutet, dass die Interpretation von Äußerungen (Inhaltsebene) und Praktiken[9] (Handlungsebene) sich hier abstützt auf die Konstruktion von Sinn und Bedeutung innerhalb des Orientierungsrahmens »Schule« oder »sprachsensibler Fachunterricht« (vgl. auch Bohnsack 2018, S. 56). Dabei ist in unserem Fall eine weitere Klärungsebene vorgesehen: Bemerkenswerte Elemente wie (Nicht-)Berücksichtigung der sprachlichen Voraussetzungen der Schüler*innen bei der Unterrichtsplanung oder Umgang mit Mehrsprachigkeit werden aus den Dokumentenanalysen herausgegriffen, im selbstreflektierenden Interview thematisiert und dadurch präzisiert. Der ethnografische Ansatz der Wirksamkeitsstudie erlaubt es damit, in den erhobenen Daten theoriegeleitet nach und nach mit einem explorativen Verfahren diejenigen Praktiken zu erfassen, die in mehrsprachigkeitsdidaktischen und sprachsensiblen Unterrichtssettings verwendet werden und die Rückschlüsse auf die Wirksamkeit des zuvor durchlaufenen Zertifikatskurses erlauben. Der Zweck dieser Wirksamkeitsstudie ist es, auf Grundlage dieser Ergebnisse evidenzbasierte und differenzierte Anpassungen des Curriculums vorzunehmen. Die ersten im vorliegenden Beitrag vorgestellten Erkenntnisse stammen aus den aktuell vorliegenden Datensätzen, die im Folgenden kurz erläutert werden.

---

7 Es wurden nach dem Hauptfokus der Studie vorstrukturierte Feldnotizen erstellt.

8 Die Interviews wurden in einer fortlaufenden Texttranskription zugänglich gemacht. Diese erfolgte auf der Grundlage eines maschinell erstellten Rohtranskripts durch die Speech-to-Text-Software Amberscript. Auf eine gesprächsanalytische Kennzeichnung der Redebeiträge wurde verzichtet.

9 Kommunikative Praktiken sind *»kleinste und emergente«* kommunikative Einheiten des Sozialen (vgl. Giddens 1984; Schatzki 1996; Reckwitz 2003, S. 289f.). Sie werden sowohl bewusst als kommunikative Handlungen realisiert, auch als *»Tätigkeiten, die aus Gewohnheit*, oder besser: habituell vollzogen werden, ohne dass denen, die sie vollziehen, rationalisierende Gründe gegenwärtig wären« (Vogel 2007, S. 51).

3.2 Überblick über vorliegende Daten

An der Studie haben im Zeitraum April 2021 bis November 2022 drei Absolvent*innen (S-1, S-4 und S-7) teilgenommen, die die Anforderungen erfüllen. Die Auswahlkriterien waren folgende: 1) Abschluss des Zertifikats, 2) Tätigkeit in der Praxis (Referendariat, Schule, Sprachinstitut etc.).[10] Insgesamt liegen, wie aus der unten stehenden Tabelle ersichtlich ist, neun transkribierte und ausgewertete selbstreflektierende Interviews sowie neun Dokumentationen zur Unterrichtsplanung vor. Seit Oktober 2022 führen wir Teilnehmende Beobachtungen bei einem Absolventen durch. Hierzu konnten erste Unterrichtsmaterialien und Feldnotizen zu einer Doppelstunde Mathematik ausgewertet werden.

Kürzel	Dokumente (Seiten)	Interviews (Min)	Teilnehmende Beobachtung
S-1	Kurzentwurf Deutsch (13 S.) Langentwurf 1 Deutsch (64 S.) Langentwurf 2 Deutsch (36 S.) Langentwurf 3 Deutsch (33 S.) Langentwurf Mathematik (39 S.) Langentwurf Sachunterricht (31 S.) Wochenreflexion (4 S.)	Interview 1 (28:41 Min) Interview 2 (23:03 Min) Interview 3 (15:23 Min) Interview 4 (20:55 Min) Interview 5 (24:32 Min)	Während der Corona-Situation waren keine Teilnehmenden Beobachtungen möglich.
S-4	Entwurf eines Lernmoduls für den digitalen Unterricht (37 S.)	Interview 1 (22:12 Min) Interview 2 (21:06 Min) Interview 3 (28:06 Min)	
S-7	Entwurf Prüfungsunterricht Mathematik (29 S.)	Interview 1 (24:48 Min)	Doppelstunde (90 Min) Unterrichtsmaterialien und Feldnotizen

Tab. 1: Daten aus der ethnografischen Wirksamkeitsstudie zum Zertifikat *Sprachbildung und DaFZ* (eigene Darstellung).

---

10 Da in der Studie keine Kausalzusammenhänge fokussiert wurden, spielten andere Faktoren wie z. B. eigene Herkunft, Fächerkombination oder Mehrsprachigkeit weder bei der Auswahl noch bei der Auswertung eine Rolle.

4 Ethnografische Studie: Beispiele

Aus den analysierten Unterrichtsentwürfen und den selbstreflektierenden Interviews geht hervor, dass sowohl bei der Unterrichtsvorbereitung als auch bei der Durchführung auf das im Zertifikat vermittelte Fachwissen zurückgegriffen wird. Die Interviews zeigen, dass das Konzept des sprachsensiblen Fachunterrichts in Form von Scaffolding (vgl. Gibbons 2002; Kniffka 2010) und sprachsensiblen Unterrichtsmaterialien überwiegend umgesetzt wird. S-7 setzt beispielsweise Wortspeicher im Mathematikunterricht ein, erläutert während des Unterrichts neu eingeführte Fachbegriffe wie »Übertrag« und »Summe« und bietet Satzanfänge als Hilfe zur Formulierung des Feedbacks an (aus Feldnotizen der Teilnehmenden Beobachtung am 04.10.22).

Auch im Hinblick auf die Nutzung von lebensweltlicher Mehrsprachigkeit von Schüler*innen im Unterricht konnte z.B. bei S-1 eine Entwicklung festgestellt werden: In Interview 2 äußert die Absolventin noch, dass sie die Erst- und Herkunftssprachen der Schüler*innen gerne stärker in den Unterricht integrieren würde, aber sie zögert mit der konkreten Umsetzung. Ein halbes Jahr später in Interview 5 stellt sie konkrete Ideen zur Umsetzung vor, indem sie mehrsprachige Schüler*innen im Fachunterricht Chemie zur Verwendung der Erst- bzw. Herkunftssprache bei Versuchsbeschreibungen anregt. Darüber hinaus bezeichnet sie den Translanguaging-Ansatz[11], der im Zertifikat zentral behandelt wurde, explizit. S-7 zeigt seine Offenheit für Mehrsprachigkeit unter anderem dadurch, dass er sich in der beobachteten Stunde zu Beginn bei allen Schüler*innen auf deren Erstsprache für ihre aktive Teilnahme in der vorherigen Stunde bedankt, bei der seine Unterrichtsprüfung im Fach Mathematik im Rahmen des Referendariats stattfand. Auch in folgendem Zitat aus dem ersten Interview wird seine Haltung gegenüber den Erstsprachen der Schüler*innen deutlich:

> Ich bin selbst sehr an Sprachen interessiert und habe da auch die Erfahrung gemacht, als ich mich dann dazu gesetzt habe und gehört habe, wie, das waren explizit jetzt zwei Lernende, die dann auf Arabisch, also eine Lernende, die der anderen auf Arabisch das erklärt hat, und die Schwächere, die dann auch viele Rückfragen gestellt hat. Und das war mal ganz interessant. Ich hab ein paar Begriffe dann aufgeschnappt und hab dann für mich schon so analysiert, wie ein paar Begriffe dann heißen (S-7, Interview 1, 08:08).

S-7 äußert hier sein Interesse an der Herkunftssprache der Schüler*innen Arabisch und drückt es auch durch seine Handlung im Unterricht aus, da er den beiden Schüler*innen aufmerksam zuhört und sie – nach der Einschätzung, dass es sich beim beobachteten Gespräch um die schüler*innenseitige Erklärung des

---

11 Für weitere Informationen zu diesem Ansatz siehe beispielsweise Otheguy et al. (2018).

Unterrichtsstoffs handelt – auch auf ihrer Erstsprache ungestört kommunizieren lässt.

Neben diesen positiven Entwicklungen lassen sich in den gesammelten Daten jedoch auch herausfordernde Situationen finden, die wir als *Dilemma-Situationen* identifiziert haben (vgl. Kapitel 5). Auf solche Situationen konzentrieren wir uns nun im weiteren Verlauf, um die Notwendigkeit der Implementierung der Dilemma-Situationsanalyse (siehe dazu Kapitel 6) in das DaFZ-Zertifikat zu verdeutlichen.

Die in unserem Beispiel *Vortrag* (Auszug 1 und 2) thematisierte Situation wurde auf die Impulsfrage »Was haben Sie in den letzten Wochen in Bezug auf das Thema Umgang mit Mehrsprachigkeit, DaZ, sprachsensiblen Unterricht erlebt oder beobachtet?« geschildert.

Auszug 1:

> Und ich hatte den Schülern halt eine Aufgabe gestellt, verschiedene Lerntechniken sich näher anzueignen anhand von pflegespezifischem Wissen und das dann quasi vor der Klasse vorzutragen. Und bei diesem Vortragen war es bei zwei Schülern so, dass die sich dann vor der Klasse positioniert hatten und die restlichen Schüler die teilweise gar nicht verstanden haben, weil die Aussprache teilweise so undeutlich war und der eine Schüler selbst zugegeben hat: ich fühle mich so unsicher vor anderen Leuten zu sprechen. Deswegen spreche ich schneller, damit man meine Fehler nicht erkennt. (…) Also ich musste dann Sachen für andere Schüler wiederholen und andere Schüler haben für mich dann Bruchstücke wiederholt, die sie dann verstanden haben. Aber es war natürlich auch keine schöne Situation für den Schüler, der in dem Moment vor der Klasse stand.
> (S-4, Interview 1, 11:12)

> Also ich habe nach jedem Abschnitt, und ich habe den Schüler halt auch immer wieder ermuntert quasi, dass er langsamer sprechen sollte, und dass Fehler absolut hier erwünscht sind, weil man durch Fehler lernt. Habe ihn also ermutigt, dass er quasi dran bleibt, sich zu äußern. Aber wie gesagt, ich habe ihn dann immer wieder ermuntert, auch dass er quasi sein Sprechtempo runter schraubt und wirklich dranbleibt.
> (S-4, Interview 1, 13:19)

Die Absolventin erlebt hier eine didaktisch herausfordernde Situation, in der ein Schüler sehr schnell und undeutlich spricht, was ein Anzeichen für seine Überforderung sein könnte. S-4 identifiziert das Problem des Schülers als fehlende Kompetenzen im Bereich der Aussprache, ist aber gleichsam überfordert, in dieser akuten Situation sprachsensibel zu handeln. Sie befindet sich gleichzeitig in einem Dilemma, das darin besteht, einerseits den Schüler beim Vortrag sprachlich zu unterstützen, andererseits die Aufmerksamkeit der anderen Schüler*innen aufrechtzuerhalten. S-4 versucht, durch Wiederholen der Schüleräußerungen diesem Dilemma zu begegnen. Dabei bindet sie andere Schü-

Erste Erkenntnisse aus einer ethnografischen Wirksamkeitsstudie **185**

ler*innen mit ein und wendet eine aus zweitsprachendidaktischer Perspektive wenig förderliche Praktik an, indem sie den Schüler auffordert, langsamer zu sprechen. Die Absolventin zieht nicht in Betracht, dass das schnelle Sprechen eine Vermeidungsstrategie sein könnte. Sie bemerkt damit nicht, dass die bildungssprachliche Herausforderung des Schülers gerade nicht durch das Tempo, sondern durch sich im Ausbau befindliche sprachliche Kompetenzen hervorgerufen wird. Man könnte hier auch vermuten, dass »Fremdsprachenangst« (Horwitz et al. 1986, S. 128, zit. n. Blum/Piske 2021, S. 256) eine Rolle spielt, die besonders beim Sprechen aufgrund der Synchronität der Kommunikation und der damit verbundenen komplexen kognitiven Prozesse auftreten kann (vgl. Blum/Piske 2021, S. 263). Hinzu kommt, dass es doch einen beachtlichen Unterschied macht, ob man Kinder oder Jugendliche unterrichtet. Jugendliche entwickeln evtl. unterschiedliche Strategien zur Fehlervermeidung, die dem Schutz des Selbstwerts dienen können.

Das Dilemma entsteht, weil der Lehrperson keine didaktisch angemessenen Interventionen einfallen. Es ist davon auszugehen, dass es gar nicht zu einem Dilemma gekommen wäre, wenn sie den Unterricht sprachsensibel geplant hätte, d.h. wenn bereits bei der Planung entsprechend des Makro-Scaffolding die sprachlichen Anforderungen der Arbeitsaufträge analysiert und im Sinn von Mikro-Scaffolding Formulierungshilfen für die Schüler*innen erstellt werden. Dies bestätigen auch Blum/Piske (2021), die berichten, dass der Zeitmangel bei der Planung eines Vortrags die Angst vor dem Sprechen in einer Fremd- und Zweitsprache verstärkt (S. 262). Dies reflektiert die Absolventin auch im Interview 2, das zwei Monate nach dem Interview 1 stattfindet.

Auszug 2 (zwei Monate später):

> Vielleicht hätte ich auch einfach mehr Zeit eingestehen müssen, damit sowas auch drin gewesen wäre.
> (S-4, Interview 2, 09:00)

> Und ich hatte halt ein total schlechtes Gewissen auch den Schülern gegenüber, dass ich die quasi in so einer Situation reingeworfen habe. Nur das wäre ja auch. Also ich hätte mir an dem Punkt auch gewünscht, das sind erwachsene Menschen, dass sie mir quasi an diesem Punkt eine Rückmeldung geben: »Wir sind doch nicht so weit zum Vortragen.« Also das wäre ja auch alles in Ordnung gewesen, aber das kam halt leider nicht. Und da muss ich auch sagen, den Schuh zieh ich mir dann auch nicht an. Es sind erwachsene Menschen. Hätten sie Hilfe gebraucht, hätten sie die auch gerne bekommen. Aber ich kann es halt auch nicht riechen, wenn jemand quasi in einem Ausbildungsgang mit Dingen konfrontiert wird, mit denen individuelle Probleme bestehen.
> (S-4, Interview 2, 12:55)

Hier konstatiert die angehende Lehrperson, dass sie den Schüler*innen mehr Zeit hätte einräumen können, auch wenn dies ohne zusätzliche unterstützende

Materialien vermutlich ebenso wenig die Dilemma-Situation verhindert hätte. Weiterhin zeigt sich in Interview 2 eine grobe Fehleinschätzung der institutionellen Rollen im Unterricht: Zwar sind Schüler*innen altersmäßig mündige Menschen, die sich artikulieren könnten, doch die Verhaltensmuster werden durch die institutionellen Rollen (Schüler*in vs. Lehrer*in) überformt. Um diese Muster abzulegen, wären Hinweise auf alternative Muster und Übungen dazu nötig wie beispielsweise die Einführung einer Feedback-Kultur (vgl. hierzu Burwitz-Melzer 2022, S. 18). So wird bei S-7 nach jeder Gruppenarbeit gemeinsam eine Feedbackrunde mit sprachlichen Vorgaben als Hilfestellung durchgeführt (siehe Auszug aus Praktikumsdokumentation in Abb. 1).

Abb. 1: Auszug aus der Praktikumsdokumentation.

Durch den regelmäßigen Einsatz solcher Feedback-Runden erfahren die Schüler*innen, dass ihre Meinung wichtig ist und auch gehört wird. Die gemeinsame Reflexion eröffnet die Möglichkeit, miteinander darüber zu sprechen, wie die Arbeitsweise verbessert werden kann und fördert auch eine »kooperative Lernkultur« (Gläser-Zikuda/Hofmann 2021, S. 33), die der Angst vor dem Sprechen in einer Fremd- und Zweitsprache entgegenwirken kann (vgl. ebd.).

Die Rekonstruktion dieser Dilemma-Situation legt nahe, dass durch den kompetenten Umgang mit sprachlicher Heterogenität mithilfe von Makro- und Mikro-Scaffolding (vgl. Gibbons 2002; Kniffka 2010) sowie mit der Etablierung einer Feedback-Kultur diskutable Praktiken vermindert, wenn nicht sogar komplett vermieden werden könnten. Die Implementierung derartiger Dilemma-Fallanalysen in die Lehrer*innenbildung kann zu einer Erweiterung der Reflexionskompetenz beitragen. Diese These wird im folgenden Abschnitt ausführlich erläutert.

5 Dilemma-Situationsanalyse als Methode der Kompetenzerweiterung

5.1 Zielsetzungen

Der Begriff *Dilemma* (griech. »*di-lemma*«, lat. »*dilemma*« bedeutet »Entscheidungszwang zwischen zwei Übeln, Zwangslage«)[12] steht in der Bildungssprache »allgemein für ein unlösbar scheinendes Problem und wird auch sinnverwandt mit ›Aporie‹ und ›Paradoxie‹ gebraucht« (Brune 2011, S. 331). Die Dilemma-Situationsanalyse kann dem Konzept der Fallarbeit[13] zugeordnet werden.

Dabei wird der Fallarbeit in der Lehrer*innenbildung eine besondere Stellung eingeräumt (vgl. Bonanati et al. 2020; Geier 2016; Heinzel 2021; Leonhard 2021; Reh/Rabenstein 2005). Im Bereich der berufspraktischen Studien wird Fallarbeit als »*daten- und methodengestützte* [...] Analyse von Situationen der beruflichen Praxis« (Leonhard 2021, S. 199; Herv. im Orig.) konzipiert, dessen Ausgangspunkt »immer ein empirisches Datum, als (zumeist) technisch dokumentierter Ausschnitt aus einem Handlungsstrom des Schul- oder Unterrichtsgeschehens« (ebd.) bildet. Trotz der Einbettung des Falls in eine zeitlich-räumlich und akteur*innenbezogene Situation wird davon ausgegangen, dass sich in einem besonderen Fall allgemeine Phänomene dokumentieren (vgl. ebd., S. 204).

Eine Besonderheit der hier fokussierten Art der Fallarbeit besteht darin, dass dabei ein Dilemma fokussiert wird, das sich entweder aus einem persönlich wahrgenommenen Widerspruch oder einer konstitutiven Antinomie des Praxisfeldes ergibt. Dabei spielen Emotionen (z. B. Irritation oder Verunsicherung) eine wichtige Rolle, weswegen auch Reflexion als »ein kognitiver wie emotionaler Vorgang« (Abendroth-Timmer 2017, S. 104) aufgefasst wird. Dilemma-Situationen, in welchen es zu Diskrepanzen zwischen persönlichen Erfahrungen und Erwartungen, pädagogischen Prinzipien und rechtlich-normativen Erwartungen kommt, haben sich auch im Rahmen der biografischen Selbstreflexion in der Lehrer*innenbildung bewährt (vgl. Rißmann et al. 2013).

Im Folgenden wird das Verfahren *Dilemma-Situationsanalyse* vorgestellt, das von Nentwig-Gesemann, Fröhlich-Gildhoff und Pietsch für die akademische Ausbildung von frühpädagogischen Fachkräften entwickelt und an fünf Hoch-

---

12 »Dilemma«, in: Wolfgang Pfeifer et al., Etymologisches Wörterbuch des Deutschen (1993), digitalisierte und von Wolfgang Pfeifer überarbeitete Version im Digitalen Wörterbuch der deutschen Sprache, <https://www.dwds.de/wb/etymwb/Dilemma>, abgerufen am 18.10.2023.

13 Zur Abgrenzung der *akademischen Fallarbeit* von anderen Verfahren, die in der Lehrer*innenaus- und -fortbildung zum Einsatz kommen, wie *Erfahrungsaustausch*, *Kollegiale Beratung* und *Forschendes Lernen* siehe Leonhard (2021, S. 199 f.).

schulen erprobt und evaluiert wurde (vgl. Nentwig-Gesemann et al. 2011; vgl. auch Nentwig-Gesemann 2012a, 2012b, 2013).[14]

Aus frühpädagogischer Perspektive versteht man unter Dilemma-Situationen »komplexe bzw. uneindeutige und herausfordernde – zum Teil auch kritische und konflikthafte – pädagogische Situationen, in denen sich Akteure in ihrer Kompetenz herausgefordert oder sogar überfordert fühlen« (Nentwig-Gesemann 2012a, S. 16; 2012b, S. 11). Dies könnte z.B. dann der Fall sein, wenn habituelle Handlungsroutinen einer Lehrperson nicht mehr passen oder es zu Diskrepanzen zwischen eigenen Orientierungen/Werthaltungen und normativen Erwartungen des Praxisfeldes kommt. Die sich bei der*dem professionell Handelnden einstellenden emotionalen Befindungen, wie Irritationen, bergen ein Lernpotenzial, insbesondere dann, wenn sie bewusst wahrgenommen und zum Gegenstand der reflexiv-forschenden Auseinandersetzung gemacht werden; dieses Potenzial von Dilemma-Situationen gilt es in der Lehrer*innenausbildung zu nutzen (vgl. Nentwig-Gesemann et al. 2011, S. 24). Die Arbeit mit Dilemma-Situationen verfolgt nach Nentwig-Gesemann (2012a, S. 15–17) folgende Ziele:

- Befremdung des eigenen ›Normalitätshorizonts‹,
- Mehrperspektivische Fallbetrachtung und -interpretation,
- Festigung von Ambiguitäts- bzw. Ambivalenztoleranz,
- Entwicklung von Möglichkeiten für ein fall- und situationsadäquates Handeln,
- Unterstützung des methodisch-didaktisch abgesicherten Reflexionsprozesses, wodurch Praxis in ›*reflektierte* Praxis‹ transformiert, implizites Wissen explizit gemacht und die Herausbildung eines wissenschaftlich-reflexiven Habitus ermöglicht werden.

Nach Nentwig-Gesemann et al. (2011) lassen sich Dilemma-Situationen zu unterschiedlichen Zwecken einsetzen, wie z.B. zur Förderung der Kompetenzentwicklung als Grundlage für individuelle Feedback- und Reflexionsgespräche, Erfassung der individuellen und gruppenbezogenen Kompetenzentwicklung im Sinne der Leistungsmessung, Evaluation von Lehrveranstaltungen oder Forschung.

Unter einer Dilemma-Situation verstehen wir im Rahmen dieses Beitrags eine nicht antizipierte ambige Situation, die in Bezug auf das durch subjektive, interaktive und normative Anforderungen gerahmte pädagogische Handeln von Lehrpersonen in sprachlich-kulturell heterogenen Lerngruppen als relevant (im

---

14 Die Autor*innen grenzen ihre Methode vom Konzept der Dilemma-Situationen in der Psychologie (Kohlberg 1996) ab, greifen jedoch die Emotionen aktivierende Funktion der Situationen mit Dilemma-Charakter auf (vgl. Nentwig-Gesemann et al. 2011, S. 24).

Sinne erzähl- und/oder reflexionswürdig) und herausfordernd (mit kognitiven Anstrengungen unter Handlungsdruck verbunden) erlebt wird.

Solche Dilemma-Situationen können zur Übung und Reflexion in der Lehrer*innenprofessionalisierung eingesetzt werden, z. B. als von Dozierenden vorgegebene Fallvignetten oder als selbst erlebte bzw. beobachtete Erfahrungen von Studierenden. Während die fallrekonstruktive Auseinandersetzung mit dem »eigenen« Fall auf die Reflexion des eigenen Habitus abzielt, sieht man in der Bearbeitung eines »fremden« Falls die Chance, »in der bezogenen Elaboration von Lesarten und den regelgeleiteten Anschlussoptionen habituelle Orientierung sichtbar und diskutierbar zu machen« (Leonhard 2021, S. 198).

Ein zentrales Ziel der fallbezogenen Analyse bzw. Reflexion besteht in der »Schaffung neuer Erkenntnis durch das Individuum, im Gegensatz zu extern gesteuerten Handlungsveränderungen« (Abendroth-Timmer 2017, S. 106). In gruppenbezogenen Bearbeitungen von Dilemma-Situationen findet Reflexion nicht als individueller Akt, sondern als soziale Praxis statt (ebd., S. 107). Außerdem zeigt sich, dass Dilemma-Situationen auch im Bereich der mehrsprachigkeitspädagogischen Reflexion gewinnbringend eingesetzt werden können (Skintey/Hirt/Wyss in Vorb).

5.2 Theoretische und methodologische Fundierung

Die theoretische Einbettung der Methode findet in der praxeologischen Wissenssoziologie statt. In Orientierung an dem weinertschen Kompetenzbegriff wird die Unterscheidung und das Zusammenspiel zwischen Disposition und Performanz betont (vgl. Nentwig-Gesemann et al. 2011, S. 23). Die professionalisierte Handlungskompetenz wird als »performatives Konstrukt« (Nentwig-Gesemann 2012a, S. 5) angesehen, das aus einem Zusammenspiel von verschiedenen Wissensarten (*wissenschaftlich-theoretischem Wissen, methodisch-didaktischem Wissen und reflektiertem Erfahrungswissen*) resultiert, wobei handlungsleitende Orientierungen, Werthaltungen und Einstellungen von Lehrpersonen das professionelle pädagogische Handeln prägen (vgl. ebd.). Mit der Methode Dilemma-Situationsanalyse wurde ein Werkzeug entwickelt, »das von der Vieldeutigkeit, Unbestimmbarkeit, Ambiguität professioneller Handlungssituationen ausgeht, die Ebenen der Disposition *und* der Performanz erfasst und zudem Aspekte der Selbstreflexion abbildet« (ebd., S. 24; Herv. im Orig.).

Dabei lassen sich mit Leonhard (2021) zwei sich verzahnende unterschiedliche Ebenen ausmachen: Einlassung und Distanz (S. 194). Leonhard beschreibt Einlassung und Distanz als zwei Modi in Bezug auf die Auseinandersetzung mit pädagogischem Handeln in der Wissenschaftspraxis und der Berufspraxis von Lehrpersonen: »Die Einlassung auf Wissenschaftspraxis ermöglicht, konstituiert gar eine auf (Selbst-)Erkenntnis zielende Distanz zur beruflichen Praxis« (Leonhard 2021, S. 194). Somit wird das Potenzial der Fallarbeit vor allem in einem »vertieften Verstehen beruflicher Praxis« (ebd.) gesehen, ein Ziel, das auch im DaFZ-Zertifikat umgesetzt werden soll.

5.3 Methodische Schritte im Einsatz von Dilemma-Situationsanalysen

Bevor die Implementierung der Methode im DaFZ-Zertifikat vorgestellt wird, gehen wir in diesem Abschnitt auf das methodische Vorgehen der Dilemma-Situationsanalyse ein, wie es in der frühpädagogischen Professionalisierung entwickelt wurde. Die konkrete Aufgabenstellung für die Dilemma-Situationsanalyse umfasst folgende vier Schritte (vgl. Nentwig-Gesemann et al. 2011, S. 25; Nentwig-Gesemann 2012b, S. 13):

1. Beschreiben Sie möglichst detailliert eine konkrete praxisbezogene Entscheidungs- und Handlungssituation mit Dilemmacharakter, die Sie selbst erlebt bzw. beobachtet haben.
2. Analysieren Sie den Verlauf der Situation, entwickeln Sie mehrere Lesarten, beziehen Sie die Perspektiven der verschiedenen Akteure ein, entwerfen sie retrospektiv andere Handlungsmöglichkeiten, begründen Sie getroffene Entscheidungen.
3. Setzen Sie den konkreten Einzelfall in Beziehung zu theoretischem Wissen sowie zu anderen Fällen und Situationen.
4. Beziehen Sie Ihre eigene biografische Entwicklung ein und stellen Sie dar, welche Fragen und Herausforderungen sich für Sie persönlich aus der Handlungssituation ergeben.

Dieses Vorgehen wurde für die Professionalisierung von Lehrer*innen in der ersten Phase der Lehrer*innenbildung übernommen (vgl. Skintey 2023). Zwar verfügen die Studierenden noch über relativ wenig Praxiserfahrung, sie haben jedoch zum Zeitpunkt des Abschlusskolloquims bereits ein für den Zertifikatsabschluss obligatorisches Hospitations- und Unterrichtspraktikum absolviert, sodass sie bei der Anwendung der Methode auf diese Erfahrungen zurückgreifen können.

Paseka und Hinzke (2014) weisen darauf hin, dass die Situationsklärung und eine explizite Identifikation eines Dilemmas einen wichtigen Aspekt des professionellen Handelns darstellen sollen, da ein vorschneller Übergang zur Formulierung von Handlungsoptionen zu einer einseitigen Einschätzung und Auflösung des Dilemmas führen kann (S. 24).

6 Implementierung der Dilemma-Situationsanalyse im DaFZ-Zertifikat

Wie im vorangegangenen Abschnitt erläutert, kann die Analyse von Dilemma-Situationen der Professionalisierung von angehenden Lehrpersonen dienen. Seit der vierten Kohorte ist es möglich, die Fallanalyse einer Dilemma-Situation als schriftliche Prüfung zu wählen, nachdem diese Methode im Abschlusskolloquium vorgestellt und in Kleingruppen erprobt wurde.

Da die ethnografische Studie aufgezeigt hatte, dass die Absolvent*innen des Zertifikats mit Dilemma-Situationen im Schulalltag konfrontiert werden und mit diesen oftmals überfordert sind, versprechen wir uns durch die Implementaierung der Dilemma-Situationsanalyse im DaFZ-Zertifikat die Steigerung der professionellen Handlungskompetenz für den Umgang mit Heterogenität und Mehrsprachigkeit im Unterricht. Ausgehend vom Verständnis des Implementierungsbegriffs, nach dem die Implementierung nicht einfach etwas Bestehendes durch etwas Neues ersetzt, sondern darauf aufbaut und seine Wirksamkeit erhöht (vgl. Roth/Skintey 2022, S. 53), fungiert die Dilemma-Situationsanalyse als ein zusätzliches, aber dennoch notwendiges Element, das zur Professionalisierung der Zertifikatsstudierenden beiträgt. Durch die Implementierung dieser Methode im Abschlusskolloquium wird etwas bereits Bestehendes durch etwas Neues ergänzt.

Das Abschlusskolloquium dient der Vorbereitung auf die Abschlussprüfung und findet im vierten Zertifikatssemester nach dem Absolvieren des Praxismoduls als Blockveranstaltung mit insgesamt acht Kontaktstunden statt. Die Abschlussprüfung kann als mündliche Prüfung oder als schriftliche Prüfung in Form einer wissenschaftlichen Arbeit im Umfang von 30 Seiten abgelegt werden. Die Einführung der Methode erfolgt durch eine Erläuterung des Begriffs *Dilemma-Situation* sowie der Aufgabenstellung und der angewendeten Bewertungskriterien. Die Studierenden verwenden selbsterlebte Fälle oder von den Dozierenden vorgegebene Fälle für ihre Analysen. Die Kriterien der Leistungsbewertung richten sich nach dem Auswertungsraster von Nentwig-Gesemann et al. (2011, S. 27) (siehe Tab. 2).

Kategorie	Beispiel niedrige Kompetenzstufe [1]	Beispiel hohe Kompetenzstufe [5]
1) Situationswahrnehmung und -beschreibung	Es werden nur die Aktionen/Interaktionen einiger Akteure wahrgenommen/beschrieben, keine Mehr-Perspektivität	Es werden verschiedene Perspektiven – unterschiedlicher Akteure – eingenommen/beschrieben
2) Situationsanalyse und -interpretation	Für die Einschätzung der Situation wird auf keine theoretisch-wissenschaftlichen Erkenntnisse rekurriert (Einschätzung des Common Sense werden unreflektiert übernommen)	Für die Einschätzung der Situation wird auf theoretisch-wissenschaftliche Erkenntnisse (z.B. aus der Entwicklungspsychologie) zurückgegriffen
3) Planung und Begründung des möglichen pädagogisch-professionellen Handelns	Bei der Planung werden mittel- oder langfristige Folgen/Konsequenzen nicht bedacht/einbezogen	Bei der Planung werden mittel- oder langfristige Folgen/Konsequenzen bedacht/einbezogen
4) Selbst-Reflexion	Angst und Abwehr in Bezug auf Unbestimmtheit, Unsicherheit und Ambiguität	Reflektierter und toleranter Umgang mit Unbestimmtheit, Unsicherheit und Ambiguität
5) Weiterführung, Entwicklung von Perspektiven	Keine Formulierung von Konsequenzen/ Schlussfolgerungen für den konkreten Fall	Formulierung von begründeten Konsequenzen/ Schlussfolgerungen für den konkreten Fall

Tab. 2: Auswertungsraster von Nentwig-Gesemann et al. (2011, S. 27).

Im Rahmen der ethnografischen Studie werden – vorausgesetzt die Studierenden geben ihr Einverständnis – die auf dieser Methode basierenden Abschlussarbeiten bezüglich der Praktiken und Haltungen im Umgang mit sprachlich-kultureller Heterogenität ausgewertet. Aktuell wurden bereits sieben Fallanalysen ausgewertet. Besonderes Augenmerk richtet sich dabei auf die Wahl und Schilderung der Dilemma-Situation inkl. der Herausarbeitung des Dilemmas, die Darstellung der verschiedenen Perspektiven, den Theoriebezug, das Entwickeln von Handlungsoptionen inkl. der Einschätzung der Konsequenzen sowie den Bezug zur eigenen Lehrpersönlichkeit. Im Folgenden wird ein Beispiel einer als sehr gut bewerteten Abschlussarbeit auszugsweise vorgestellt.

Bei dem Dilemma handelt es sich um Folgendes:

> Der zu bearbeitende Fall ereignete sich im Schuljahr 2020/21 in einer neunten Klasse im Hauptschulzweig auf einer Realschule plus. Aufgrund der Corona-Pandemie befanden sich die SuS im Wechselunterricht, wozu eine Zweiteilung der Klasse anhand des Kriteriums »Sprache« vorgenommen wurde. Während Gruppe A aus SuS mit Deutsch als Muttersprache bestand, setzte sich die Gruppe B aus SuS mit Deutsch als Zweitsprache zusammen. Die Entscheidung wurde damit begründet, auf diese Weise besser auf den Sprachstand der Lernenden eingehen zu können. (F-2, S. 3)

Es wurde also anhand der Erstsprache als einziges Kriterium der Gruppenunterscheidung eine Zweiteilung der Klasse vorgenommen.

Wie an der in Abbildung 2 aufgeführten Gliederung ersichtlich wird, setzt die Studentin sich mit den Perspektiven der verschiedenen Akteur*innen auseinander, zeigt Handlungsalternativen auf und geht auf verschiedene theoretische Konzepte ein, die sie als relevant für die Analyse erkannt hat.

Hervorheben möchten wir hier besonders den Teil der Analyse, in dem sie den aktuellen Fall in Bezug zu ihrem persönlichen Handeln als Lehrperson setzt.

> Im Verlauf der Arbeit kam bei mir folgende Frage auf: Wie kann es mir gelingen, SuS mit DaZ innerhalb meines Unterrichts sprachlich zu fördern und dabei gleichzeitig Zuschreibungen, Hierarchiebildungen und Otheringprozesse zu verhindern? Die Frage würde ich nun jedoch kritisch bewerten, da in ihr selbst die Zweiteilung in SuS mit DaM auf der einen und SuS mit DaZ auf der anderen Seite inhärent ist, die ich aber zu verhindern anstrebe. Meiner Meinung nach ist ein entscheidender Perspektivwechsel von Nöten. Ich möchte ganz grundsätzlich von einer Heterogenität und Vielfalt innerhalb der Klasse ausgehen und folgend die SuS als Individuen mit ihren eigenen Stärken, Begabungen und Fähigkeiten in den Blick nehmen. (F-2, S. 24)

Sie betont in diesem Auszug, dass sie als Lehrperson Heterogenität als den Normalfall ansehen und Schüler*innen individuell fördern möchte. Die methodengeleitete Analyse der Dilemma-Situation hat damit zu einer Reflexion der eigenen Lehrpersönlichkeit geführt. Denn erst durch den Bezug des im Zertifikat gelernten theoretischen Fachwissens (hier der Konzepte des monolingualen

Inhaltsverzeichnis

1. Einleitung 1
2. Fallbeschreibung 3
3. Perspektiven der am Geschehen beteiligten Personen 4
   3.1 Perspektiven der SuS mit DaZ 4
   3.2 Perspektiven der SuS mit DaM 5
   3.3 Perspektiven des Klassenlehrers 6
4. Handlungsalternativen 9
5. Bezugnahme zu theoretischem Wissen 11
   5.1 Die Begriffe DaZ und DaM 11
   5.2 Heterogenität als artifizielles Konstrukt 13
   5.3 Der monolinguale Habitus 15
   5.4 Othering 17
      5.4.1 Erläuterung des Konzeptes 17
      5.4.2 Anwendung des Konzeptes 18
   5.5 Subjekttheorie nach Butler 20
6. Verweis auf ähnliche Situationen 22
7. Herausforderungen für mein Lehrerinnenhandeln 24
8. Fazit 28
9. Literaturverzeichnis 30

Abb. 2: Gliederung einer studentischen Dilemma-Situationsanalyse.

Habitus sowie des Otherings) auf einen konkreten Fall wird der Studentin bewusst, wie sie in Zukunft mit solchen Situationen umgehen möchte.

Seit der fünften Kohorte wird im Abschlusskolloquium zusätzlich ein Rollenspiel zu Dilemma-Situationen durchgeführt. Die Studierenden erhalten folgende Aufgabenstellung für eine Gruppenarbeit im Seminar:

Schritt 1: Überlegen Sie gemeinsam: Haben Sie eine konkrete praxisbezogene Entscheidungs- und Handlungssituation mit Dilemma-Charakter, die Sie selbst erlebt bzw. beobachtet haben? Beschreiben Sie möglichst detailliert! (15 min)

Schritt 2: Einigen Sie sich auf eine Situation und spielen Sie die Situation im Seminar vor! (10 min Vorbereitungszeit)

Im Plenum

Schritt 3: Analysieren Sie den Verlauf der Situation, entwickeln Sie mehrere Lesarten, beziehen Sie die Perspektiven der verschiedenen Akteure ein, entwerfen sie retrospektiv andere Handlungsmöglichkeiten, begründen Sie getroffene Entscheidungen.

Durch das Rollenspiel werden die Studierenden an die neue Methode der Dilemma-Situationsanalyse herangeführt und in der Identifizierung solcher Situationen (Schritt 1) und in der Analyse dieser (Schritt 3) im mehrperspektivischen Denken und Entwickeln von Handlungsalternativen geschult. Ziel ist es, auch die Studierenden, die keine derartige Analyse als Abschlussarbeit wählen, auf den Umgang mit Dilemma-Situationen vorzubereiten. Einige der im Seminar thematisierten Dilemmata wurden dann als Szenario für die Abschlussarbeit gewählt. Es ist daher anzunehmen, dass bei den Studierenden durch das Rollenspiel das Interesse an einer ausführlichen Auseinandersetzung mit der Thematik geweckt wurde.

Kritisch anzumerken ist, dass durch die Implementierung der Dilemma-Situationsanalyse als Abschlussarbeit die Reflexionsfähigkeit bewertet wird. Doch »entziehen sich Reflexivität und aus ihr hervorgehende Reflexionsleistungen den klassischen Testkriterien, da sie nicht interindividuell reproduzierbar, nicht reliabel und vor allem nicht lokalisierbar sind« (Labott/ Reintjes 2022, S. 80). Hinzu kommt, dass Reflexionen teils persönliche Empfindungen darstellen und die Bewertenden so in die Privatsphäre der angehenden Lehrpersonen eindringen (vgl. ebd.). Als Gegenargument lässt sich jedoch anführen, dass die Bewertungskriterien der Dilemma-Situationsanalyse sich nur in einem der vier Bereiche auf die Reflexionsleistung beziehen (siehe Frage 4 der Aufgabenstellung). Es steht vielmehr die Anwendung von theoretischem Wissen auf einen konkreten Fall und die Handlungsalternativen basierend auf der mehrperspektivischen Fallanalyse im Vordergrund der Leistungsbewertung.[15]

7   Fazit

Im vorliegenden Beitrag wird das Potenzial des ethnografischen Forschungsansatzes für die Lehrer*innenbildung aufgezeigt. Basierend auf Teilnehmenden Beobachtungen wurden verschiedene Dokumententypen und Datensätze (selbstreflektierende Interviews, Unterrichtsplanungen und Teilnehmende Beobachtung) aus der longitudinalen wissenschaftlichen Begleitung dreier Absol-

---

15 In Bezug auf Einstellungen gegenüber Mehrsprachigkeit und sprachsensiblem Fachunterricht liegen mittlerweile viele Arbeiten vor (für einen kurzen Überblick siehe Skintey 2022c, S. 106 ff.), auf die im Rahmen der Begleitforschung zum Zertifikat Bezug genommen wird. Handlungsrelevante Einstellungen von Zertifikatsteilnehmenden, welche sich für die Gestaltung der Praxis im Rahmen des Zertifikatspraktikums als relevant zeigen, wurden in Skintey (2022c) untersucht. Darüber hinaus ist geplant, im Rahmen der Gesamtevaluation die Auswertungen der Lehrevaluationsbögen und die DaZKom-Prä-Post-Testerhebungen heranzuziehen, an denen drei Kohorten im DaZKom-Transferprojekt teilgenommen haben, wodurch wir uns weitere aufschlussreiche Erkenntnisse hinsichtlich der Einstellungen erhoffen.

vent*innen des DaFZ-Zertifikats der Universität Koblenz analysiert. Durch die rekonstruktive Exploration von und reflektierende Auseinandersetzung mit der eigenen Unterrichtserfahrung der Studienteilnehmer*innen mit einer spezifischen Fokussetzung auf Praktiken im Umgang mit sprachlich-kultureller Heterogenität wurden u.a. herausfordernde didaktische Situationen identifiziert. Diese wurden bei der Datenauswertung als Dilemma-Situationen rekonstruiert. Sie zeichnen sich dadurch aus, dass die Absolvent*innen beim pädagogischen Handeln in heterogenen Lerngruppen mit der Umsetzung des im Zertifikat erworbenen Fachwissens überfordert waren und zu Praktiken tendierten, die für den weiteren Verlauf des Unterrichts nachteilig sein können. Diese Erkenntnisse machen die Notwendigkeit für die Lehrer*innenbildung deutlich, angehende Lehrpersonen auf solche nicht antizipierten ambigen Situationen vorzubereiten, die in Bezug auf das durch subjektive, interaktive und normative Anforderungen gerahmte pädagogische Handeln in sprachlich-kulturell heterogenen Lerngruppen relevant und herausfordernd sind.

Zur Erweiterung der Kompetenz im Umgang mit heterogenitätsbezogenen Dilemmata wurde die Methode der Dilemma-Situationsanalyse im DaFZ-Zertifikat implementiert. Durch diese Methode wird Fachwissen auf einen konkreten Fall bezogen, das multiperspektivische Denken geschult und Praxis in reflektierte Praxis überführt. Der Einbezug der fallanalytischen Abschlussarbeiten in die ethnografische Studie ermöglicht die Überprüfung der Wirksamkeit der neu implementierten Methode der Dilemma-Situationsanalyse. Somit findet ein Transfer von forschungsbasierten Erkenntnissen in die Lehrer*innenbildung statt. Wir erhoffen uns, dass wir mit unserer Forschung die Bedeutung der Dilemma-Situationsanalyse als Methode der Kompetenzerweiterung hervorheben können und sehen es als ein Desiderat, die Auseinandersetzung mit fachspezifischen Dilemma-Situationen zum Gegenstand aller Module des DaFZ-Zertifikats zu machen. In der empirischen Bildungsforschung zur Lehrer*innenprofessionalisierung wird dem Bereich der Unterrichtswahrnehmung seit längerem eine hohe Relevanz zugesprochen (vgl. Seidel et al. 2010, van Es/Sherin 2002). Hier geht es zwar nicht ausschließlich um persönliche Dilemmata, aber durchaus auch um reflexive Praxis, die auch im Bereich der Sprachbildung Unterrichtsmomente auswählt und untersucht. Die fachspezifische Besonderheit der Professionalisierung im Bereich DaFZ besteht in der Fokussierung auf sprachlich-kulturellen Aspekten des Unterrichtens in der Praxis mit heterogenen Gruppen (vgl. Skintey 2022b, S. 207 ff.). Dabei zeigt die Wirksamkeitsforschung zur Entwicklung von DaZ-Kompetenzen, dass die Verbalisierung der wahrgenommenen Unterrichtssituationen in den videobasierten Testerhebungen eine Herausforderung für angehende und praktizierende Lehrpersonen darstellt (vgl. Hecker et al. 2020). Hier zeigt die innovative Herangehensweise durch selbstreflektierende Interviews der erlebten Unterrichtspraxis ein besonderes Potenzial.

Als weiteres Desiderat würden wir eine Sammlung von potenziell dilemmatischen Situationen sehen, die im Kontext von Sprachbildung, DaZ und Mehrsprachigkeit entstehen. Eine solche Sammlung sowie die weitere Kategorisierung und Typisierung unterschiedlicher Dilemma-Dimensionen wären für praxisnahe Ausbildung von angehenden Lehrer*innen besonders aufschlussreich und könnte in Verbindung mit aktueller Forschung zur professionellen Unterrichtswahrnehmung wichtige Impulse für die Verbesserung der Lehrer*innenbildung geben (vgl. z. B. Stahl 2023).

Literatur

Abendroth-Timmer, Dagmar: ›Reflexive Lehrerbildung und Lehrerforschung in der Fremdsprachendidaktik: Ein Modell zur Definition und Rahmung von Reflexion‹, in: *Zeitschrift für Fremdsprachenforschung* 2017/28 (1), S. 101–126.

Baumann, Barbara: ›Sprachförderung und Deutsch als Zweitsprache in der Lehrerbildung – ein deutschlandweiter Überblick‹, in: Becker-Mrotzek, Michael/Rosenberg, Peter/Schroeder, Christoph/Witte, Annika (Hg.): *Deutsch als Zweitsprache in der Lehrerbildung*. Münster, New York 2017, S. 9–26.

Becker-Mrotzek, Michael/Rosenberg, Peter/Schroeder, Christoph/Witte, Annika (Hg.): Deutsch als Zweitsprache in der Lehrerbildung. Münster, New York 2017.

Blum, Clarissa/Piske, Thorsten: ›Emotionen im Fremdsprachenunterricht am Beispiel unterschiedlicher Formen von Angst‹, in: Gläser-Zikuda, Michaela/Hofmann, Florian/Frederking, Volker (Hg.): *Emotionen im Unterricht: Psychologische, pädagogische und fachdidaktische Perspektiven.* Stuttgart 2021, S. 253–275.

Bohnsack, Ralf: »Dokumentarische Methode«, in: Bohnsack, Ralf/Geimer, Alexander/Meuser, Michael (Hg.): *Hauptbegriffe Qualitativer Sozialforschung*, 4., vollst. überarbeitete u. erweiterte Aufl.. Opladen, Toronto 2018, S. 52–58.

Bohnsack, Ralf: Professionalisierung in praxeologischer Perspektive. Opladen 2020.

Bonanati, Sabrina/Westphal, Petra/Wiethoff, Christoph: ›Theoriebasierte Fallreflexion (TFR) im Praxissemester. Didaktische Umsetzung und Evaluation‹, in: *HLZ – Herausforderung Lehrer_innenbildung* 2020/3 (1), S. 461–479.

Brune, Jens Peter: ›Dilemma‹, in: Düwell, Marcus/Hübenthal, Christoph/Werner, Micha H. (Hg.): *Handbuch Ethik.* Stuttgart 2011, S. 331–337.

Burwitz-Melzer, Eva: ›Not the Icing, but the Cake. Feedback Motivation und komplexe Lernaufgaben‹, in: Burwitz-Melzer, Eva/Riemer, Claudia/Schmelter, Lars (Hg.): *Feedback beim Lehren und Lernen von Fremd- und Zweitsprachen: Arbeitspapiere der 42. Frühjahrskonferenz zur Erforschung des Fremdsprachenunterrichts.* Tübingen 2022, S. 11–21.

Chlosta, Christoph/Fürstenau, Sara: ›Sprachliche Heterogenität als Herausforderung für die Lehrerbildung‹, in: *Die Deutsche Schule* 2010/102 (4), S. 301–314.

de Boer, Heike/Reh, Sabine (Hg.): Beobachtung in der Schule – Beobachten lernen. Wiesbaden 2012.

Döll, Marion/Guldenschuh, Sabine: ›Perspektiven von Primarstufenlehramtsstudierenden auf migrationsbedingt mehrsprachige Schüler*innen‹, in: Rösch, Heidi/Bachor-Pfeff, Nicole (Hg.): *Mehrsprachliche Bildung im Lehramtsstudium*. Baltmannsweiler 2021, S. 61–80.

Ehmke, Timo/Hammer, Svenja/Köker, Anne/Ohm, Udo/Koch-Priewe, Barbara (Hg.): Professionelle Kompetenzen angehender Lehrkräfte im Bereich Deutsch als Zweitsprache. Münster 2018.

Fischer, Nele: ›Professionelle Überzeugungen von Lehrkräften – vom allgemeinen Konstrukt zum speziellen Fall von sprachlich-kultureller Heterogenität in Schule und Unterricht‹, in: *Psychologie in Erziehung und Unterricht* 2018/65, S. 35–51.

Friebertshäuser, Barbara/Panagiotopoulou, Argyro: ›Ethnografische Feldforschung‹, in: Friebertshäuser, Barbara/Langer, Antje/Prengel, Annedore (Hg.): *Handbuch Qualitative Forschungsmethoden in der Erziehungswissenschaft*. Weinheim 2013, S. 301–322.

Geier, Thomas: ›Reflexivität und Fallarbeit – Skizze zur pädagogischen Professionalität von Lehrerinnen und Lehrern in der Migrationsgesellschaft‹, in: Doğmuş, Aysun/Karakaşoğlu, Yasemin/Mecheril, Paul (Hg.): *Pädagogisches Können in der Migrationsgesellschaft*. Wiesbaden 2016, S. 179–199.

Gibbons, Pauline (Hg.): Scaffolding Language, Scaffolding Learning. Teaching Second Language Learners in the Mainstream Classroom. Portsmouth 2002.

Giddens, Anthony (Hg.): Die Konstitution der Gesellschaft. Grundzüge einer Theorie der Strukturierung. Frankfurt am Main 1984.

Gläser-Zikuda, Michaela/Hofmann, Florian: ›Emotionen in Schule und Unterricht aus pädagogischer Sicht‹, in: Gläser-Zikuda, Michaela/Hofmann, Florian/Frederking, Volker (Hg.): *Emotionen im Unterricht: Psychologische, pädagogische und fachdidaktische Perspektiven*. Stuttgart 2022, S. 15–30.

Grießhaber, Wilhelm: ›DaZ-relevantes Können von Lehrstudierenden‹, in: Maak, Diana/Ricart Brede, Julia (Hg.): *Wissen, Können, Wollen – sollen?! (Angehende) LehrerInnen und äußere Mehrsprachigkeit*. Münster 2019, S. 145–160.

Hammer, Svenja/Fischer, Nele/Koch-Priewe, Barbara: ›Überzeugungen von Lehramtsstudierenden zu Mehrsprachigkeit in der Schule‹, in: *Die Deutsche Schule* 2016/Beiheft 13, S. 147–171.

Hauser-Schäublin, Brigitta: ›Teilnehmende Beobachtung‹, in: Beer, Bettina/König, Anika (Hg.): *Methoden ethnologischer Feldforschung*. Berlin 2020, S. 35–54.

Hecker, Sarah-Larissa/Falkenstern, Stephanie/Lemmrich, Svenja/Ehmke, Timo: ›Zum Verbalisierungsdilemma bei der Erfassung der situationsspezifischen Fähigkeiten von Lehrkräften‹, in: *Zeitschrift für Bildungsforschung*, 2020/10 (2), S. 175–190.

Heinzel, Friederike: ›Der Fall aus der Perspektive von Schulpädagogik und Lehrer*innenbildung. Ein Ordnungsversuch‹, in: Wittek, Doris/Rabe, Thorid/Ritter, Michael (Hg.): *Kasuistik in Forschung und Lehre. Erziehungswissenschaftliche und fachdidaktische Ordnungsversuche*. Bad Heilbrunn 2021, S. 41–64.

Hitzler, Ronald/Eisewicht, Paul: ›Ethnografie‹, in: Bohnsack, Ralf/Geimer, Alexander/Meuser, Michael (Hg.): *Hauptbegriffe Qualitativer Sozialforschung*, 4., vollst. überarbeitete u. erweiterte Aufl. Opladen, Toronto 2018, S. 63–68.

Kelle, Helga: ›Teilnehmende Beobachtung‹, in: Bohnsack, Ralf/Geimer, Alexander/Meuser, Michael (Hg.): *Hauptbegriffe Qualitativer Sozialforschung*, 4., vollst. überarbeitete u. erweiterte Aufl.. Opladen, Toronto 2018, S. 224–227.

Kniffka, Gabriele: Scaffolding. 2010, verfügbar unter: https://www.uni-due.de/imperia/md/content/prodaz/scaffolding.pdf [18.10.2023].

Koch-Priewe, Barbara/Krüger-Potratz, Marianne: ›Qualifizierung für sprachliche Bildung. Programme und Projekte zur Professionalisierung von Lehrkräften und pädagogischen Fachkräften‹, in: *Die Deutsche Schule* 2019/Beiheft 13.

Kohlberg, Lawrence: Die Psychologie der Moralentwicklung. Frankfurt am Main 1996.

Köker, Anne/Rosenbrock-Agyei, Sonja/Ohm, Udo/Carlson, Sonja A./Ehmke, Timo/Hammer, Svenja/Koch-Priewe, Barbara/Schulze, Nina: ›DaZKom – Ein Modell von Lehrerkompetenz im Bereich Deutsch als Zweitsprache‹, in: Koch-Priewe, Barbara/Köker, Anne/Seifried, Jürgen/Wuttke, Eveline (Hg.): *Kompetenzerwerb an Hochschulen: Modellierung und Messung. Zur Professionalisierung angehender Lehrerinnen und Lehrer sowie frühpädagogischer Fachkräfte.* Bad Heilbrunn 2015, S. 177–205.

Krüger-Potratz, Marianne: ›Interkulturelle Pädagogik‹, in: Gogolin, Ingrid/Georgie, Viola B./Krüger-Potratz, Marianne/Lengyel, Drorit/Sandfuchs, Uwe (Hg.): *Handbuch Interkulturelle Pädagogik.* Bad Heilbrunn 2018, S. 183–190.

KMK, Kultusministerkonferenz: Ländergemeinsame inhaltliche Anforderungen für die Fachwissenschaften und Fachdidaktiken in der Lehrerbildung 2016, verfügbar unter: https://tinyurl.com/2nr4fak8 [18.10.2023].

Labott, Denés/Reintjes, Christian: ›Unvereinbarkeit von Bewertung und Reflexionsaufgaben in der Lehrer*innenbildung‹, in: Reintjes, Christian/Kunze, Ingrid (Hg.): *Reflexion und Reflexivität in Unterricht, Schule und Lehrer:innenbildung. Studien zur Professionsforschung und Lehrerbildung.* Bad Heilbrunn 2022, S. 170–186.

Leonhard, Tobias: ›Der Fall in den Schul- bzw. Berufspraktischen Studien‹, in: Wittek, Doris/Rabe, Thorid/Ritter, Michael (Hg.): *Kasuistik in Forschung und Lehre. Erziehungswissenschaftliche und fachdidaktische Ordnungsversuche.* Bad Heilbrunn 2021, S. 191–207.

Maak, Diana/Ricart Brede, Julia: ›Projektskizze. Hinweise zur Stichprobe, zur Datenerhebung und zur Datenaufbereitung im Projekt »Einstellungen angehender LehrerInnen zu DaZ und Mehrsprachigkeit in Ausbildung und Unterricht«‹, in: Maak, Diana/Ricart Brede, Julia (Hg.): *Wissen, Können, Wollen – sollen?! (Angehende) LehrerInnen und äußere Mehrsprachigkeit.* Münster 2019, S. 21–28.

Nentwig-Gesemann, Iris: Ausbildung und Kompetenzerwerb. Universität Osnabrück, Vorlesung im Schloss am 19. Juni 2012. 2012a, verfügbar unter: https://www.nifbe.de/images/nifbe/Aktuelles_Global/Nentwig_Gesemann_Skript.pdf [18.10.2023].

Nentwig-Gesemann, Iris: Kompetenzbasierte Prüfungs- und Feedbackverfahren in frühpädagogischen Aus- und Weiterbildungssettings – Kompetenzen und Kompetenzentwicklung erfassen, einschätzen und fördern. Vortrag im Rahmen der Direktorenkonferenz der BAG KAE, 25. September 2012. 2012b, verfügbar unter: https://tinyurl.com/mthkdmpc [18.10.2023].

Nentwig-Gesemann, Iris: ›Professionelle Reflexivität: Herausforderungen an die Ausbildung frühpädagogischer Fachkräfte‹, in: Erdsiek-Rave, Ute/John-Ohnesorg, Marei (Hg.): *Frühkindliche Bildung – Das reinste Kinderspiel?!.* Berlin 2013, S. 29–36, verfügbar unter: https://library.fes.de/pdf-files/studienfoerderung/10296.pdf [18.10.2023].

Nentwig-Gesemann, Iris/Fröhlich-Gildhoff, Klaus/Pietsch, Stefanie: ›Kompetenzentwicklung von FrühpädagogInnen in Aus- und Weiterbildung‹, in: *Frühe Bildung* 2011/0, S. 22–30.

Ohm, Udo: ›Zur Professionalisierung von Lehrkräften im Bereich Deutsch als Zweitsprache: Überlegungen zu zentralen Kompetenzbereichen für die Lehrerausbildung‹, in: *Zeitschrift für Interkulturellen Fremdsprachenunterricht* 2009/14(2), S. 28–36.

Ohm, Udo: ›Das Modell von DaZ-Kompetenz bei angehenden Lehrkräften‹, in: Ehmke, Timo/Hammer, Svenja/Köker, Anne/Ohm, Udo/Koch-Priewe, Barbara (Hg.): *Professionelle Kompetenzen angehender Lehrkräfte im Bereich Deutsch als Zweitsprache.* Münster 2018, S. 73–91.

Otheguy, Ricardo/García, Ofelia/Reid, Wallis: ›A translanguaging view of the linguistic system of bilinguals‹, in: *Applied Linguistics Review* 2018/10 (4), S. 626–651.

Paseka Angelika/Hinzke, Jan-Hendrik: ›Der Umgang mit Dilemmasituationen. Ein Beitrag zu Fragen der Professionalität von Lehrpersonen und Lehramtsstudierenden‹, in: *Zeitschrift für interpretative Schul- und Unterrichtsforschung* 2014/3, S. 14–28.

Pfaff, Nicolle/Cantone, Katja F. (2021): ›Mehrsprachigkeit und schulische Inklusion in der Professionalisierung von Lehrkräften – interdisziplinäre Zugänge‹, in: *k:ON – Kölner Online Journal für Lehrer*innenbildung* 2021/3 (1), S. 136–152, verfügbar unter: https://journals.ub.uni-koeln.de/index.php/k_ON/article/view/339/885 [18.10.2023].

Pfeifer, Wolfgang/Braun, Wilhelm/Ginschel, Gunhild/Hagen, Gustav/Huber, Anna/Müller, Klaus/Petermann, Heinrich/Pfeifer, Gerlinde/Schröter, Dorothee/Schröter, Ulrich: Etymologisches Wörterbuch des Deutschen. Digitalisierte und von Wolfgang Pfeifer überarbeitete Version im Digitalen Wörterbuch der deutschen Sprache 1993, verfügbar unter: https://www.dwds.de/wb/etymwb/Dilemma [18.10.2023].

Prediger, Susanne/Schüler-Meyer, Alexander: ›Mathematikunterricht: Interkulturelle Perspektiven auf Mathematikunterricht – Ein Überblick zum Diskussionsstand‹, in: Gogolin, Ingrid/Georgi, Viola/ Krüger-Potratz, Marianne/Lengyel, Drorit/Sandfuchs, Uwe (Hg.): *Handbuch Interkulturelle Pädagogik.* Leipzig 2018, S. 518–525, verfügbar unter: https://tinyurl.com/3acvhm64 [18.10.2023].

Reckwitz, Andreas: ›Grundelemente einer Theorie sozialer Praktiken: Eine sozialtheoretische Perspektive‹, in: *Zeitschrift für Soziologie* 2003/,32 (4), S. 282–301.

Reh, Sabine/Rabenstein, Kerstin: ›»Fälle« in der Lehrerausbildung. Schwierigkeiten und Grenzen ihres Einsatzes‹, in: *journal für lehrerinnen- und lehrerbildung* 2005/4, S. 47–54.

Reichertz, Jo (Hg.): Gemeinsam interpretieren. Die Gruppeninterpretation als kommunikativer Prozess. Wiesbaden 2013.

Rißmann, Jens/Feine, Ulrike/Schramm, Uta: ›Vom Schüler zum Lehrer – biografische Selbstreflexion in der Lehramtsausbildung‹, in: Jürgens, Barbara/Krause, Gabriele (Hg.): *Professionalisierung durch Trainings.* Aachen 2013, S. 125–136.

Rösch, Heidi: ›Migrationsmehrsprachigkeit in der Lehrkräftebildung: Bildungsstandards und das DaZKom-Strukturmodell‹, in: Rösch, Heidi/Bachor-Pfeff, Nicole (Hg.): *Mehrsprachliche Bildung im Lehramtsstudium.* Baltmannsweiler 2021, S. 13–42.

Rösch, Heidi/Bachor-Pfeff, Nicole: ›Einleitung‹, in: Rösch, Heidi/Bachor-Pfeff, Nicole (Hg.): *Mehrsprachliche Bildung im Lehramtsstudium.* Baltmannsweiler 2021, S. 7–12.

Rost-Roth, Martina: ›Lehrprofessionalität (nicht nur) für Deutsch als Zweitsprache – sprachbezogene und interaktive Kompetenzen für Sprachförderung, Sprachbildung und sprachsensiblen Fachunterricht‹, in: Lütke, Beate/Petersen, Inger/Tajmel, Tanja (Hg.): *Fachintegrierte Sprachbildung: Forschung, Theoriebildung und Konzepte für die Unterrichtspraxis.* Berlin 2017, S. 69–98.

Roth, Hans-Joachim/Skintey, Lesya (unter Mitarbeit von Esther Schmitz): ›Multiplikation und Implementation. Ergebnisse aus Beobachtungen in BiSS-Verbünden‹, in: Becker-Mrotzek, Michael/von Dewitz, Nora/Grießbach, Johanna/Roth, Hans-Joachim/Schöneberger, Christiane (Hg.): *Sprachliche Bildung im Transfer: Konzepte der Sprach- und Schriftsprachförderung weitergeben*. Stuttgart 2022, S. 51–85.

Schatzki, Theodore R.: Social Practices: A Wittgensteinian Approach to Human Activity and the Social. Cambridge 1996.

Schelle, Carla: Fallarbeit in der Lehrerbildung – Strukturmerkmale schulischer und unterrichtlicher Interaktion, in: *Erziehungswissenschaft* 2011/22 (43), S. 85–92.

Seidel, Tina/Blomberg, Geraldine/Stürmer, Kathleen: ›»Observer« – Validierung eines videobasierten Instruments zur Erfassung der professionellen Wahrnehmung von Unterricht‹, in: *Zeitschrift für Pädagogik* 2010/56, Beiheft, S. 296–306.

Skintey, Lesya: ›»[A]ber wie sollte ich das planen?« Orientierungen und Reflexionspotentiale angehender Lehrer*innen im praktischen Teil der Professionalisierung im Bereich Sprachbildung und Deutsch als Zweitsprache‹, in: *Zeitschrift für Rekonstruktive Fremdsprachenforschung* 2022a/3, S. 107–126, verfügbar unter: https://tinyurl.com/m7 vz878h [18.10.2023].

Skintey, Lesya: ›Entwicklung professioneller Kompetenzen von angehenden Lehrkräften im Bereich Sprachbildung und Deutsch als Fremd- und Zweitsprache‹, in: Dimova, Dimka/Müller, Jennifer/Siebold, Kathrin/Teepker, Frauke/Thaller, Florian (Hg.): *DaF und DaZ im Zeichen von Tradition und Innovation. Marburger FaDaF-Thementage.* Göttingen 2022b, S. 197–219.

Skintey, Lesya : ›»Ich will aber, dass du mit mir Deutsch redest und ich verstehe, was du sagst oder was ihr untereinander sagt, weil es einfach unfair ist« – Einstellungen angehender Lehrpersonen gegenüber Mehrsprachigkeit‹, in: *Zeitschrift für Deutsch im Kontext von Mehrsprachigkeit (ZDKM)* 2022c/38 (1+2), S. 99–125.

Skintey, Lesya: ›Dilemma-Situationsanalyse. Eine Methode zur Professionalisierung angehender Lehrpersonen für den Umgang mit sprachlich-kulturell heterogenen Lerngruppen‹, in: *HLZ – Herausforderung Lehrer*innenbildung*, 2023/6 (1), S. 1–17, verfügbar unter: https://tinyurl.com/3nwbkfa7 [18.10.2023].

Skintey, Lesya/Hirt, Katharina/Wyss, Eva L. (in Vorb.): ›Umgang mit Mehrsprachigkeit als Dilemma und Konsequenzen für die Professionalisierung von Lehrer*innen‹.

Stahl, Christine: ›Sprachsensiblen Unterricht professionell wahrnehmen – ein Lehrkonzept mit Aufgabenformaten zur Entwicklung professioneller Unterrichtswahrnehmung‹, in: *Kontexte. Internationales Journal zur Professionalisierung in Deutsch als Fremdsprache* 2023/1(1), S. 100–119.

Stangen, Ilse/Schroedler, Tobias/Lengyel, Drorit: ›Kompetenzentwicklung für den Umgang mit Deutsch als Zweitsprache und Mehrsprachigkeit im Fachunterricht: Universitäre Lerngelegenheiten und Kompetenzmessung in der Lehrer(innen)bildung‹, in: Gogolin, Ingrid/Hannover, Bettina/Scheunpflug, Annette (Hg.): *Evidenzbasierung in der Lehrkräftebildung*. Wiesbaden 2020, S. 123–149.

Stodulka, Thomas: ›Zauberformel, Scharlatanerie, Projektion?‹, in: Jakob, Katharina/Konerding, Klaus-Peter/Liebert, Wolf-Andreas (Hg.): *Sprache und Empathie. Beiträge zur Grundlegung eines linguistischen Forschungsprogramms*. Berlin 2020, S. 63–80.

Tajmel, Tanja (Hg.): Naturwissenschaftliche Bildung in der Migrationsgesellschaft: Grundzüge einer Reflexiven Physikdidaktik und kritisch-sprachbewussten Praxis. Wiesbaden 2017.

Vogel, Matthias: ›Geist, Kultur, Medien – Überlegungen zu einem nicht-essentialistischen Kulturbegriff‹, in: Dietz, Simone/Skrandies, Timo (Hg.): *Mediale Markierungen. Studien zur Anatomie medienkultureller Praktiken.* Bielefeld 2007. S. 45–82.

van Es, Elizabeth A./Sherin, Miriam Gamoran: ›Learning to notice: scaffolding new teachers' interpretations of classroom interactions‹, in: *Journal of Technology and Teacher Education* 2002/10 (4), S. 571–596.

Wahbe, Nadia/Riemer, Claudia: ›Zur Sensibilisierung für die Sprachförderung DaZ im Fachunterricht der Sekundarstufe – Annäherung durch reflektierte Praxiserfahrung‹, in: *Herausforderung Lehrer*innenbildung* 2020/3 (2), S. 196–213.

Autor:innen-Verzeichnis

Sylwia **Adamczak-Krysztofowicz**, Adam Mickiewicz-Universität Poznań. Arbeitsschwerpunkte: Allgemeine Fremdsprachendidaktik, Deutsch als Fremdsprache, Interkulturelle Begegnungsdidaktik, Mehrsprachigkeit. ORCID-ID: 0000-0002-7726-3525, adamczak@amu.edu.pl.

Michael **Becker-Mrotzek**, Universität zu Köln. Arbeitsschwerpunkte: Schreibdidaktik und Gesprächsdidaktik, Deutsch als Zweitsprache, Digitale Medien. ORCID-ID: 0000-0002-0945-3036, becker.mrotzek@uni-koeln.de.

Stefanie **Bredthauer**, Universität zu Köln. Arbeitsschwerpunkte: Mehrsprachigkeitsdidaktik, Zweit- und Fremdsprachdidaktik, individuelle Mehrsprachigkeit. ORCID-ID: 0000-0003-1129-596X, stefanie.bredthauer@mercator.uni-koeln.de.

Luiza **Ciepielewska-Kaczmarek**, Adam Mickiewicz-Universität Poznań. Arbeitsschwerpunkte: Entwicklung und Evaluation von Lehrmaterialien im DaF-Bereich, Fremdsprachendidaktik im Primar- und Sekundarbereich, ORCID-ID: 0000-0001-9255-493X, luizac@amu.edu.pl.

Luc **Fivaz**, Pädagogische Hochschule des Kantons Waadt. Arbeitsschwerpunkte: Deutsch als Fremdsprache, Literaturunterricht, Sprachpolitik, Forschungsmethodologie im Bereich Fremdsprachen. ORCID-ID: 0000-0002-8457-8808, luc.fivaz@hepl.ch.

Martina **Franz dos Santos**, Philipps-Universität Marburg. Arbeitsschwerpunkte: Alphabetisierung in der Zweitsprache Deutsch, Messung schriftsprachlicher Kompetenzen, Sprachlernberatung. ORCID-ID: 0000-0001-6117-9989, franzdom@staff.uni-marburg.de.

Stefanie **Helbert**, Universität zu Köln. Arbeitsschwerpunkte: Deutsch als Zweitsprache, Mehrsprachigkeit, Native Speakerism in Lehr- und Lernkontexten, Interkulturelle Bildung. ORCID-ID: 0000-0002-9332-8720, stefanie.helbert@mercator.uni-koeln.de.

Katharina **Hirt**, Universität Koblenz. Arbeitsschwerpunkte: Deutsch als Zweitsprache-Forschung, Lehrer*innenbildung im Bereich der Mehrsprachigkeit. ORCID-ID 0009-0000-7078-1840, khirt@uni-koblenz.de.

Silvia **Introna,** Universität Bielefeld. Arbeitsschwerpunkte: Hochschulliteralität, Wissenschaftliche Textkompetenz in der L2 Deutsch, Educational Design Research. ORCID-ID: 0009-0003-7849-5648, silvia.introna@uni-bielefeld.de.

Magdalena **Jaszczyk-Grzyb**, Adam Mickiewicz Universität Poznań. Arbeitsschwerpunkte: linguistisch orientierte Studien zur Hassrede, korpusgestützte kritische Diskursanalyse, Deutsch als Fremdsprache, Fachsprachendidaktik, Online-Fremdsprachenunterricht, ORCID-ID: 0000-0002-0551-3388, magdalena.jaszczyk@amu.edu.pl.

Sabine **Jentges,** Radboud Universität Nijmegen. Arbeitsschwerpunkte: Fremdsprachen- und Mehrsprachigkeitsdidaktik, Deutsch als Fremdsprache, Interkulturelles und kulturreflexives Lernen, Lehrmaterialerstellung und -analyse. ORCID-ID: 0000-0002-1624-3598, sabine.jentges@ru.nl.

Anastasia **Knaus,** Universität zu Köln. Arbeitsschwerpunkte: Deutsch als Zweitsprache, Mehrsprachigkeit, Sprachsensibler Unterricht. ORCID-ID: 0000-0003-2956-4515, anastasia.knaus@mercator.uni-koeln.de.

Eva **Knopp,** Radboud Universität Nijmegen. Arbeitsschwerpunkte: Spracherwerbsforschung, Mehrsprachigkeit in Bildungskontexten, Soziale und individuelle Faktoren. ORCID-ID: 0000-0001-5534-7325, eva.knopp@ru.nl.

Milica **Lazovic**, Philipps-Universität Marburg. Arbeitsschwerpunkte: Sprachlernberatung und -coaching, Kommunikationsanalyse und Interaktionslinguistik, Digitale Lernwelten und fremdsprachliche Lernprozesse, Lehrendenprofessionalisierung. ORCID: 0000-0001-8500-6345, lazovic@uni-marburg.de.

Laura **Levstock**, Universität Wien. Arbeitsschwerpunkte: Interaktionale Diskursanalyse, Ethnographie, Soziolinguistik, Unterrichtskommunikation. ORCID-ID: 0009-0005-0040-8203, laura.levstock@univie.ac.at.

Autor:innen-Verzeichnis

Jennifer **Müller**, Philipps-Universität Marburg. Arbeitsschwerpunkte: Deutsch als Zweitsprache, Sprachsensibler Fach- bzw. Geschichtsunterricht, Grounded Theory Methodology. ORCID-ID: 0009-0000-8909-2287, muelle4s@staff.uni-mar burg.de.

Désirée **Präg**, Universität Bielefeld., Arbeitsschwerpunkte: Soziokulturelle Theorien der Zweitsprachenaneignungsforschung, Konversationsanalyse, Systemisch Funktionale Grammatik, Lehrerbildung im Bereich DaZ, Registersensibler Fachunterricht. ORCID-ID: 0000-0003-0842-5831, desiree.praeg@uni-biele feld.de.

Hans-Joachim **Roth**, Universität zu Köln. Arbeitsschwerpunkte: Interkulturelle und mehrsprachige Bildung, Sprachkompetenzen und -entwicklung zweisprachiger Kinder und Jugendlicher, Sprachdiagnostik, Fortbildungsforschung & Professionalisierung, ORCID-ID: 0000-0003-1979-8211, hans-joachim.roth@uni-koeln.de.

Kathrin **Siebold**, Philipps-Universität Marburg. Arbeitsschwerpunkte: Kontrastive Pragmatik, Interaktionsforschung, Methodik und Didaktik des Deutschen als Fremdsprache. ORCID-ID: 0000-0003-2644-0883, kathrin.siebold@uni-mar burg.de.

Lesya **Skintey**, Universität Koblenz. Arbeitsschwerpunkte: Zweitspracherwerb, Mehrsprachigkeit, Herkunftssprache Ukrainisch, Lehrer*innenbildung. ORCID-ID: 0000-0003-4825-8185, skintey@uni-koblenz.de.

Eva L. **Wyss**, Universität Koblenz. Arbeitsschwerpunkte: Sprach- und kulturwissenschaftliche Text- und Medienanalyse, Sprachdidaktik, Emotionsforschung. ORCID-ID: 0000-0002-9270-2522, wyss@uni-koblenz.de.